三國志
戰役事典

——魏蜀吳最著名的74場戰役

藤井勝彥 著　蘇竑嶂 譯

風靡中國數千年、橫掃世界五大洲！
中國史上最璀璨而短暫的亮點，最引人入勝、令人心醉神迷的時期——三國時代。
一書覽盡正史三國志最著名的74場戰役，以及相關人物之介紹與生平！

楔子

中國歷史上，或許再也沒有比三國鼎立更吸引人們目光的時代了。東漢王朝顯現末期症狀的公元184年間，由創立太平教的張角揭竿而起的「黃巾之亂」開始，到吳國末代皇帝孫晧出降晉祖司馬炎的280年為止，三國時代只不過是短短不到百年（狹義則自東漢滅亡的220年算起，共60年）的一場歷史劇幕。放眼中國數千年的悠悠歷史，這一幕或許僅僅是一眨眼的瞬間，然而，為什麼它的存在卻有如不斷綻放燦爛鋒芒的璀璨亮光那般受人矚目呢？

一言以蔽之，三國時代揭示的，是魏、吳、蜀三國為了一統天下，如鼎足般不斷展開三角激戰的時期，是英雄豪傑奔馳於遼闊的中國疆土上一爭雄長的奮鬥歷程。如號召群雄組成盟軍，因為打倒漢廷衰亡之際乘機掌權、恣意暴行的董卓而嶄露頭角、繼而在「官渡之戰」擊敗袁紹的曹操；又如策動「赤壁之戰」粉碎曹操南征大軍，取得輝煌戰果的周瑜；還有占領荊、益二州，實現天下三分大計的劉備，以及連年北伐曹魏乃至壯志未酬病歿於五丈原的諸葛亮等等。或許因為他們拚死一搏奮戰到底的神采，流露出一股崇高的志節，所以才能讓人感受到「為人者應若是」的共鳴。

且看魏國的曹操、吳國的孫權與周瑜、蜀國的劉關張與諸葛亮這些充滿個性的武將謀臣，或是威震沙場、或是運籌帷幄，均是為了能夠生存於亂世而竭心盡力。在他們奮發揚昂的身影上，吾人切身感受到的是那浩然的壯志，深深鍾情的是那沛然的豪情。正因為感染了他們散發的熾烈熱情、淋漓盡致地揮灑自我存在的無限魅力，所以這段歷史才教人如此悠然神往。當然，筆者也是心折於群英璀璨事蹟的三國迷中的一人。

只是如果從另一角度來看，三國時期也是一個「生為人者，難以為人」的時代。不論是兵卒或平民百姓，只要主政者心念一起，就得失去身家性命，宛如草芥一般。數萬乃至數百萬的兵員因此戰死沙場，更有數以千百萬計的人民餓死於兵荒馬亂的疆野或遭到殘殺。只須翻開史頁，此等記載便隨處可見。任誰都活得殫精竭慮，只為了一心求存。談及三國時代時，就不能對這個事實視而不察。

是以筆者著手編寫本書時，就叮囑自己不能只把眼光放在馳騁沙場的英雄身上，不僅針對戰役的全貌加以解說，也抱持審慎的態度，充分加入引發戰火的經緯以及開展於戰爭過程中的人性面貌。對於有限的篇幅而言，雖然只能說是略盡棉薄之力的嘗試，卻衷心期盼讀者能在字裡行間，領會英傑們不得不戰的內心糾葛。

除了回溯三國時代撰寫每一場戰役的全貌，活躍於同一時代的武將人物傳

記也一併收錄於書中。撰述的內容大多根據陳壽所著的正史《三國志》，於文中提及此書時，除略記為「正史」或《三國志》之外，有時也採用《魏書》〜傳、《吳書》〜傳、《蜀書》〜傳等寫法，還請讀者詳察。此外、本書也有諸多部分取材自羅貫中編著的《三國志通俗演義》，提及此書時則記為《三國演義》或僅略稱為《演義》。而一如《三國演義》介紹諸葛亮出場時的解說，本書也與該書相同記為孔明；至於各章篇後用來呈現戰役形勢的示意圖，則是根據《三國演義》的描述繪製而成，凡此均先行補充說明如斯。

　　不論如何，如果讀者能夠通過本書的閱讀，得悉三國時代的樣貌，捕捉到生於亂世中的群英風采，則筆者甚幸。

藤井勝彥

桃園結義的拜把兄弟

三國志序章

《三國演義》與《水滸傳》、《西遊記》並居中國三大奇書之列，即便在日本，也是向來擁有眾多讀者的中國史話。見到劉備、孔明、關羽、張飛這些名相良將出神入化的表現時，更足以讓許多粉絲激動不已。只是大多出自《三國演義》劇情描述的這些事蹟，是否真的值得吾人採信呢？畢竟小說還是小說，有許多情節已經脫離了史實，而要知道史實，就非得解讀正史《三國志》不可。

正史《三國志》與小說《三國演義》

人們應該具備一種概念，那就是所謂的「三國志」，可以分為正史《三國志》與小說《三國演義》兩種版本。最初《三國志》是由西晉史官陳壽（233年～297年）編纂而成，六朝時期由史學家裴松之加以注釋。到了明代又有小說家羅貫中（生卒年不詳。約1330年～1400年）蒐集口傳三國野史與說書平話等材料，重新編撰成一部歷史小說，也就是今日的《三國演義》。

《三國演義》的情節七分屬實三分虛構

日本有許多拜讀過小說《吉川英治三國志》[1]與長篇漫畫《橫山光輝三國志》的讀者，深受劇情的吸引而從此埋首於三國志的世界乃至欲罷不能。因為光是見到關羽揮舞那重達18公斤[2]的青龍偃月刀，斬殺袁紹大將顏良文醜、看張飛一夫當關立於長阪橋前喝退曹魏大軍、再讀到孔明施展奇門遁甲祕術，於赤壁之戰前夕招來東風等不斷開展的劇情，就足以讓人手心冒汗。由於日本人所熟悉的這些三國系列讀物，大多是根據羅貫中的小說《三國演義》的描述改寫而成，因此提到《三國志》這個名詞，人們多半都會直覺地聯想到《三國演義》。

然而這畢竟只是一部小說，內容所載不盡然全是史實。一如清代的史學家章學誠（1738年～1801年）對此書「七分實事、三分虛構」的評論，書中添加三成比例的杜撰情節，也確為實情。《三國演義》最初粉墨登場的「桃園三結義」就是一齣作者杜撰的戲碼；即便是孔明在知名的「赤壁之戰」中的過人事蹟，在正史《三國志》裡也幾乎找不到相關紀載。非但如此，連「赤壁之戰」本身的記述，在正史《三國志》中也是少之又少，甚至還有記載提到焚燒戰船的並非周瑜的軍隊，而是曹操親自下令所為。其他還有像曹操與孫策各因關羽、于吉冤魂纏身致死，和孔明於赤壁招來東風等，一看便知顯然是子虛烏有

---

①譯注：中譯本為《三國英雄傳》，遠流出版。
②譯注：根據東漢與現代度量衡的比較，當時一斤約0.248克，青龍偃月刀重82斤，約莫折合20公斤，然而事實上此一制式的長刀，是三國時期之後才發展出來的。

的種種靈異神通情事，這都還算無傷大雅，但如果進一步把吳將朱然於「夷陵之戰」為趙雲所殺、文醜也死於關羽之手此種隨處可見的杜撰情節誤以為是史實，就會帶來一些後遺症，因為屢將羅貫中編撰的虛構小說《三國演義》視為史實，正是瞭解三國正史時，將面臨到的最嚴重問題。

正史《三國志》的問題點

當我們將虛構成分較多的《三國演義》置於一旁，改以正史《三國志》為主來試圖瞭解這個時代時，眼前卻又遇上一堵高牆。誠如讀者所知，正史《三國志》係以根據正統王朝年代序描述的「本紀」，以及記述當時活躍人物的「列傳」為主軸所構成的，是一部承襲了《史記》作者司馬遷所制訂的紀傳體體裁編成的史書，由《魏書》30卷、《蜀書》15卷、《吳書》20卷三部共構，其中僅有魏帝載入本紀，餘者均編入列傳，前後林林總總記述了多達562人的生平事蹟。問題在於，個別的人物雖然依照時序來記載，卻缺乏依照年代序所記錄的當代完整事件，因此要追溯過去掌握當時的歷史，事實上是有困難的。

況且正史一方面有別於演義，對於事實的陳述只是平鋪直敘，既單調又索然無味；一方面也有別於司馬遷於《史記》中戲劇化的技法，讓人讀來強烈地感到意猶未盡。

裴松之將正史《三國志》昇華為不朽的名作

為了補充陳壽編撰的正史《三國志》過於簡略的陳述內容，於是有人著手注釋，那就是奉南朝宋文帝之命，為正史加注的裴松之。他不僅為陳壽語焉不詳的記述加以解說，同時引用了《異同雜語》、《華陽國志》、《漢紀》、《魏略》等多達210種文獻，為正史補充了與陳壽記述的相異之處，以及其不曾描述的事蹟，包括許多像「死孔明嚇走活仲達」、「七擒七縱」等知名的成語故事。由於加入豐富的不同觀點，彌補了史書常犯下的視野狹隘缺陷，故具有特別重大的意義，拜其所賜，正史才得以一路讀來更增樂趣。而本書正是以此一正史《三國志》的記載做為主軸，《三國演義》描述的相關情節則標明其出處從旁潤飾。

◆ 專欄

《三國志平話》

宋朝（960年～1260年）時期一些經由「說話」（說書）口耳相傳而來的三國軼聞傳說，被整理成一冊話本，到了元代（1279年～1368年）又進一步編纂成《三國志平話》。內容描述的是「黃巾之亂」到孔明歸天的這段過程。只是主角是張飛，且大多數人物（如三國君主與獻帝等）竟是漢高祖與諸多漢朝名臣投胎降世，內容荒唐無稽，某些情節著實難以採信。不過羅貫中採用的參考資料有包含《三國志平話》，這點也是為人所知的。

Truth In History 23

三國志戰役事典
～魏蜀吳最著名的 74 場戰役～

CONTENTS

6

第3章 赤壁之戰與戰前的變局 81

第4章 三國時代的到來 111

專欄

專欄「三國演義說法」

三國志紀行

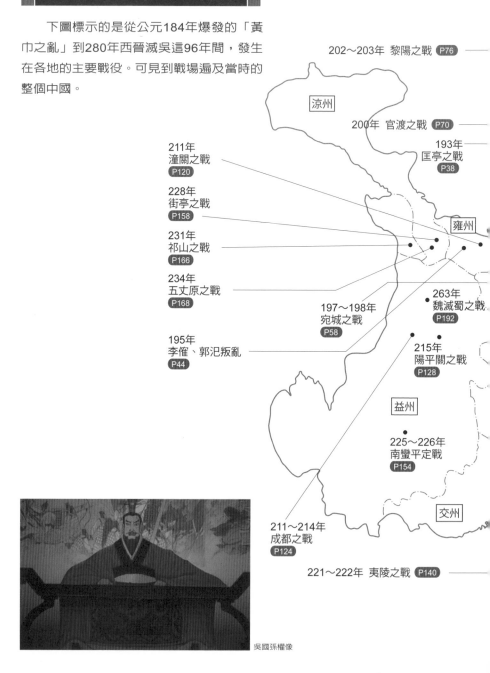

三國主要戰役示意圖

下圖標示的是從公元184年爆發的「黃巾之亂」到280年西晉滅吳這96年間，發生在各地的主要戰役。可見到戰場遍及當時的整個中國。

涼州

202～203年 黎陽之戰 P76

200年 官渡之戰 P70

193年
匡亭之戰
P38

211年
潼關之戰
P120

228年
街亭之戰
P158

231年
祁山之戰
P166

234年
五丈原之戰
P168

197～198年
宛城之戰
P58

195年
李傕、郭汜叛亂
P44

雍州

263年
魏滅蜀之戰
P192

215年
陽平關之戰
P128

益州

225～226年
南蠻平定戰
P154

交州

211～214年
成都之戰
P124

221～222年 夷陵之戰 P140

吳國孫權像

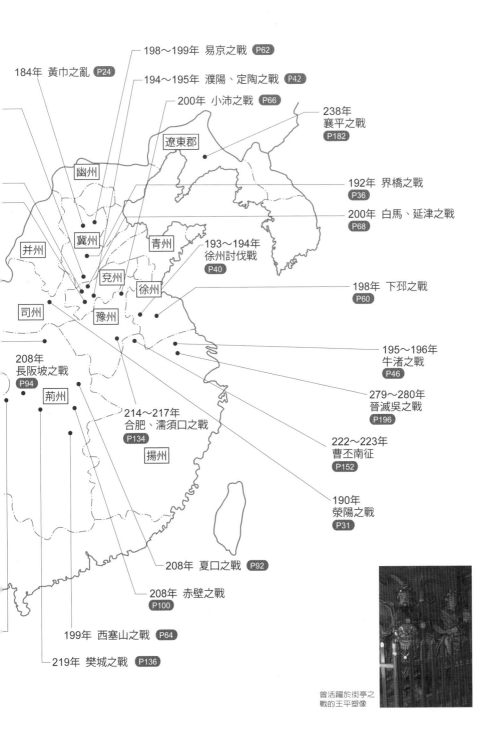

198～199年 易京之戰 P62

184年 黃巾之亂 P24

194～195年 濮陽、定陶之戰 P42

200年 小沛之戰 P66

238年
襄平之戰
P182

遼東郡

幽州

192年 界橋之戰 P36

200年 白馬、延津之戰 P68

冀州

青州

193～194年
徐州討伐戰
P40

并州

兗州

198年 下邳之戰 P60

司州

徐州

豫州

195～196年
牛渚之戰
P46

208年
長阪坡之戰
P94

279～280年
晉滅吳之戰
P196

荊州

214～217年
合肥、濡須口之戰
P134

222～223年
曹丕南征
P152

揚州

190年
滎陽之戰
P31

208年 夏口之戰 P92

208年 赤壁之戰
P100

199年 西塞山之戰 P64

219年 樊城之戰 P136

曾活躍於街亭之
戰的王平塑像

13

三國的版圖

　　要瞭解三國時代的中國，腦海中就得先對幅員遼闊的中國疆域有一個概念。它是一片北起秦始皇修築的萬里長城、南抵今日越南北部、西至青藏高原的廣大疆土，魏吳蜀三國的武將就是爲了取得這一片天下，而躍馬奔流、縱橫千里於其上的。

黃河長江橫貫大陸

　　幅員遼闊的中國大陸，有兩大河川具有重大的意義，一是全長5464公里的黃河（古時又稱河水），一是長達6300公里的長江（又名揚子江或古稱的江水）。兩大河川的流向都是由西向東，可以看出將中國土地大致一分為三。黃河以北的地域稱河北、以南則稱河南；長江以北稱江北、以南則稱江南。其中以地處黃河中下游的河北河南一帶的臺地最為肥沃，因此自古以來發展成為華夏文明的中心。而相對於黃河流域這塊文明的發祥地，長江流域看起來就像住著許多異族的蠻夷之地。一如「吳」這個字的上方寫著一個大口，用來表現當地住著一群人，張開大口說著聽不懂的語言，又如「蜀」字含有「虫」的成分這樣的造字方式，顯示兩者都是異族所在的蠻荒之地。

雄霸一方者志在中原

　　這一塊黃河中下游的流域，稱為中原或中州，自古便是中國的發展重心，甚至於一度被中國人視為全世界的中心。周朝數百年定都於此，直到秦代以前，仍有許多國家曾經在此地建都。一如「逐鹿中原（為爭奪天下而戰）」這個成語故事所述，時人認為能夠稱霸中原者，就能掌握整個天下。

　　三國時期控制黃河中下游地域的是魏國的曹操。曹操之所以能夠壓制地控長江中下游的孫吳、位處長江上游山岳地帶的的劉蜀，在稱霸之路上每每領先兩者一二步之遙，主要原因就在於曹操早一步宰制了中原。諸葛亮屢次不斷地出兵北伐，也是基於「欲得天下、必取中原」的戰略思考。

今日靜謐的官渡古戰場遺跡

14

戶調制與兵戶制

東漢末年由於飢荒戰亂接踵而至，人口極速減少，中原以北烽火連年的黃河流域尤其人口劇減。加以流民大增，通過素來的戶籍制度徵收人頭稅，已經難以確保賦稅收入。此時曹操採用的是依戶口納稅的「戶調制」，他將稅制改為每戶僅需繳交絹2匹（約48公尺）、錦2斤（約445克），史稱稅制問題因此大為改善。

此外、曹操旗下曾坐擁30萬眾如此數量龐大的青州大軍，如何能夠保障兵員的問題也一度迫在眉睫。為此曹操給予他們有別於一般百姓的「兵戶」戶籍，使其定居在限定的區域，課以世襲的兵役義務。同時又給予他們土地耕作，保全生計。

屯田制

三國以前的稅制向來以戶籍為基準收取稅金，曹操予以改革，從此由流民身上也能徵得稅賦，這便是所謂的屯田制，其辦法是將農民逃難後遺留下來的荒地借予流民，以收穫的5成（如果還借貸耕作所需的牛隻則為6成）做為土地稅繳納國庫。儘管稅率很高，仍為流民所接受，原因就在於這個制度只要繳交收成應有的成數即可，這樣一個合乎現實的規定，對於流民而言，能夠確實獲得生活保障這一點具有很大的吸引力。像這樣的制度又稱為民屯，繳納的農作收成在軍糧徵調上發揮相當大的效用。此外、蜀國與吳國也讓士兵在戰事的最前線實施耕作，這個模式稱為軍屯。

三國時代的人口推算

從東漢末年到三國時代，各地亂事相繼而來，因此戰死或遭到殘殺者所在多是。再則莊稼漢一批批被送往戰場，農作物的收成也隨之減少，因飢饉而死者可謂不絕於後，人口於是顯著減少。

根據《晉書·地理志》所述，東漢末年的人口有5648萬人，反觀《蜀書·後主傳》與《吳書·三嗣主傳》、《後漢書·群國志》所記載的魏吳蜀人口，魏國有443萬人，吳國有230萬人，蜀國則有94萬人，即便三國合計也不過767萬人口，這說明不到半個世紀的時間，總人口竟消失了85個百分比。

此外、假定可動員兵力為總人口的一成，由此推算魏國兵力約為44萬，吳國為23萬，蜀國則僅有9萬餘人。其中考到必須留下大約三分之一的兵員做為防衛留守之用，則魏國能夠動員的兵力不過30萬左右，由此可知曹操在「赤壁之戰」誇口自詡的百萬大軍，其實是不合理的天文數字。

再從三國總人口比率變動的消長來看，東漢時期魏國為60%，吳國為25%，蜀國為15%；到了三國時代，魏國為50%，吳國為30%，蜀國為20%，由此可見魏國人口顯著減少。這個現象可解讀為人民一度從戰亂頻仍的魏國所在的中原，遷徙至戰火較少的吳蜀兩地。

三國時期的其他民族

異族動向左右國家的興衰

異族不斷入侵卻苦無相應的對策，被視為東漢衰亡的重大因素之一。其中又以北方游牧民族的侵擾，構成的威脅最大。當外戚宦官針鋒相對，疏於外交政策之時，周遭的各異族更是乘機入侵，遭受的損害於是不斷擴大。

觀三國時代與中國比鄰而居的異族，北方勢力首推烏丸、鮮卑、匈奴，其次為西方的羌、氐二族，南方則有蠻與山越。這些各據一方的異族，經常趁漢朝內亂時不斷滋擾叛亂，即便是中國各地的豪強士族，也不敢忽視其動向，時而頒授勛爵予以懷柔，時而發動大軍攻打其部族，以此恩威並施之法苦心經略。

匈奴

秦始皇以十萬大軍將匈奴逐出鄂爾多斯草原（河套以南之地）後，修築萬里長城防範其入侵，到漢高祖時，其勢力再次興盛，從此不斷侵擾國境。面對此一邊患，漢武帝命名將衛青與霍去病討伐，成功地大敗匈奴。此後匈奴的勢力急速衰退，三國時南單于呼廚泉歸順了曹操，南匈奴勢力因此受到漢人統治而日漸式微。

烏丸

當匈奴逐步衰微之際，烏丸與鮮卑的勢力反而伸展開來。烏丸與鮮卑古稱東胡，西漢初年遭匈奴滅亡後，倖存的族人流離至烏丸山隱居下來，從此自稱烏丸。日後逐步擴大勢力，「黃巾之亂」爆發後，屢屢侵襲青、徐、幽、冀四州，燒殺擄掠而去。為此劉虞採取溫和的融合策略做為相應之道，公孫瓚則採取了強硬的打擊戰略，烏丸對此日益不滿，最後於「易京之戰」協助袁紹，一舉消滅了積怨已深的公孫瓚。然而等到曹操討滅袁紹，掌握朝廷最高的權柄後，隨即收服烏丸，令其遷徙至中原定居，從此部落四散，日漸退出歷史舞臺而銷聲匿跡。

鮮卑

西漢初年遭匈奴攻破的東胡其中一支，後逃往梁東定居於大鮮卑山，從此稱為鮮卑。東漢光武帝時，匈奴分裂為南北兩支，相互對抗爭不休，鮮卑於是乘機興起拓展勢力。公元137年鮮卑族的英雄檀石槐誕生，日後被推舉為大人（首領）嶄露頭角，他率兵轉戰各地，開闢了橫亙東西1萬2千里、南北達7千里的疆領。由於亦曾屢次侵擾漢境，東漢遂發兵征討，但最終仍無法平定。

氐

氐與羌同樣隸屬於藏族的一支[1]，有別於棲身山岳地帶以畜牧為生的羌族，氐族向來居於低地，以農耕魚獲謀生。公元211年馬超與曹軍大戰於「潼關之戰」時，氐族亦曾舉兵協助馬超，到了215年的「陽平關之戰」，又再次進兵陳倉與曹軍交戰，對於中央政權經常採取對抗的態度。蜀國北伐之際，氐族由武都、陰平二郡為中心擴張勢力，諸葛亮與姜維曾加以安撫，欲借彼之力往涼州拓展版圖。

蠻

相傳是春秋戰國時代地處長江中游的楚國遺民，部落散佈在荊州境內。公元231年孫權在位時，武陵蠻舉兵叛亂。原來吳國在荊州作戰的對象並不僅止於蜀國，也包括早就定居此地的蠻族。

山越

以長江下游南方開展的山岳地帶為中心，由此拓展勢力的少數民族，據說是戰國時代在江南一帶建立政權的越國後人。三國時山越屢屢作亂，令孫權頭痛不已。公元206年孫瑜攻打山越，立下俘獲萬人的戰果，但最終還是無法完全平定。

---

①譯注：起源眾說紛紜，此為其中一說，指白馬藏人。

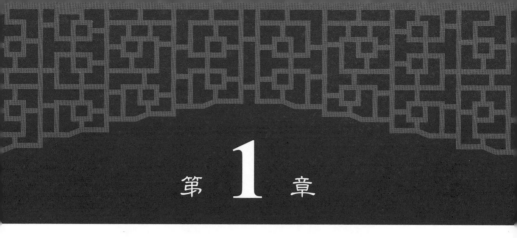

第 1 章

動亂的時代

董卓

■ 陽人、大谷關之戰 ■

這是孫堅與華雄單挑決鬥的知名場景。
《三國演義》中兩人不過交槍數回合，便因他
將殺入而中斷，最後華雄被關羽取了首級。

18

動亂的時代：序章

漢靈帝時各地飢荒不斷，百姓生活難以溫飽，對於東漢朝廷心生不滿者日愈增多。豪門高第以金錢壟斷政治，國家不斷反覆增稅，人民心中的憤怒終於達到沸點。最終爆發張角煽動的「黃巾之亂」，社會因此走向動亂的時代。

波及整個中國的亂潮

曾經繁榮一時的東漢，來到桓靈二帝時，朝廷已經威信不振，社會呈現動盪不安的情勢。蝗災肆虐旱魃為禍，以致於飢荒充塞四野，百姓的困境更加艱難。即便如此，執政者卻無視此一社會現象，外戚宦官依然惡鬥不休，終日埋首於權力的鬥爭中。加以買官之風蔚為盛行，終於發展成為金權是瞻的財閥政治，而為了彌補付出的代價，又以增稅的名目變相讓人民背負重擔，於是國力日益疲弊。

在這樣的社會情勢下，首先點燃烽煙推翻漢朝的，是以河北為中心，擴展新興宗教太平道的張角。他原本是利用謝罪懺悔、飲用符水治病等民俗療法來拓展宗教的人物，卻逐步以武力壯大聲勢，企圖改造當時的社會。他以「方」為部隊單位，將數十萬信徒分為三十六方，同時於全中國揭竿起義。由於他們以醒目的黃色布條做為頭巾，因此人稱黃巾賊。張角自封天公將軍、二弟張寶為地公將軍、么弟稱人公將軍，宣示黃巾軍的將領係天命敕封，將取漢而代之，打著「蒼天已死、黃天當立」的口號，不斷在各地興兵作亂。其勢銳不可擋，亂事爆發不過月餘，叛軍就已經兵臨首都洛陽的近郊。

黃巾賊逼近都城洛陽後，朝廷眼看事態嚴重，任命外戚何進為大將軍，負責保衛首都。又授予皇甫嵩、朱儁各兩萬兵馬，命其討伐潁川郡攻來的黃巾賊眾，盧植與曹操也先後參戰，分別派往戰場平亂。儘管各地的攻防一時呈現拉鋸戰，最終情勢一變轉而對官軍有利，期間張角病死，張梁、張寶也相繼被官軍討滅，失去統帥的黃巾軍也隨之土崩瓦解，亂事眼看就此平息。然而不久異族又在各地造反，星火逐漸燎原。此刻朝廷再也無法採取因應之道，漢王朝自此威信日墜。

暴君董卓的抬頭

公元189年靈帝駕崩，當時正處於各地亂事蜂起的期間。即便如此，各自推舉皇子為繼承人的兩派卻展開對立。一是力舉太子劉辯的大將軍何進，一是擁戴皇弟劉協的宦官，兩者之間爆發了激烈的權力鬥爭。何進曾密謀誅殺宦

官，然而消息走漏，反而先遭到宦官下手殺害。

他在死去之前，曾飛書走檄至各地號召軍閥入京勤王，欲以此做為軍援。當時應何進密召率兵前來者，計有丁原、王匡、袁紹、袁術、董卓等各路人馬。

得知何進被殺，袁紹、袁術立刻衝入宮中，屠殺所有宦官，據說當時多達兩千多個宦官遭到殘殺。張讓、段珪等宦官置身動亂中心，驚恐之餘帶著劉辯、劉協兄弟逃到宮外，朝廷一時陷入上自皇帝、下至外戚宦官全部消失的中空狀態。

同一時間，行軍至洛陽郊外的董卓，卻幸運地遇上從宮中逃出的劉辯、劉協兄弟，於是隨行護駕，凱旋都城洛陽。為了掩飾自己兵力不足的弱點，董卓一面吸收何進的部隊增強兵力，一面唆使呂布殺害負責首都治安的丁原，成功地掌控了洛陽的軍權。董卓手握朝中實權後，隨即廢立新帝劉辯，改立皇弟劉協，又暗中殺死何太后，逐步完成獨裁的體制。自任相國的他，此後極盡專斷殘暴之能事，不但命人挖掘靈帝陵，將金銀財寶劫掠一空，更濫殺無辜蹂躪宮女，專橫殘暴行徑歷時不休。

▌盟軍集結討董卓

一度被召至洛陽的袁紹袁術兄弟、曹操等各路軍閥，無不對董卓的行徑感到憤慨，失望之餘終於帶兵返回各自的領地。

公元190年曹操以五千兵馬率先於豫州舉兵，隨後集結了袁紹、張邈、張超、孔伷、王匡、鮑信等關東（函谷關以東）將領，組成討伐董卓的盟軍。

然而奉袁紹為盟主的討董義師，一談到出兵作戰時，卻遲遲無人挺身而出，率軍攻打二十餘萬的董卓大軍。再也無法坐視的曹操最終果敢地縱兵挺擊，但終究寡不敵眾。奮勇出兵的他，最後慘敗於董卓麾將徐榮之手。唯獨孫堅勇冠三軍，立下斬獲華雄首級的大功，逼得董卓閉關緊守不敢再出。董卓對於孫堅猛烈的攻勢感到畏懼，於是縱火焚燒洛陽城，率兵西撤力保長安。

遷都長安的董卓，依然不改恣意暴虐之本色，最後司徒王允籠絡了擔任董卓護衛的呂布，於192年暗殺董卓得逞。不料隨後奪得實權的董卓舊將李傕、郭汜，仍不脫故主董卓專橫的遺惡，真不知長安何時得長安。

公元	大事紀
155年	曹操、孫堅誕生，南匈奴叛亂。
158年	南匈奴、烏丸、鮮卑作亂。
159年	鮮卑、羌族相繼入侵。宦官勢盛，自此專擅朝政。
161年	劉備誕生。南陽、襄城、昆陽等地民變。賣官之風由此興起。
162年	長沙、零陵、豫章等地民變。
166年	宦官誣告李膺、杜密等，計200餘黨人被捕下獄。
167年	黨人終身禁錮不許為官（第一次黨錮之禍）。桓帝崩殂，靈帝即位。
168年	竇武、李膺密謀誅殺宦官，反遭殺害。
169年	李膺、杜密等數百黨人獲罪被捕處死（第二次黨錮之禍）。
174年	曹操舉孝廉，出任洛陽北部尉。諸葛瑾誕生。
175年	孫策、周瑜誕生。
176年	永昌太守上書為黨錮之禍陳情，觸怒靈帝獲罪致死。法正、馬超誕生。
177年	發生蝗災。曹操任頓丘令。
179年	瘟疫蔓延。司馬懿、龐統誕生。
180年	何氏受封為皇后，其兄何進任侍中。
181年	靈帝在後宮仿造市集，打扮商人以買賣為樂。諸葛亮、獻帝誕生。
182年	瘟疫流行。孫權誕生。
183年	張角所創太平道勢力遍及中國八州，信徒達數十萬眾。陸遜誕生。
184年	張角於各地同時舉兵（黃巾之亂）。黨錮之禍解禁。皇甫嵩、曹操、盧植、劉備、關羽、張飛等投身平定黃巾亂事的戰役。
185年	張牛角、張飛燕（張燕）等聚集百萬之眾，號稱黑山軍，肆虐於河北一帶。邊章、韓遂之亂。
187年	孫堅平定長沙。張舉、烏丸入侵。曹操任太尉。曹丕、馬良誕生。
188年	王匡、韓遂之亂。劉焉任益州牧、黃琬任豫州牧、劉虞任幽州牧。曹操任典軍校尉。
189年	靈帝崩殂。皇太子劉辯即位（史稱少帝）。河陽津之戰。外戚何進掌握實權，陰謀誅殺宦官，事機不密反遭殺害。
190年	袁紹、袁術、曹操、盧植、孫堅等組成討伐董卓的聯軍。公推袁紹為盟主，與董卓交戰於滎陽（滎陽之戰）。少帝被害。董卓焚燒洛陽城，遷都長安。劉表任荊州刺史。馬謖誕生。
191年	孫堅領軍進入洛陽（陽人、大谷關之戰）。公孫瓚入侵冀州。袁紹任冀州牧、曹操任東郡太守。劉備任平原相。孫堅戰死。
192年	袁紹擊破公孫瓚令其敗走（界橋之戰）。呂布受司徒王允唆使，殺害董卓。董卓部將李傕、郭汜占領長安奪得實權。劉表任荊州牧。青州黃巾討伐戰。曹操獲得出任兗州牧的推舉，其後大破黃巾賊於濟北，由降兵中選拔精銳30萬人，收編為青州兵。
193年	袁術被曹操擊敗後，殺害揚州刺史陳溫，占領淮南（匡亭之戰）。曹操為報父親曹嵩被殺之仇，攻打陶謙治理的徐州，城破大屠（徐州討伐戰）。
194年	李傕郭汜失和，於長安相互攻伐（李傕、郭汜之亂）。劉備投靠陶謙，獲舉出任徐州刺史。呂布任兗州牧。曹操與呂布大戰於濮陽（濮陽之戰）。劉焉去世，劉璋繼任益州牧；陶謙去世，讓與劉備徐州牧之位。孫策任揚州刺史，大破劉繇，鞏固江南之根據地。張邈、呂布之亂。南昌之戰。馬騰、韓遂入侵。
195年	曹操於定陶擊破呂布（定陶之戰）。孫策出兵江東（牛渚之戰）。曹操出任兗州牧。呂布為曹操所敗，投靠劉備。李傕挾持獻帝，董承諸將救出獻帝逃出長安，直奔洛陽。
196年	劉備與呂布交戰失利，投身曹操，獲任為豫州牧（盱眙、淮陰之戰）。獻帝還都洛陽，任曹操為司隸校尉、錄尚書事，授假節鉞。曹操遷都許城（後稱許都）。孫策自稱會稽太守。會稽之戰。

主要戰役與群雄勢力圖

「黃巾之亂」平定後，最初異軍突起的是暴君董卓。下圖是公元190年群雄對董卓政權徹底失望後，各自返回領地重整旗鼓的勢力圖。

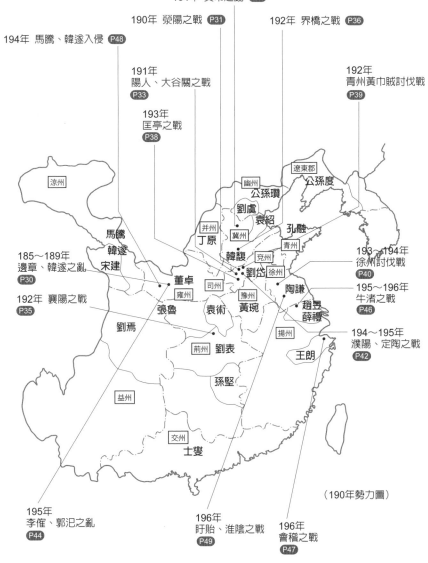

184年 黃巾之亂 P24

190年 滎陽之戰 P31

192年 界橋之戰 P36

194年 馬騰、韓遂入侵 P48

191年
陽人、大谷關之戰
P33

192年
青州黃巾賊討伐戰
P39

193年
匡亭之戰
P38

遼東郡
公孫度

幽州
公孫瓚

涼州

劉虞

袁紹

孔融

并州
丁原

冀州

青州

185～189年
邊章、韓遂之亂
P30

馬騰
韓遂
宋建

韓馥

兗州

劉岱 徐州

193～194年
徐州討伐戰
P40

董卓
雍州

司州

陶謙

195～196年
牛渚之戰
P46

192年 襄陽之戰
P35

張魯

豫州

袁術 黃琬

趙昱
薛禮

劉焉

荊州 劉表

揚州

194～195年
濮陽、定陶之戰
P42

孫堅

王朗

益州

（190年勢力圖）

交州
士燮

195年
李傕、郭汜之亂
P44

196年
盱眙、淮陰之戰
P49

196年
會稽之戰
P47

黃巾之亂

太平張角興動亂
東漢王廷喪威權

教戰年 184年

戰 場 鉅鹿、其他各地

參戰者 盧植、皇甫嵩、朱儁VS張角、張寶、張梁

朝政腐敗亂世起

東漢末年桓帝（146年即位～167年駕崩）與靈帝（167年即位～189年駕崩）在位期間，長年不問政事，外戚與宦官取而代之，成為實質上的執政者。然而兩者終日爭權奪利，全然不顧百姓生計，國政因此大亂。身為指摘朝政腐敗的清流派領導人物與朝中大臣的陳蕃，曾密謀政變肅清閹宦，最後以失敗告終。經過兩次給予清流黨人極大打壓的「黨錮之禍」後，更促使外戚宦官日復專橫。

又因異族相繼作亂，財政更加拮据，對於飽受旱魃洪患所苦的農民困境，朝廷只能置之不理。自此世道動盪加劇，各地亂事頻起。

大約也在此時，冀州鉅鹿（今河北省）人張角自稱大賢良師，正四處傳布名為太平道的新興宗教。他從吳郡、會稽①兩地聚眾講道的于吉手中獲得神書《太平清領書》後，根據此書與道教經典《太平經》創立新宗教「太平道」，於公元170年開始傳教。他自稱太平道人，到處散播「跪拜悔過，飲用符水，便可治癒疾病」的說法，於是信徒不斷地增加。或許也是社會動盪不安的緣故吧，轉眼之間信徒竟遍布幽、冀、豫、徐、荊、并、青、揚八州，信眾人數也上達十幾萬人。隨著教會組織不斷擴大，曾幾何時太平道開始將建設國家視為更遠大的目標。張角將信徒分為36方，設置名為渠師的領導人物，強化組織架構，使得原本純粹的宗教團體，搖身一變成了訴諸武力的革命集團。

張角作亂燃烽煙

在兩次黨錮之禍的15年後，張角終於在184年燃起叛亂的烽煙，為了達成太平教的建國理念，採取實際的行動。張角之弟張寶、張梁二人也與此呼應，同時舉事。打著「蒼天已死，黃天當立。歲在甲子，天下大吉」的旗號，發動推翻東漢王朝的叛

---

①譯注：原文將吳會視為一處地名，可能是誤解《三國志‧孫策傳》中引用《江表傳》的注釋「道士琅邪于吉，先寓居東方，往來吳會」的意思。

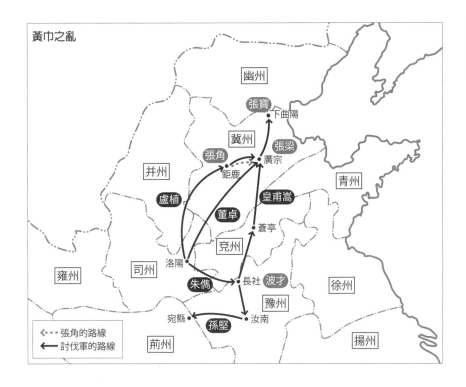

黃巾之亂

圖例：
‹--- 張角的路線
← 討伐軍的路線

亂。然而舉事之日原本訂於184年3月5日，卻因弟子唐周臨陣倒戈，向官府密告洩漏了計畫，只得飛書走檄全國，通令各地提前起義。

　　叛軍火速襲擊各郡縣的治所政廳，並逐漸演變成逼近首都洛陽的緊張情勢。根據裴松之於《三國志‧張燕傳》注釋中引用《九州春秋》的記載，張角大舉反旗後，黑山、白波、黃龍、牛角、飛燕等散佈於各地的賊眾紛紛舉兵叛亂，多者兩三萬，少者也不下數千，其總數相當可觀。朝廷為之大驚，即刻任命外戚何進為大將軍，命其防衛都城，又任盧植為北中郎將，討伐坐鎮於根據地鉅鹿的張角。盧植力挫張角一路進逼至廣宗，

張角據城堅守，盧植則挖掘壕溝，打造雲梯，展現即將攻下城池的態勢。然而何其不幸，盧植卻不願賄賂前來戰場視察的小黃門，以致遭到誣陷，被關入囚車押解回都。接下來稍後獲得中郎將任命的董卓卻討伐失利，以致平定黃巾亂事的進展不如預期。此時派往潁川郡的皇甫嵩與朱儁也處於劣勢，全賴火攻之計才一度擊破了黃巾賊波才。適逢曹操率隊馳援而來，兩軍攜手力戰，終於擊敗了黃巾軍。此後朱儁又進兵宛城，討伐起義於南陽的黃巾賊，與當時隸屬麾下的孫堅共同擊潰敵部。接著朝廷又派遣董卓接手，將先前於兗州平定賊軍戰功卓著的皇甫嵩調往廣宗。皇甫嵩部隊先

25

在此擊殺了張梁，繼而討滅據守下曲陽的張寶。值此同時，張角也因病身故，亦即身為領導的三兄弟都已死去。失去了統帥的黃巾賊就此失去核心，勢力也急速地衰退下來。

劉備在黃巾討伐戰中不曾有過人的表現！

且說《三國演義》在敘述黃巾賊討伐的過程中，曾提到劉關張三位結義兄弟在投入幽州太守劉焉徵募的義軍行列後，協助盧植、皇甫嵩、朱儁等人有著出色的功績，然而這段情節卻與史實相異。正史《三國志·先主傳》中，確實有劉備等人跟隨侯校尉鄒靖討伐黃巾賊，被任命為安喜尉的記述，但並未如《三國演義》所述及的精彩演出。反倒是從裴松之做為注釋出處之一的《典略》所見，可以看出劉備等人似乎不曾有過人的表現。非但沒有表現，其陳述甚至有些滑稽可笑。根據此書的記載，劉備初次參戰的時點，大約在「黃巾之亂」即將平息的末期，相當於漁陽的張純與烏丸的丘力居聯手作亂之際，當時劉備在戰場上負傷，為了活命只能裝死等待敵軍退去。直到估計賊兵已經離開，才讓朋友以車代步將他送走。由此看來，實在談不上有《三國演義》所述那般精彩表現。

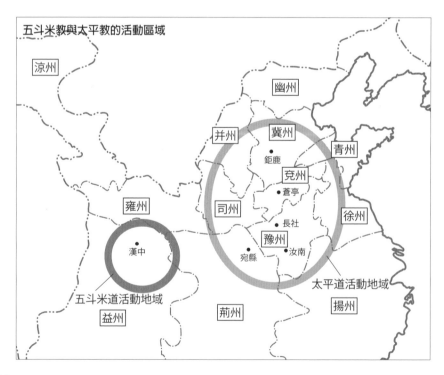

五斗米教與太平教的活動區域

涼州

幽州

并州　冀州

鉅鹿

青州

兗州

蒼亭

雍州　司州

徐州

長社

漢中

豫州

宛縣　汝南

五斗米道活動地域

太平道活動地域

益州　荊州　揚州

桃園三結義

結義三兄弟活躍的風朵

　　《三國演義》璀璨揭幕的首篇，正是劉備、關羽、張飛三人義氣相投，進而結拜兄弟的桃園結義。不過一般早已認定這是《三國演義》虛構的情節，而非《三國志》記載的史實。只是從正史《三國志》亦曾提到三人同寢的親密關係看來，可以想見通過某種形式義結金蘭的可能性似乎是存在的。不管如何，讓我們一起來回溯這段敍述。

　　招募義軍討伐黃巾賊的榜文前，站著一個看得入神的青年。那人身高七尺五寸（約173公分），兩耳垂肩，雙手過膝，生得一身異相，是中山靖王劉勝的後人，漢景帝的玄孫，姓劉名備。父親劉弘曾舉孝廉，任官為吏，由於英年早逝，家貧的劉備逐與母親織賣履蓆為生。此時劉備正當28歲，站在榜文之前，只是一聲長嘆。就在此時，身長八尺，生得豹頭環眼、虎鬚賁揚的張飛適巧路過，他厲聲問道：「不思報效國家，在此嘆息卻是何故？」劉備答稱：「雖有平定黃巾賊之志，奈何力有未逮，是以長嘆。」張飛乍聽下自是意氣相投，便道：「何不共舉大事，如何？」隨後就在兩人於店內杯觥交錯之時，見一魁梧大漢入內。那人身長九尺，髯長二尺，丹鳳眼、臥蠶眉，名喚關羽，威風凜凜地陳述己志道：「某乃河東郡解良人，因當地土豪仗勢欺人，某難忍其暴虐，逐殺之，此後隱世浪跡江湖至今。前不久適聞有榜文招募義兵討賊，於是來投。」劉備一聽，也表明己志，彼此心意正是投合。於是三人便往張飛莊院，祭拜天地義結金蘭，誓言同心協力。其誓曰「不求同年同月同日生，但願同年同月同日死」，並殺牛置酒大宴鄉人，募得鄉勇三百餘人，於桃園中酩酊痛飲。又適得中山富商張世平與蘇雙贊助，獲贈良馬五十匹、金銀五百兩、鑌鐵千斤，三人便打造兵器整備武裝，募得總計五百兵馬，一行浩蕩投至劉焉旗下，加入黃巾討伐陣容。

　　不過數日，黃巾賊將程遠志下轄五萬大軍來犯，而劉備所統兵力不過五百。便處劣勢，劉備等仍毅然以對。戰陣方下，張飛便使丈八蛇矛，縱馬直搗黃巾賊副將鄧茂，一槍貫穿其心窩。程遠志見狀拍馬舞刀而來，又被關羽舞動82斤重青龍偃月刀，一劈兩半。賊兵見程遠志受戮，兵敗如山倒，劉備趁勢直追，降者不計其數，一行大勝凱旋，為首度出馬寫下精彩的完美句點。

（摹寫自《三國演義》第一回）

相傳三人在張飛的莊院締結兄弟之誼

桃園結義故址巡禮

俯瞰涿州市的三人塑像

做為《三國演義》開場劇幕的正是知名的桃園三結義。劉備、關羽、張飛在討伐黃巾賊的徵募義勇榜文前相遇，意氣相投的三人就此結為異姓兄弟，成為膾炙人口的故事。儘管史書中無此記述，但正史確實記載了三人情誼堅定，倘若真有此事，其實也不足為奇。做為小說結義舞臺的，是從北京搭車需要一小時車程的閑靜都市涿州。此地除了有豎立在劉備老家遺址的劉備故里石碑、三廟並立來祭祀劉關張的樓桑三義宮之外，還有一口相傳張飛還是屠戶時用來藏肉的井，至今仍保持得相當完好。不論此地此景是否符合史實的記載，能夠讓人追憶緬懷這三位英傑，確實是再適合不過的地方了。

豎立在劉備故居的石碑

這口井曾留下一段軼事，相傳張飛曾在此藏肉，卻讓關羽給吃了

劉備、關羽、張飛於桃園結義後，飲酒助興的場面

樓桑三義宮中並列著祭祀三人的廟宇

樓內可見到督郵像，還有一尊想
要盜取赤兔馬的男子塑像

搭乘鐵路時，可從北京南站或西站前
往涿州，旅客列車需要50分到1小時
10分。搭乘公交車（巴士）時，從天橋長
途汽車站到涿州長途汽車站，約需1小時40
分。

石碑所在方圓被視為桃園三結義的原址

邊章、韓遂之亂

涼州邊陲烽煙起
蕩寇數年終平濟

教戰年	185～189年
戰場	望垣、陳倉
參戰者	皇甫嵩、董卓 vs 邊章、韓遂

董卓平亂敗軍還

黃巾之亂爆發後，中原淪為動亂的中心，涼州的羌人自然不願錯過此一良機，便著手呼應各部落同時作亂。首先脅誘金城的邊章與韓遂，為其出謀劃策，繼而擁兵十萬餘人，殺害刺史郡守大舉反旗。為了平定亂事，朝廷起用先前討伐黃巾賊失利的董卓，令其與皇甫嵩協力迎戰邊章、韓遂。然而討伐黃巾賊有功的皇甫嵩出師不利，朝廷遂予以免職，改任董卓為破虜將軍，與執金吾袁滂、蕩寇將軍周慎諸將協同作戰①，授予十餘萬兵馬，再次出征平亂。討伐軍在距離長安城僅60公里的扶風郡美陽陷入苦戰，後雖取勝，仍讓邊章、韓遂兔脫。董卓又率兵三萬追擊殘兵，及至望垣時反遭數萬羌族包圍，最後因糧秣斷絕不敵敗走。

根據《魏書·董卓傳》所述，董卓被圍困時，佯裝圍堰捕魚，乘機暗中脫困。後來朝廷追究戰敗的責任，要收回董卓的兵馬，董卓卻違抗旨意並未歸還。公元188年11月，韓遂再次造反，包圍了陳倉，皇甫嵩、董卓又聯袂出兵鎮壓，韓遂最終在起兵兩個多月後的189年2月撤兵。

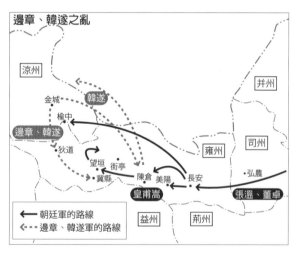

邊章、韓遂之亂

涼州
并州
金城
韓遂
榆中
司州
邊章、韓遂
雍州
狄道
望垣 街亭
冀縣 陳倉 美陽 長安
弘農
皇甫嵩
張溫、董卓
益州 荊州

→ 朝廷軍的路線
⋯⋯ 邊章、韓遂軍的路線

---

①譯注：當時東漢朝廷任司空張溫為車騎將軍，令其統制諸位將領平亂，董卓並非主帥。由於各路會合時，董卓姍姍來遲，態度又倨傲不恭，任張溫參軍事的孫堅，曾列舉董卓三罪，力勸張溫予以正法。

滎陽之戰

盟軍按兵不動
曹操毅然出戰

教戰年 190年

戰 場 滎陽

參戰者 徐榮 vs 曹操

▌董卓實掌天下權

即便「黃巾之亂」已經逐漸平息，外戚宦官依然為了權力爭鬥不休。公元189年靈帝崩殂，身為外戚（何皇后兄長）而權傾一時的大將軍何進，即刻擁立何后之子劉辯登基為少帝，藉此掌握實權。何進又暗中密議，要乘機誅殺十常侍，肅清宦官的勢力，卻礙於何皇后受了宦官鉅額的賄賂拉攏，不願遂意行事，就在舉棋不定之際，反而讓宦官取得先機，將之殺害。何進的部將袁紹憤恨填膺，便與曹操諸將合議衝入宮中，將宦官格殺殆盡。

外戚與宦官的勢力就此悉數一掃而空，此後入主洛陽的是西涼董卓。他原本是何進身亡前夕飛書走檄召來掃蕩宦官的外援，然而當時徵召董卓入京的何進已經身亡，敵對的宦官也被袁紹等人一舉消滅。董卓就在這權力的空窗期中，無巧不成書地進駐了首都洛陽。他一進入都城，便著手收編何進的餘部，將之納入旗下，掌握洛陽的兵權。但即便如此，當初隨行而來的精銳仍不過三千。若不增加兵力，使軍容看似壯盛，有朝一日恐難壓制群雄而招來兵變。於是每日入夜後，他便趁著天色昏暗令部隊出城，翌日又大張旗鼓鳴金作響，讓軍隊魚貫入城，讓人誤以為後援部隊又到，如此反覆數次，使人產生董卓坐擁大軍的錯覺。通過此等謀劃使政權穩若磐石的董卓，最終廢立少帝，改立其異母弟劉協（陳留王）為獻帝，並自任相國，躋身人臣之最，從此恣意操縱皇帝，以顛峰之勢權傾天下。

▌討董義師齊會盟

一旦掌握了實權，董卓日益專橫殘暴，導致朝令紊亂國政荒廢。就在此時，東郡太守橋瑁率先採取了行動。他假冒三公之名，偽造檄文號召組成討伐董卓的盟軍。順道一提，《三國演義》張冠李戴，設定這篇檄文出自曹操之手。羽檄一出，各地軍閥紛紛呼應，組成討伐董卓的聯軍。根據《魏書·武帝紀》的記載，當時響應者以渤海郡太守袁紹為首，

還包括後將軍袁術、北平太守公孫瓚、豫州刺史孔伷、長沙太守孫堅、冀州牧韓馥、濟北相鮑信、陳留太守張邈等人。由17位諸侯聯手聚盟，各擁數萬兵馬一事看來，兵力上並不比董卓軍遜色。一支共推名門袁紹為盟主、以曹操為奮武將軍，總兵力達20萬人的大軍於焉誕生。

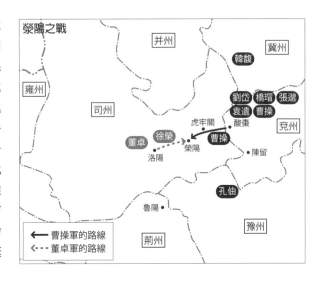

曹軍出馬敗陣還

然而聲勢浩大組成的此一軍團，終究凝聚力不足，宛若一盤散沙。根據《魏書‧武帝紀》的記述，董卓得知群雄舉兵組成討伐陣線後，先讓天子遷往長安，親自駐守洛陽牽制討董盟軍一時。面對此一態勢，集結於洛陽城東酸棗的部隊，僅有張邈、劉岱、橋瑁、袁遺；袁紹則自屯於河內、袁術止步於南陽、孔伷留駐於潁川、韓馥駐守於鄴城，紛紛按兵不動。原來各軍團都畏懼董卓精壯的兵馬，為避免消耗自身的實力，因此觀望不前。此等盟友的舉動，讓曹操怒火中燒，他慷慨激昂地說道：「我等率正義之師討伐逆賊，既然已經聚盟成立大軍，諸君為何仍躊躇不前！此乃滅亡董卓之大好時機（舉義兵以誅暴亂，大眾已合，諸君何疑……此天亡之時也）。」隨即與鮑信各領兵馬出戰，於滎陽汴水與董卓部將徐榮交兵。但意氣風發出征的曹軍，卻在汴水濱大敗，不但士卒死傷甚多，曹操也肩頭中箭負傷，所幸堂弟曹洪將坐騎讓與曹操，才得以僥倖生還，可謂慘敗至極。當曹洪讓出馬匹時，曹操曾一度拒絕，曹洪便說：「世上可以沒有我曹洪，但不能沒有曹公（天下可無洪，不可無公）。」曹操只得領首接受。曹洪則徒步跟隨曹操，抵達汴水之後，四下尋找渡船，與曹操逃回譙縣。

順道一提，《三國演義》在虎牢關一役中，加油添醋地描寫了劉關張三人大戰呂布的橋段，在正史中並無此一記載。

陽人、大谷關之戰

孫堅猛攻突進
董卓不敵敗退

教戰年 191年

戰 場 陽人、大谷關

參戰者 孫堅 vs 董卓

孫堅斬獲華雄首

公元190年1月，孫堅再也無法坐視董卓的暴行，為了討伐董卓，一面在各地招募士卒，一面由長沙北上洛陽。途中殺害荊州刺史王叡、南陽太守張咨①，抵達南陽之際，已是自擁數萬兵馬的大軍。到南陽拜會袁術後，袁術上表封孫堅為破虜將軍，兼任豫州刺史。就在孫堅於魯陽城練兵結束，正要兵發洛陽之際，遇上一突發事件，當時董卓派步騎數萬來攻，數十騎兵掩殺而來，卻見孫堅隊伍井然有序，無機可乘之下只得退兵。孫堅於梁東（梁城之東）出巡時，遭遇董卓大軍襲擊，僅數十騎脫身逃走。當時孫堅將頭上的紅巾，讓近衛部將祖茂戴上，引開敵軍的追擊，才得以平安逃脫。後來孫堅收拾殘兵重整旗鼓，兵抵陽人之後，大破董卓軍。孫堅軍斬獲華雄首級也就在這個時候。董卓心生懼意，向孫堅提出和親的請求，孫堅一口回絕，更縱兵挺進大谷關，加緊追擊毫不緩手。無計可施的董卓只得火燒洛陽城，狼狽地逃往長安。孫堅進入洛陽城，修復董卓盜掘的歷代帝陵後，隨即整頓兵馬返回魯陽。

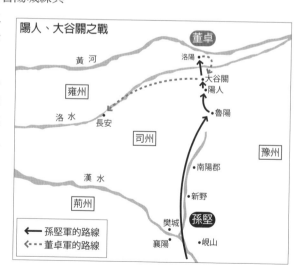

陽人、大谷關之戰

董卓

黃 河

洛陽

大谷關

陽人

雍州

洛 水

長安

魯陽

司州

豫州

漢 水

南陽郡

新野

荊州

樊城

孫堅

襄陽

峴山

← 孫堅軍的路線
⇐ 董卓軍的路線

---

①譯注：兩者似因早先看輕孫堅而生嫌隙，而此舉或有立威之效，使其徵調兵員物資更無阻力，只是此等舉動確實驚駭了時人。

董卓討伐軍勢力圖

　　下方的勢力圖記載了群雄響應東郡太守橋
瑁，集結組成董卓討伐軍的據點。可以看出董卓
勢力所盤據的洛陽東方，遍布著群雄泰半的勢
力。

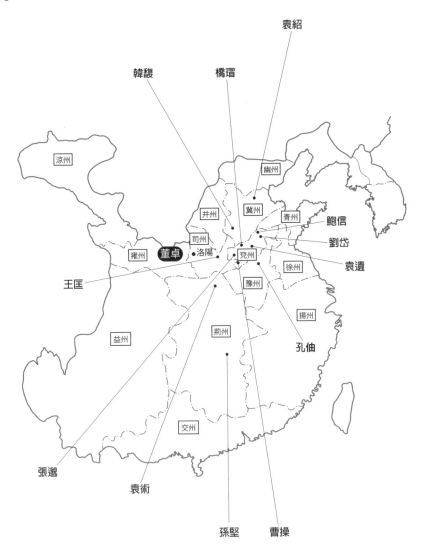

襄陽之戰

猛將力戰破黃祖
孫堅深追斷魂途

教戰年 192年

戰 場 襄陽

參戰者 劉表、黃祖 vs 孫堅

群英解盟棄前功
合縱連橫齊爭雄

於陽人、大谷關一戰大獲全勝的孫堅，修復董卓盜掘的眾帝陵後，返回魯陽駐軍於此。由於董卓逃往長安，曾經聯盟加入討伐行列的群雄也各自返回領地，養精蓄銳以待來日。然而曾經凝聚為討董盟軍的群雄，一旦各奔西東，比鄰而居的勢力便反目成仇，一時呈現遠交近攻的態勢。其中最具代表性的是冀州的袁紹，與南陽的袁術。袁紹與荊州劉表聯手，袁術則與幽州的公孫瓚結盟，演變為相互牽制的局面。於是在袁術的命令下，孫堅開始攻打劉表領地，在漢水北岸的樊城與位於其北方的鄧縣之間，與劉表的部將黃祖交戰。孫堅輕易地擊破黃祖，繼而揮兵南下渡過漢水，包圍劉表的據點襄陽。為了力保襄陽免於淪陷，黃祖重整旗鼓，再次抗擊孫堅的攻勢，但依然不敵勇猛的孫堅軍，最後一路往聳立於襄陽東

南的峴山敗逃而去。豈料孫堅孤軍深入，在此遭到黃祖埋伏於山中的士兵襲殺，身中數箭死去，得年37歲，不可不謂英傑早逝。孫堅一死，孫堅軍敗走南陽，袁術染指荊州的意圖也以失敗告終。順道一提的是《吳書·孫堅傳》記載孫堅死於192年，但有一說指稱此為191年的訛誤。此外尚有其他的說法，例如裴松之於注釋中引用的《英雄記》記載的就是193年正月。

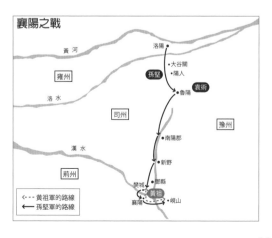

襄陽之戰

黃河

洛陽

雍州

大谷關

陽人

孫堅

袁術

魯陽

洛水

司州

南陽郡

豫州

新野

漢水

荊州

樊城

鄧縣

黃祖

峴山

襄陽

<--- 黃祖軍的路線
← 孫堅軍的路線

界橋之戰

八百步兵誘敵出
突破堅陣三萬五

教戰年	192年
戰場	界橋
參戰者	袁紹 vs 公孫瓚

公孫出兵攻袁紹

因袁紹、袁術敵對而發展為遠交近攻的態勢，同樣也發生在各以幽州、冀州為根據地的公孫瓚及袁紹身上。公元192年，公孫瓚終於展開入侵冀州的行動，一面由薊城發兵向磐河進軍，一面與駐屯東平的堂弟公孫範呼應，夾擊袁紹軍。公孫瓚將兵馬布署於袁紹根據地鄴城東北僅40公里的廣宗，袁紹為了迎戰公孫瓚，則在距離廣宗東方約8公里、位於清河對岸的界橋配置數萬兵力。當時公孫瓚採取的是彷彿亞歷山大大帝的作戰隊形，左右兩翼配屬了驍勇善戰、人稱白馬義從的五千騎兵，並以三萬步兵為方陣置於中央，全軍嚴陣以待。

麴義計誘公孫瓚

袁紹兵馬雖然同樣號稱數萬，但若與烏丸、鮮卑等北方異族也為之忌憚的公孫瓚精銳正面交鋒，著實毫無勝算。袁紹軍的先鋒麴義於是心生一計，僅率領八百步兵突出於最前線。

公孫瓚見此起了輕敵之心，為了一舉擊潰對手，竟大意地動用了穩若磐石固守於兩翼的騎兵。就在此時，袁紹軍埋伏於左右兩側各千人的弩兵開始箭雨齊下。原本俯伏於四周的步兵也蜂擁而上，聯手消滅威名遠播的白馬義從千人。

或許是確信勝利在望的緣故，袁

三國演義說法

趙雲挺槍殺麴義

根據《三國志・袁紹傳》所述，「界橋之戰」的大功臣麴義因為恃功而驕，最後遭袁紹殺害。不過《三國演義》卻改寫成麴義被尚在公孫瓚營中的趙雲一槍刺殺。當時麴義正要衝入公孫瓚後軍的大營，值此關頭，趙雲翩然現身。文中描述趙雲「挺槍躍馬，直取麴義。戰不數合，一槍刺麴義於馬下」，就這樣把功勞一樁記在趙雲的帳上。

紹見戰況有利於己，竟大意地下馬歇息，結果遭到兩千騎白馬義從圍擊險些喪命，所幸又是麴義突圍馳援來救。最後袁紹軍終於獲勝，公孫瓚敗走薊縣。

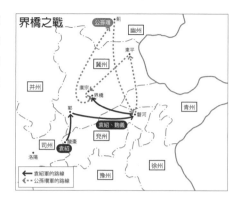

界橋之戰

← 袁紹軍的路線
←··· 公孫瓚軍的路線

專欄

暗殺董卓

王允說呂刺董卓

　　眼看遷都長安後，董卓依然專斷暴虐不已，司徒王允終於決心要暗殺董卓，虎視眈眈地等待機會的到來，無奈護衛於董卓身邊的卻是威震天下的猛將呂布。所幸王允與呂布同鄉，於是假借這份微薄的情誼接近呂布，邀請他到家中，試圖予以籠絡。王允三言兩語打聽出呂布曾因為細微小事，險些被董卓以短戟擊殺，又唯恐暗中與董卓侍妾互通款曲之事曝光，於是王允鼓起三寸簧舌拉攏，終於讓呂布答應共謀大事。

　　公元192年4月，王允以祝賀獻帝病體新癒，假傳聖諭招董卓入宮，車隊才抵達長安宮門前，董卓就被李肅先以長戟刺傷，又被呂布補上一戟死去。裴松之解注中引用《英雄記》的記載，提到董卓死後曝屍於街頭示眾，由於身軀肥胖油脂滿地，插在肚臍的棉燈芯點火之後，隔日依然燈火不熄。

　　順道一提，《三國演義》杜撰了虛構的美女貂蟬，劇情鋪陳更引人入勝。且觀下文可知一二。「王允見董卓、呂布二人皆為好色之徒，便尋思以美女作餌，謀畫連環計。先於宅中宴請呂布，將那自幼選入府中、待如親女的歌伎貂蟬喚出，允諾送予呂布為妾。數日後王允又設宴邀請董卓，故技重施獻上貂蟬以為侍姬。呂布得知此事怒而興師問罪，王允答稱董卓欲親取貂蟬回府，與呂布許配成親，呂布方才釋懷。翌日呂布心切往董卓府中打聽，卻見到已委身侍奉董卓的貂蟬。貂蟬淚下如雨，哭訴道：『妾聞將軍之名，以為當世英雄，誰想反受他人之制！』事已至此，呂布心意立決，當為此女誓殺董賊。董卓謀臣李儒綜觀全局，再也無法坐視，便勸諫董卓將貂蟬賜予呂布，董卓卻不應允。李儒不禁長嘆：『吾等皆死於婦人之手矣！』最後呂布便走上誅殺董卓的不歸路。」（摹寫自《三國演義》第8、9回）

匡亭之戰

孟德出兵助本初
青州雄師破袁術

教戰年 193年

戰場 匡亭

參戰者 袁紹、曹操 vs 袁術、公孫瓚

袁氏兄弟卻相殘

就在董卓伏誅，李傕、郭汜竊占長安都城之時，各自為政的群雄也開始致力於拓展己勢。其中競相爭奪勢力乃至演出手足相殘劇幕的，便是袁紹與袁術這對異母兄弟，其中又以「匡亭之戰」最具代表性。

東漢時期的袁氏人才輩出，是歷經四代三公（太尉、司徒、司空）的世家。袁紹、袁術二人能夠躋身群雄之列擴大勢力，名門出身的背景帶來極大作用，這點是無庸置疑的。

兩人縱然血緣相連，但袁紹是袁逢的庶子，袁術才是袁逢的嫡子，只是生於袁紹之後。換言之，這層異母兄弟的關係，使得骨肉之爭一時更為複雜。袁紹的身邊擁有許多慕名而來的豪俠賢士，這點讓袁術感到嫉妒，據說兩人更因此紛爭不休。

即便有手足之情，對於同樣覬覦天下的二人而言，其實不過是必得擊敗的群雄之一。

袁術拉攏公孫瓚
二雄聯手攻袁紹

袁紹吞併渤海與冀州，著手往河北一帶拓展勢力後，自然將擴大領地的目光投向幽、青、并三州。反觀此時的袁術，才剛平定一處南陽郡。況且袁術以苛政傜役人民而不孚眾望，

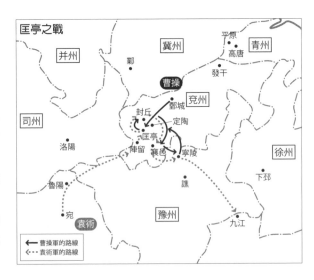

匡亭之戰

并州　冀州　平原　青州　高唐

鄴　發干

曹操

兗州　鄄城

封丘　定陶

司州　匡亭

洛陽　陳留　襄邑　寧陵

徐州

魯陽　譙　下邳

宛　九江

袁術　豫州

← 曹操軍的路線
⋯⋯ 袁術軍的路線

38

旗下孫堅因他而死，且與袁紹聯手的劉表更不斷從南方進逼而來。察覺處於劣勢的袁術，便與幽州的公孫瓚結盟，打算由南北夾擊袁紹。

公元192年，謀畫打倒袁紹的袁術與公孫瓚，終於大舉出兵。公孫瓚將當時投靠於己的劉備派往青州的高唐，讓陶謙出兵兗州的發干，又命單經發兵青州的平原。袁紹則讓此刻還在帳下的兗州牧曹操出征迎戰，攻打劉備、陶謙與單經，悉數擊破這三路人馬。畢竟曹軍剛從兗州討伐黃巾賊

的戰役中，收編了超過三十萬精強的青州兵，面對這壓倒性的戰力，劉備等公孫瓚陣營的將領均非其敵手。

當193年曹操於鄄城擺下陣勢，袁術隨即從宛縣發兵，經陳留往封丘挺進。眼看曹操開始攻打駐紮匡亭的袁術部將劉詳，袁術急忙馳援而去，不料卻被曹軍擊破，直往封丘敗逃。曹操又窮追猛打，一路追擊袁術來到封丘，打得袁術倉皇失措，再往襄邑、寧陵奔亡流竄，最後逃入九江。至此曹操才罷兵歇手，回師定陶。

曹操兗州拒黃巾
一戰盡得卅萬兵

教戰年	192年
戰 場	兗州
參戰者	曹操 vs 青州黃巾賊

征討青州黃巾賊

公元192年，數以百萬的青州黃巾賊寇擾兗州，大軍壓境勢如破竹，先擊破任城相鄭遂的軍隊，繼而攻打東平。兗州刺史劉岱毅然出兵討賊，隨即戰死。當時擔任東郡太守的曹操，因此補上兗州刺史的職缺。原來曹操的參謀陳宮與盟友鮑信合議，薦舉曹操登上寶座。曹操就任兗州刺史後，隨即趕赴戰場討伐黃巾賊。然而面對兵力占壓倒性優勢、習於陣仗的

青州黃巾賊，最初仍陷入苦戰。最後憑著奇襲設伏等計略，才於同年12月成功地招降，獲得兵員三十餘萬、信徒百萬眾。曹操又從中挑選精銳，編成一支三十萬人的直屬軍團，取名青州兵。憑藉這支強大的武力，從此在河南一帶逐步構築起一大勢力。

徐州討伐戰

無明業火爲父仇
曹操屠城撼徐州

教戰年 193～194年

戰　場 徐州

參戰者 曹操 vs 陶謙

曹父驚死陶軍手

就在曹操於「匡亭之戰」擊破袁術的同一年間，不幸卻降臨在曹操的身上。父親曹嵩原本任職軍事機構最高位太尉一職，因烽火連年而辭去官位，隱居避亂於徐州琅邪，竟不知爲何人所殺。

根據《世語》所述，曹操駐屯於定陶時，打算請父親前來同住，便命令泰山太守應劭護送曹嵩一行前往兗州。當時陶謙卻暗中發兵襲殺曹嵩。此外韋曜於《吳書》中陳述當時陶謙麾將張闓奉命前來護衛，見曹嵩行裝堆金積銀，一時財慾心竅，於是殺人越貨，但真相如何，至今始終未明。

討伐陶謙大軍征

不論如何，曹操將一切責任歸屬全算在陶謙帳上，於同年秋出兵討伐陶謙，開始攻打其根據地徐州。此次出征除了肇因於憎恨陶謙的個人心理因素之外，父親之死也成了奪取陶謙治下的徐州最佳的藉口。

曹軍火速挺進戰果豐碩，徐州北部十餘處要衝，轉眼間陸續失陷。來到陶謙根據地所在、位處泗水河畔的彭城後，兩軍各擁數萬兵馬交鋒，戰況相當慘烈。

據說激戰之餘，曹軍掌握良機大舉發起攻勢，以致陶謙軍戰死者超過數萬。陶謙兵敗逃往郯城，自此據城堅守。曹操眼看糧秣不繼，又見城池久攻不下，於是放棄攻打郯城，將箭頭轉向取慮、睢陵、夏丘等徐州南部各縣，連下數城後才揚長而去。

根據《後漢書·陶謙傳》所述，當時遭殺害的兵卒都被投入泗水，由於死者甚眾，據說泗水江流因此堵塞不通。

公元194年夏，曹操再次率兵攻打徐州，公孫瓚麾下應陶謙之請前來助陣的青州刺史田楷與劉備也被擊破，曹軍繼而攻打襄賁。根據《魏書·武帝紀》的記載，曹軍在所到之處大肆屠殺，雞犬不留。但就在曹軍將陶謙逼退至丹陽時，得知陳宮與張超等人謀反，迎來呂布入主兗州的軍情，於是火速拔營引兵而還。

曹操的大屠殺

從曹軍在討伐陶謙的戰事中顯露的行為，可知曹操予人嗜殺成性的印象，而綜觀史書所載，該傾向亦相當明顯。為報父仇攻打陶謙，卻讓無數徐州百姓淪為戰爭的犧牲者，此事也讓曹操之名遺惡千古，殘忍的印象從此深植人心。

不過《魏書・武帝紀》對於此事，卻僅以「所過多所殘戮」寥寥數字帶過，對於具體數字，並無詳細的記載。或許正因為是記錄曹操生平的本紀，所以無法詳述曹操負面的行為。倒是《魏書・陶謙傳》的注解中提到「五郡潰崩」這樣的敘述，由此推算應當有數十萬徐州百姓遭到殺害。裴松之也在《魏書・武帝紀》的注釋中提到，責任雖在陶謙，但對曹操連同百姓均一併殺害之事也加以撻伐。

此外、曹操在「官渡之戰」中，也曾經下令對俘獲的袁紹將領淳于瓊及殺死的千餘名士兵施以殘忍的劓刑（割鼻），又不知何故連同牛馬的唇舌也一併割下，送至袁紹軍的跟前，

凡此令人不忍卒睹的殘酷行徑，都相當引人側目。

徐州討伐戰

冀州
并州
鄴
兗城
司州
陳留
定陶
曹操
任城
陶謙
襄賁
彭城
下邳
夏丘
徐州
譙
豫州
揚州
劉備、田楷
平原
臨淄(齊)
青州
郯
曹豹
劉備

← 曹操軍的路線
◄--- 陶謙軍的路線

專欄

曹嵩悲慘的下場

根據裴松之在注解中引用的《世語》所述，曹嵩遭到陶謙軍襲擊時，曾挖開土牆打算將妾推出牆外，不料侍妾過於肥胖，以致不得穿牆而過。曹嵩只得逃入茅廁避難，結果與侍妾一同被殺。

《三國演義》則描述都尉張闓奉陶謙之命，前來護衛曹嵩，見曹嵩載滿財物的輜重，登時起了賊心，於是盤算入夜後殺人越貨。當時曹嵩拉著侍妾，打算翻越古寺的後牆，卻因侍妾肥胖，不得越牆而過，倉皇之下只好躲入廁中，結果兩人都被闖入的亂兵所殺。

濮陽、定陶
之戰

曹操奇計退溫侯
猛呂布敗逃下邳

教戰年 194～195年

戰　場 濮陽、定陶

參戰者 曹操 vs 呂布

陳宮兵變事呂布

　　就在曹操將陶謙視為殺父仇人攻打徐州，對捲入戰禍的百姓大肆屠殺之際，曹操的參謀陳宮卻在曹軍的大本營兗州暗中籌畫，與張邈、呂布同謀兵變，奪取了兗州的軍政權。張邈本是曹操的好友，曹操出兵討伐徐州時，臨行前還囑咐家人：「如果我回不來，就去投靠張邈吧（我若不還，往依孟卓）」，可見兩人私交甚篤。然而在得知曹操屠殺徐州百姓的行徑後，張邈對其殘暴心生懼意，加以陳宮從旁勸誘，又有猛將呂布共謀舉事，終於背叛了曹操。陳宮、張邈等人以濮陽為根據地，推舉呂布為兗州牧，建立了新政權。根據正史的記載，除了荀彧、程昱、棗祇、靳允堅守的鄄城、範城、東阿三城以外，當時大多數的郡縣都響應了這次兵變。其中鄄城首當其衝遭到攻擊，但呂布久攻不下，只得駐兵於濮陽。

　　曹操由徐州緊急回師後，即刻進兵濮陽與呂布交戰。然而即便是連戰皆捷、精壯強悍的青州兵，也不敵呂布驍勇的騎兵部隊。大營失陷一片火海，曹操狼狽脫逃。據說當時曹操甚至墜馬，手掌也被燒傷。

　　此後戰事歷經百日，呈現膠著的狀態，由於蝗禍來襲，兩軍糧秣均已告罄，無奈之餘只得撤兵。

曹操二度戰呂布
奇正合用退敵兵

　　隔年公元195年，曹操捲土重來，大破呂布麾將薛蘭、李封鎮守的鉅野，呂布馳援來救也被擊退。呂布轉而與駐守東緡的陳宮會合，率領一萬兵馬攻打曹操所在的東緡。當時曹軍泰半出城割麥，城內僅有士卒千人留守。曹操急中生智，讓婦女上城牆手持軍旗，所有士兵於城前布陣，擺出守兵甚多的態勢，又在鄰近依地形部署，使其看似藏有伏兵，呂布因此生疑退去。

　　翌日呂布察覺是計後，動員全軍急馬來攻，不料這回曹操果真設伏，打得呂布軍倉皇失措、落荒而逃。曹操於是乘勢追擊，再下一城攻陷定

陶，由此陸續平定了郡內各縣。呂布兵敗如山倒，趁夜色脫身逃走，就此奔往下邳，投靠徐州牧劉備。

跟隨呂布的張邈也在向袁術求救的途中，被部下所殺。至此兗州終於被曹操平定。

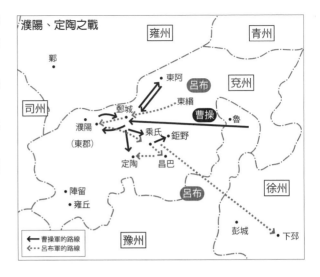

濮陽、定陶之戰

雍州　　　　　　青州

鄴

　　　　　東阿　呂布　兗州

　　　　　　　東緡
　　　　鄄城　　　　曹操　魯
司州　　濮陽　乘氏　鉅野
　　　　（東郡）

　　　　　定陶　昌巴

　　　　　　　　　　　　呂布

　陳留　　　　　　　　徐州
　雍丘

　　　　　　　　　彭城　　下邳
　豫州

←曹操軍的路線
←呂布軍的路線

三國演義說法

曹操逃出火海

《三國演義》第十二回對於曹操險些喪命於一片火海之中，最後狼狽脫困的情景有著生動的描述。根據小說所述：「陳宮欲構陷來攻濮陽的曹操，便設一謀讓富戶田氏往見曹操假意內應，誘使曹操入甕。曹操正中下懷大意入城後，忽見四門烈火轟天而起，猛將張遼、曹性、高順、侯成各路奔殺而來。曹操卻在倉皇之中，正撞見了呂布。呂布不識前者便是曹操，只問曹操何在。曹操靈機一動，煞有介事地詆說道：『前面騎黃馬者便是。』呂布遂棄曹操，縱馬追擊該將而去。誰知曹操剛逃過死劫，隨即遇上火焱。正待突火越門之際，城門卻崩下火樑來，手臂鬚髮，盡被燒傷。幸得典韋、夏侯淵回馬來救，輾轉奔走方得回寨。」裴松之在注釋引用袁曄編著的《獻帝春秋》，也提到呂布騎兵截獲曹操，卻不知所俘正是本尊，還問「曹操何在」。當時曹操答稱「乘黃馬走者是也」，從相似度極高的此一記載看來，同見於《三國演義》的這段大肆鋪陳的描述，應該是相當貼近史實的。

李傕、郭汜之亂

二人攜手據長安
反目成仇各自滅

教戰年	195年
戰場	長安
參戰者	李傕、郭汜 vs 王允、呂布

賈詡勸進舉反旗

董卓極盡暴虐之能事，最終為呂布所殺，值此同時，李傕、郭汜、張濟等人奉董卓女婿中郎將牛輔之命，正攻打陳留、潁川各縣。諸將在行營中得知董卓、牛輔先後死去的消息後，一度打算解散軍隊返回故里。當時參謀賈詡卻阻止眾人道：「事到如今，拋棄眾兵而獨歸，只怕會被人輕易宰制。不如攻打長安，為董太師復仇。若有幸成大事，可奉戴天子攻取天下。若大事不成，再逃不遲①。」李傕、郭汜被賈詡一席話打動，於是依計行事。他們在所到之處召集殘兵餘黨，夥同董卓的舊部樊稠、李蒙，集結了十萬大軍，蜂擁殺入長安城。亂軍入城後駐紮於南宮掖門，司徒王允、太僕魯馗、大鴻臚周奐、城門校尉崔烈、越騎校尉王頎等官吏，都遭到殺害。與王允據守長安城一時的呂布，也無法抵擋十萬大軍的攻勢，交戰不過十天便敗逃而去，拱手讓出了長安。郭汜、張濟諸將入城後，不論男女老幼，四下殺害長安臣民。當時死於亂事中的王允，也被曝屍於市集。

政承亡卓執牛耳

李傕掌握長安實權後，官拜車騎將軍，為池陽公；郭汜為後將軍、美陽侯；樊稠為右將軍、萬年侯，自此專擅朝政。然而集暴虐之能事的此一新政權，最後也不能長泰久安。起初李傕每每在家中設宴，邀請郭汜前來小酌又或夜宿，兩人交情頗好。但郭汜之妻猜忌心強，懷疑丈夫與李傕的婢女有染，於是暗中在李傕相贈的酒食中動手腳，使郭汜以為有毒，導致兩人的關係漸行漸遠。李傕與郭汜彼此越發猜忌，最終在長安市街上各立陣營，爆發武力衝突。其間李傕挾持天子做為要脅，劫掠官廳寺院，甚至

①譯注：語出《魏書‧賈詡傳》。「……諸君棄眾單行，即一亭長能束君矣。不如率眾而西，所在收兵，以攻長安，為董公報仇，幸而事濟，奉國家以征天下，若不濟，走未後也。」裴松之對賈詡為保全性命而出此下策一事大肆批判，認為此舉造成了東漢極大的動亂，禍害後世深遠。

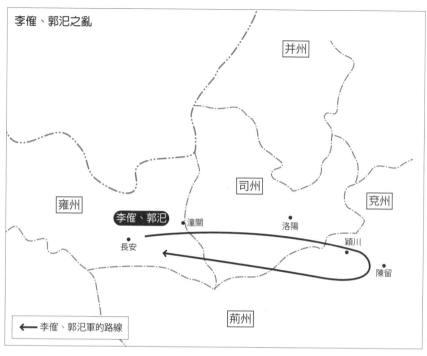

李傕、郭汜之亂

并州

司州

兗州

雍州

李傕、郭汜　　　潼關

洛陽

長安　　　　　　　　　　穎川

陳留

荊州

← 李傕、郭汜軍的路線

強奪御用品返家做為己用。後來李傕一度向郭汜議和，但郭汜堅持不受，雙方又交戰達數月之久。根據正史記載，這場戰亂殃及數萬百姓，許多人無辜犧牲，長安因此市街荒蕪。

▌二將反目何善終

　　公元195年，由於張繡的叔父張濟出面緩頰，兩人才言歸于好，獻帝則乘機逃出長安。雖然李傕、郭汜的軍隊隨後緊追不捨，最後總算逃出魔掌，輾轉奔逃之餘，終於在196年回到洛陽。但由於董卓放火燒城，當時洛陽已經街陌荒廢、宮闈沒落。適巧曹操有意擁戴天子，憑藉朝廷的威勢雄霸中原，於是率群雄之先，奉迎獻

帝至自己的據點許縣，由此遷建許都，逐步走上權傾天下之路。

　　頓失獻帝倚仗的李傕、郭汜，從此失去實權。後來李傕於197年遭謁者僕射裴茂誅夷三族，郭汜也遭到部將伍習的襲殺慘死，張濟則飽受飢餓之苦，於攻打穰城之際，身中流箭戰亡。

　　順道一提，《三國演義》對於李傕、郭汜在長安所作所為的描寫，也幾乎與史書如出一轍，只是假借楊彪夫人對郭汜之妻離間，偽稱郭汜與李傕之妻有染，導致兩者失和。郭汜妒心極重的妻子為此怨憤不平，乃至於讓郭汜喝下糞汁，催吐化解疑為中毒的腹痛，以消心頭之恨。

牛渚之戰

孫策承父仕袁術
初征赫赫舉戰功

教戰年 195～196年

戰　場 牛渚

參戰者 孫策 vs 劉繇

孫伯符子承父業
同出仕袁術麾將

當中原一帶陷入曹操攻打徐州的兵荒馬亂之際，孫堅之子孫策繼承父親的遺志，在一片以揚州為中心的鄰近地域，攻城陷陣所向無敵。父親死後，孫策曾經投靠舅父丹陽太守吳景一時，到了公元194年，弱冠二十歲的他做出同父親一樣的選擇，投入統治揚州的袁術旗下。當時袁術還將孫堅託付的部曲（私兵）交還孫策。然而袁術答應只要孫策出兵，便授予太守職位的承諾卻屢屢悔約，於是孫策對袁術逐漸不再信任，伺機要脫離言行多偽的袁術，謀求自立。

公元194年，被朝廷任命為揚州刺史的劉繇，為了避免與袁術正面衝突，於是將治所（政廳）設於曲阿。讓樊能、于麋屯兵於橫江津，命張英駐守當利口，準備與袁術對決。最初袁術命吳景攻打牛渚，但連年出兵仍無法攻克。

孫策心思良機此時已現，於是主動向袁術請纓借兵，希望協助吳景平定江東一帶。袁術卻僅僅給予孫策士兵千餘人、戰馬數十匹。不過孫策並未氣餒，揮軍江東之餘，一路招兵募勇，抵達吳景所在的歷陽時，已集結成五六千人的軍團。周瑜也在此時率眾來奔，投入孫策的旗下。

攻牛渚孫策渡江

根據裴松之於注解中引用的《江表傳》所述，孫策厲兵秣馬，於公元195年一舉渡過長江，攻擊劉繇部署於牛渚的營寨。成功地擄獲了所有儲存在倉廩的軍糧與作戰兵器，初次作戰便立下出色的戰功。接著又進軍東北兵臨秣陵，攻打駐紮於南方的下邳相笮融，斬獲首級五百。眼看野戰失利，笮融更是據城堅守，緊閉城門不出，全無交戰之意。孫策出於無奈，只好將矛頭轉向當時渡過長江的彭城相薛禮。薛禮抵擋不住孫策的猛攻，最後突圍走脫。

約莫同時，樊能、于麋等重整旗鼓，再次奪取牛渚而來，孫策又回師擊破，生擒男女萬餘人。然而再回頭

進兵秣陵攻打守城的笮融，戰況卻呈現膠著狀態。當時破城心切的孫策至前線督戰，遭到流箭射中大腿重創，所幸並無他礙，於是乘輿返回牛渚軍營，四下散播孫策戰死之說，使謠言傳入敵營。笮融大喜過望，便命令于茲出戰，卻被詐敗的孫堅伴動部隊計誘，遭到伏兵擊破。此後孫策又陸續攻克湖孰、江乘，繼而攻陷曲阿，劉繇只得出奔丹徒。

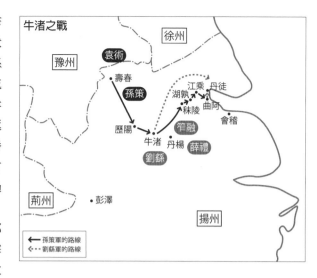

牛渚之戰

徐州
豫州
袁術
壽春
孫策
江乘　丹徒
湖孰
秣陵　曲阿
歷陽
會稽
牛渚　笮融
丹楊
劉繇　薛禮
荊州　　　●彭澤
揚州

← 孫策軍的路線
←‥‥ 劉繇軍的路線

會稽之戰

孫郎奇兵取會稽
續討虎賊定江東

教戰年 196年

戰　場 會稽

參戰者 孫策 vs 王朗

孫策自封會稽守

　　劉繇於「牛渚之戰」一役中，因無法抵擋孫策猛攻而敗走丹徒，孫策隨後又追擊而來，領軍挺進會稽。

　　當時據守會稽的是對漢室忠心耿耿的太守王朗，幕僚虞翻以戰無勝算，苦勸王朗避其鋒銳，王朗並不採納，逕自率兵迎戰。結果中了孫堅么弟孫靜的奇計，王朗軍遭到擊破。王朗乘船逃往東冶，但仍被孫堅的追兵擄獲。於是孫策撤換了所有郡縣官吏，自任會稽太守，並且讓舅父吳景任職丹陽太守、孫堅之姪孫賁出任豫章太守，此後又討滅聚眾為寇、倚山為勢的嚴白虎，成功地平定了江東一帶。

馬騰、韓遂入侵

李傕暴虐難以堪
馬宇謀反召馬騰

教戰年	194年
戰場	長平觀、陳倉
參戰者	馬騰、韓遂 vs 樊稠、李傕

馬騰韓遂舉兵反

董卓死後，李傕與郭汜採納賈詡之說，攻入長安掌握實權，從此專擅朝政，為所欲為橫行暴虐一時。兩人縱兵劫掠，長安多達數十萬的百姓據說泰半死絕，倖存者也陷入飢饉相食的慘況。朝臣終日惶惶，畏於兩人的暴行卻又無計可施。獻帝再次淪為傀儡，不得不對二人言聽計從，朝廷有如處於無政府的狀態。

侍中馬宇憂心國事，便與諫議大夫种邵、左中郎將劉範共謀，密召馬騰前來攻打長安。公元194年3月，馬騰與韓遂響應此召，舉兵叛亂來襲。益州牧劉焉也暗中參與，派遣其子劉範率兵馳援。

李傕擊退叛亂軍

然而整個計畫卻在叛軍進兵至長平觀時，被李傕得知，李傕遂命樊稠出兵，迎戰馬騰與韓遂。東窗事發後，馬宇逃往槐里，但被樊稠追及，兵敗而死。馬騰等人也遭到樊稠擊敗，逃回涼州。

樊稠追擊敗逃的殘兵來到陳倉，卻並未深追且就此罷兵。李傕得知此事後，想起樊稠與韓遂出身同鄉，懷疑二人通好，後來便殺害了樊稠。當時參與叛亂的劉範死於亂戰之中，其弟劉誕則被捕處死。劉焉痛失兩個愛子，失意之餘，也在當年發病身亡。

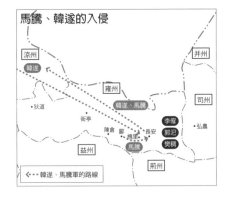

馬騰、韓遂的入侵

盱眙、淮陰之戰

袁術唆使呂奉先
反客為主敗劉備

教戰年	196年
戰　場	盱眙、淮陰
參戰者	袁術、呂布 vs 劉備

袁術伺機攻徐州

正當孫策平定會稽，在江東一帶拓展勢力的同時，袁術也在陶謙死後著手入侵災禍不斷的徐州。但由於劉備堅守於盱眙、淮陰，力阻袁術進兵，戰事經過月餘，始終屢攻不下。袁術便送了一封書簡給當時還是劉備食客的呂布，慫恿他出其不意攻打劉備，事成後相贈20萬石米糧做為謝禮，呂布因此倒戈叛劉（見《英雄記》）。趁著劉備與袁術對峙之時，呂布進兵石亭，急攻兵力薄弱的下邳，豈知禍不單行，負責留守的張飛與下邳相曹豹起了爭執，而欲殺害曹豹，紛亂中反而讓呂布輕易地奪取下邳。劉備不但失去了城池，妻兒也被俘虜。

劉備失去據點後，逃往海西一時，最終還是向呂布請降。由於其間袁術未曾依約履行贈與米糧的承諾，於是呂布對袁術起了戒心，便與劉備言歸於好，讓他兵屯小沛，自己則駐軍於下邳，自稱徐州刺史。

呂布射戟退二雄

稍後袁術部將紀靈率領三萬兵馬，前來攻打劉備，呂布隨即馳援來救。一見驍勇的呂布出馬，即便是勇將紀靈也裹足不前。就在兩軍對峙的情況下，呂布向劉備與紀靈雙方提出和議。他先設宴款待劉備與紀靈，讓兩人同席，又在營門下豎立一戟說道：「我這一箭若能射中戟的小支[1]，兩家就各自罷兵吧。」只見呂布瀟灑一射，去箭正中戟的小支，登時博得了滿堂彩。紀靈與劉備大為嘆服，隔日整軍後，便各引兵馬離去。

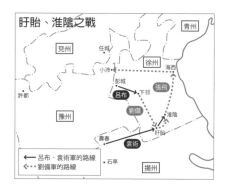

盱眙、淮陰之戰

←── 呂布、袁術軍的路線
←--- 劉備軍的路線

---

①譯注：原為下垂的橫支，又稱為「胡」，用於回鉤。三國時發展成為朝上的曲刃，用於穿刺。

盡抒內心對曹操恨意的一封密詔

獻帝自從被董卓擁立為傀儡皇帝，此後始終受到李傕、郭汜、曹操等實權者的操縱，凡此種種史書皆有記載，其中曹操冷酷對待獻帝的情狀更是隨處可見。不過在竭力將曹操塑造為邪惡化身的《三國演義》中，所見到的殘酷境遇，或可視為一種過度的描寫。目看下文說法：

曹操與獻帝曾圍獵於許田，時曹操騎爪黃飛電，引十萬眾壯盛圍場，又與獻帝並馬而行，前後俱是曹操心腹將校，文武百官只能遙觀遠侍，莫敢進前。

曹操向獻帝借來（寶雕）弓與（金鈚）箭，一射正中鹿背，倒於草中。群臣將校見了鹿背上的金鈚箭，只道是天子射中，紛踴至獻帝前直呼萬歲，此時曹操卻策馬奔出，遮擋於天子身前受此美讚，眾臣皆啞然失色。

關雲長怒不可遏，正待當場斬殺曹操，劉備唯恐傷及天子，急忙示意勸阻，方得無事。

後獻帝思及曹操藐視天子、擅作威福之種種情狀，不禁悲中從來，向伏皇后泣訴內心悽苦。伏皇后逐與國丈伏完合謀，欲密請車騎將軍董承誅殺國賊曹操。為免曹操察覺，將獻帝咬破指尖以血書寫的密詔，縫入玉帶襯內，併錦袍一件，意有所指地賜予董承。董承返家後反覆細看，最終驚覺內藏密詔，詔曰：「近日操賊弄權，欺壓君父；結連黨伍，敗壞朝綱，赦賞封罰，不由朕主……」董承閱閉，涕淚交流，決心誅滅曹操，著手尋覓同黨義士。後雖覓得侍郎王子服、將軍吳碩（子蘭）、西涼太守馬騰等六位忠貞之臣，卻苦於無計可施，只能日夜蹉跎。

建安五年（公元200年）元旦朝賀，董承見曹操驕橫愈甚，一時慣慨成疾，夢中大叫「操賊休走！」讓太醫吉平得知心事。時董承家奴意外聽得兩人私議，便逕入曹操府中告密，詔書之謀逐洩。參與謀畫之董承等五人，并其全家老小，押送各門處斬，死者共七百餘人。

隨後曹操驅入宮中，不唯責問獻帝，更當著天子眼前擒住董貴妃，叱命武士拖出勒死於宮門之外。後人有詩歎董妃曰：

春殿承恩亦枉然，
傷哉龍種並時捐。
堂堂帝主難相救，
掩面徒看淚湧泉。

（摹寫自《三國演義》第20、24回）

宮闈不幸命途多舛的伏皇后之墓①。悄然地佇立在廣闊的田地之間。

---

①譯注：因前文誤植伏皇后之死，故有此圖對照。相對於此，董貴人墓座落在許昌，僅存一土塚，周遭已闢建為三國文化主題休閒遊園。

群雄割據的時代

曹操

官渡之戰

在割據各地的群雄之中，袁紹以勢力龐大最為自詡，相對地曹操雖然處於劣勢，依然堅決果敢地迎面挑戰。整場戰役似乎呈現出一股勝利女神向曹操微笑，全軍勇往直前邁向統一天下之路的氛圍。

群雄割據的時代：序章

眼看憑藉「黃巾之亂」掌握實權的董卓，如此暴虐無道，群雄再也無法坐視，紛紛返回領地謀求領土的擴張。至此朝廷威信蕩然無存，進入群雄割據的時代。其中嶄露頭角者，首推人稱亂世奸雄的曹操。當獻帝逃出化作焦土的長安都城，流浪各地之際，曹操成功地奉迎獻帝，從此挾天子以令諸侯，進而與宿敵袁紹展開一場攸關天下誰屬的大會戰。

群雄爭鋒勢沸騰

即便董卓已為呂布所殺，接掌實權的李傕、郭汜等人依然竭盡暴虐之能事，以致都城長安仍處於戰亂的中心。在這樣的情勢下，分布各地的群雄不斷地展開領土爭奪戰。繼袁紹與公孫在冀州上演霸權之爭的劇幕後，以此為發端的諸侯對決，包括劉虞與公孫瓚、袁紹與袁術、曹操與袁術、曹操與呂布等，戰事的烽火迅速地延燒開來。曾寄身在陶謙帳下的劉備，也終於躋身群雄之列，承蒙陶謙相讓，取得徐州牧之位。

值此同時，二度挑戰曹操不敵，落得敗逃下場的呂布，來到劉備陣營安身。當袁術展開入侵徐州的攻勢後，隨即說服呂布倒戈，襲取了劉備的根據地下邳。然而袁術並未依約給予回報，呂布幡然醒悟，便與劉備重修舊好。而在袁術旗下建立無數功勳的孫策，也在此時平定江東自立，陸續擊破曲阿的劉繇與會稽的王朗，逐步掌控了江東一帶。

孟德擁帝許朝生

李傕與郭汜擊退進犯長安的韓遂、馬騰等涼州軍閥後，意氣風發一時，然而聯合政權也因為內部矛盾加劇，最終步上自取滅亡的道路。先是李傕殺害樊稠，繼而李傕和郭汜之間鴻溝日深，乃至爆發軍事衝突。達數月之久的長安街頭爭鬥，導致數萬百姓死於戰火，長安城因此人跡滅絕、街陌荒蕪。在這場戰亂中，獻帝乘機逃出了長安，在僅有少數近侍隨行之下，顛沛流離地逃往洛陽。

曹操得知獻帝流浪的情狀後，加以幕僚荀彧等人從旁勸說，便著手準備奉迎獻帝的事宜。而這僅是出自皇室旗幟的加持，對統一天下大有助益的考量。獲得隨侍獻帝的董承等大臣的同意後，曹操擁立獻帝離開洛陽，以根據地許為首都，成功地奉戴天子。從此頂著獻帝的光環，一步步地拓展勢力。

曹袁逐鹿大會戰，中原誰屬霸業成

公元197年袁術自立國號僭稱皇帝，治下百姓苦於飢饉，陷入相食的慘境，袁術卻驕奢淫逸，讓後宮數百美女身著綾羅綢緞，過著穀糧充盈、肉有餘而食不盡的生活。互爭雄長的諸侯既以復興漢室為旗號，自然不能坐視袁術僭越稱帝。由於相繼遭到呂布與曹操擊破，袁術輾轉敗逃，逕往袁紹長子袁譚處尋求庇護，後來於途中病發身亡[1]。

時至198年，曹操擒獲呂布予以處死。199年，袁紹也在「易京之戰」獲勝，公孫瓚羞憤自盡。當劉備也於徐州戰敗逃走後，構成曹操最大威脅的對象，只剩下河北坐擁大軍的袁紹。

公元200年2月，兩雄終於在白馬對決。初期曹軍旗開得勝，當時投身曹營的關羽甚至斬獲猛將顏良的首級，隨後曹操又在延津之戰用計襲殺了大將文醜。然而自從曹軍據城堅守官渡之後，面對袁紹軍壓倒性的兵力，戰果再也不如預期，最終陷入糧秣將盡，準備退兵的窘境。

就在此時，袁紹的幕僚許攸突然來投曹營。當曹操得知袁紹補給部隊集結於烏巢的軍情後，親自領兵奇襲烏巢，給予袁軍致命的一擊，因此達成河北地區的統一。

豎立於官渡古戰場的曹操騎馬像

①譯注：袁術受阻於劉備軍，轉往壽春時死去，時為公元199年。

公元	大事紀
197年	張繡投降曹操，旋即叛變（宛城之戰）。典韋壯烈成仁。袁術在壽春僭稱皇帝。袁術遭曹操擊破敗走。諸葛亮定居隆中。
198年	劉備為呂布麾將高順所敗。曹操擒俘呂布（下邳之戰）。呂布與陳宮遭處死。
199年	孫策擊破劉勳，平定江東（西塞山之戰）。袁紹擊敗公孫瓚，平定四州（易京之戰）。公孫瓚、袁術死去。
200年	曹操攻打劉備，關羽出降曹操（小沛之戰）。投效曹營的關羽，斬殺袁紹大將顏良，不久回到劉備身邊（白馬、延津之戰）。曹操奇襲烏巢，燒毀袁軍輜重，袁軍敗走（官渡之戰）。曹操攻打劉備（汝南之戰）。
201年	劉備為曹操所破，投奔劉表安身。
202年	袁紹於失意中死去，么兒袁尚繼承家業。博望坡之戰①。袁譚與袁尚兄弟被曹操擊破於黎陽（黎陽之戰始）。西域于闐國獻上馴象②。陰安之戰③。姜維誕生。
203年	袁譚與袁尚為曹操所破（黎陽之戰終）。曹操攻打劉表，袁譚為袁尚所敗，向曹操求援。袁尚得知曹操領兵前來，棄攻平原還保鄴城。孫權攻打黃祖（夏口之戰）。甘寧射殺凌操。諸葛恪誕生。
204年	袁尚攻打平原的袁譚，後為曹操所敗，逃至中山。曹操引水攻破袁氏大本營鄴城（鄴城之戰）。
205年	曹操擊破袁譚於南皮，領有冀州，袁譚敗死（南皮之戰）。袁熙、袁尚敗走遼西。壺關之戰④。　黑山首領張燕歸降曹操。曹操攻打三郡⑤烏丸。曹叡誕生。
206年	曹操攻破壺關，高幹敗死（壺關之戰）。并州歸曹操統治。太史慈去世。

據說是曹操使用過的水井

水井旁還有一塊倒塌的石碑

①譯注：曹操麾將夏侯惇奉命迎擊劉備，中伏敗走。
②譯注：《後漢書》記載「七年夏五月庚戌，袁紹薨。于窴國獻馴象。」宋代《冊府元龜》〈外臣部‧朝貢第一〉亦載：「獻帝建安七年于闐國獻馴象」，（于闐即于窴，發音均為ㄊㄧㄢˊ）。
③譯注：根據《魏書‧張遼傳》所述，由於袁尚堅守，曹操未能攻陷鄴城，還師許都後，命張遼、樂進攻克陰安，遷徙百姓至河南。東漢時陰安屬魏郡，為審配家族世居，攻下此地並遷徙人口，或有削弱鄴城周邊呼應機制、挾其親族令袁軍將兵人心惶惶的心理戰因素。後來鄴城被曹軍圍困，便是審配任兒審榮入夜後開啟東城門，讓曹軍入城。
④譯注：該年并州刺史高幹造反，曹操派遣樂進、李典攻打壺關，此為壺關之戰初始。
⑤譯注：三郡為何尚無定論，但非指一處地名，或指幽州遼東屬國、遼西、右北平等邊郡。

主要戰役與群雄勢力圖

　　當曹操擊敗張繡、呂布與劉備，氣勢如虹之
時，袁紹也擊敗了公孫瓚，伺機雄霸天下。公元
200年，兩雄終於在官渡展開決戰。

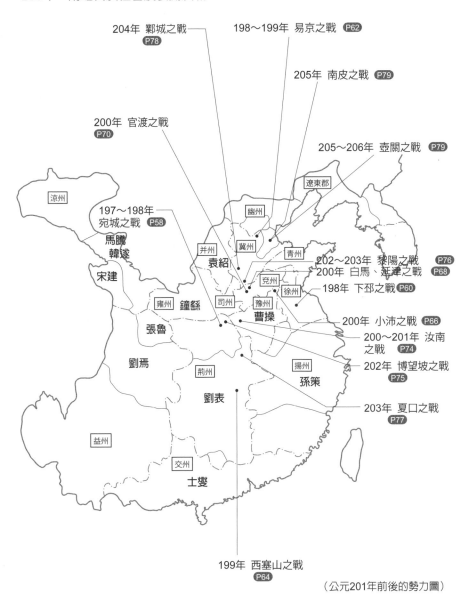

204年 鄴城之戰 P78

198～199年 易京之戰 P62

205年 南皮之戰 P79

200年 官渡之戰 P70

205～206年 壺關之戰 P79

遼東郡

涼州

197～198年
宛城之戰 P58

幽州

馬騰
韓遂

并州

冀州

青州

宋建

袁紹

202～203年 黎陽之戰 P76
200年 白馬、延津之戰 P68

雍州　鍾繇

兗州

徐州

198年 下邳之戰 P60

司州

豫州

張魯

曹操

200年 小沛之戰 P66

200～201年 汝南
之戰 P74

劉焉

荊州

揚州

202年 博望坡之戰
P75

劉表

孫策

203年 夏口之戰
P77

益州

交州

士燮

199年 西塞山之戰
P64

（公元201年前後的勢力圖）

57

宛城之戰

張繡初降後倒戈
賈詡奇計襲曹營

教戰年 197〜198年

戰　場 宛城

參戰者 曹操 vs 張繡

曹操南下征荊州

曹操將劉備納入旗下，任命聽從陳珪、陳登父子的策略而臣服朝廷一時的呂布為左將軍，隨後又成功地安撫了袁紹[1]。如此這般解除了後顧之憂後，曹操終於展開南征，攻打交通要衝上扮演重要角色的荊州。

公元197年1月，曹軍攻擊當時領有部分荊州、以宛城為據點的張繡。張繡的叔父張濟於董卓死後，曾與李傕、郭汜等人共組聯合政權顯赫一時，後於攻打穰縣時中箭身亡，自此張繡便承領舊部駐紮於宛城。當時由許都南下的曹操擁有壓倒性的兵力，張繡引以為懼，於是不戰而降。據正史記載，曹操在張繡主動出迎之下，兵不血刃取得部分荊州，大喜之餘設宴慶功了數日。

張繡叛曹舉奇兵

然而曹操素聞張濟遺孀麗質天生，竟然趁酒宴加以染指，此一消息最終傳至張繡耳中。張繡不堪受辱，於是心生反意，圖謀襲擊曹操大營。

根據《吳書》的記載，張繡在參謀賈詡幕後策劃之下依計行事，首先以移動之便的名義，請求曹操讓部隊行經曹軍的大營。當時運送輜重並非易事，為減輕士兵的負擔，又請求讓所有士兵身穿盔甲通行營內。張繡意表恭順，不疑有他的曹操便同意了要求。其實張繡軍打的正是全副武裝、名正言順地通過曹軍營內，再中途奇襲曹營的盤算。就在張繡的一聲令下，全軍一擁而上奇襲了曹軍。此舉完全出人意表，曹軍束手無策，旋即陷入了混亂。幸賴近衛隊長典韋奮力死戰，曹操才得以騎上絕影[2]逃生，但長子曹昂、侄子曹安民卻因此喪命。眼看曹操千鈞一髮順利脫逃，

①譯注：袁紹以官位低於曹操為恥，曹操為顧全大局，讓出大將軍之位予袁紹，朝廷另封曹操為司空，任車騎將軍。

②編注：曹操座騎，出於《三國志‧武帝紀》，裴松之注引《魏書》。

號稱曹軍力士之最的典
韋，依然率領十餘名部
下堅守奮戰，但最終遍
體鱗傷，瞠目怒視屹立
憤死，凡此曹軍可謂蒙
受重大的損失。

　　曹操雖然中了張繡
的奇襲，兵敗退回舞
陰，隨後又數度進駐
穰城攻擊張繡。198年
3月曹軍包圍了張繡，
但無法兼顧背後袁紹的
襲擾，遂有了退兵的打算。豈料劉表
馳援張繡，斷絕曹操的退路，置之死
地的曹軍反而逆戰擊退了張繡軍的攻

擊。張繡不敵曹軍的猛攻，最後接受
幕僚賈詡的建言，臣服於曹操旗下。

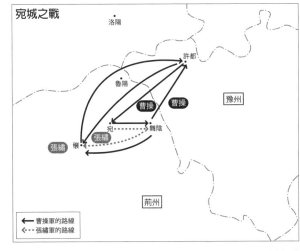

宛城之戰

洛陽
許都
魯陽
曹操　曹操
豫州
宛　　舞陰
張繡　穰　張繡

荊州

←── 曹操軍的路線
←--- 張繡軍的路線

━━━━━ 三國演義說法 ━━━━━

典韋的奮戰

　　典韋至死守護曹操，最終壯烈成仁的事蹟，亦同見於正史《三國志》中，但《三國演義》第16回的描寫更為真實，其陳述大致如下。

　　「得知叔父張濟寡妻為曹操所辱，張繡怒不可遏，謀士賈詡便設一計，欲奇取曹軍，卻礙於隨身護衛之典韋勇猛，偏將胡車兒便向張繡獻計，請典韋吃酒，趁其酒醉如泥之際，雜在軍士隊伍中潛入營寨，盜走典韋善使之雙鐵戟。

　　眾人隨即依計行事。時至二更，營寨忽然四下火起，典韋聽得金鼓作響，便跳起身來，急忙中卻尋不見雙戟。典韋兀自殺出，身無片甲徒手迎敵，上下便受數十槍，擊死者亦有八九人，勇猛銳不可當。賊兵不敢近，只以遠箭射之，一時箭如驟雨，典韋猶死拒寨門奮力阻敵，奈何未得防及身後，背上又中一槍，大叫數聲而死。」正因為典韋如此壯烈犧牲，曹操才得以安然逃生。

下邳之戰

三姓家人叛無常
猛將呂布豈善終

教戰年	198年
戰場	下邳
參戰者	曹操 vs 呂布

呂布襲取劉皇叔

聽從陳珪、陳登父子的勸諫，猛將呂布主動歸順朝廷一時。看在曹操眼中，此舉固然欲使其心安，但畢竟對手曾數度背叛丁原、董卓、劉備多位主子，自然不敢大意。正如同曾向呂布獻上歸順曹操一計的陳登，也自陳「呂布雖然驍勇，但少於計略，又不重節義，輕易地背棄主上，還是盡早誅討為宜（布勇而無計，輕於去就，宜早圖之）」。

公元198年9月，疑慮終於化為現實。駐紮下邳的呂布，隨同軍師陳宮，與高順、張遼兩位猛將，襲擊了奉曹操之命鎮守沛城的劉備。曹操得知此報，急令夏侯惇飛馬馳援，卻遭到高順、張遼猛攻，與劉備雙雙敗走。

曹操親征呂溫侯

時至10月，曹操自率大軍征討呂布。曹軍兵發許都，首先攻打彭城，俘獲彭城相侯諧，繼而攻打下邳。呂布研判堅守不下，便登上下邳城的白雲樓高喊：「各位將士不需再圍城，我這就向明公（曹操）自首。」陳宮聽得此言，勸諫說：「如今投降曹操只有一死，豈能保全性命？」[1]（呂布於是打消降意。率兵出城力戰，又被曹軍擊退，出於無奈只得守城。他向袁術請援，但袁術對於前年呂布取消婚約一事懷恨在心，不肯發兵來救。呂布於是以錦鍛包覆女兒，綁在馬上親自送往袁術陣營，卻又受阻於曹軍，無法突圍。陳宮便建議呂布說：「將軍屯兵在外游擊敵營，與城內守軍互為犄角，定可擊破曹軍。」但此議受到呂布之妻反對，呂布再次打消主意。眼看久攻不下，曹軍糧秣將盡，曹操遂有退兵之意。當時軍師荀攸、郭嘉建言水攻，曹操便決堤引泗水、沂水直灌，兩川前後相夾，一舉淹沒下邳城。

---

[1]譯注：見《魏書·呂布傳》所引《獻帝春秋》注釋。

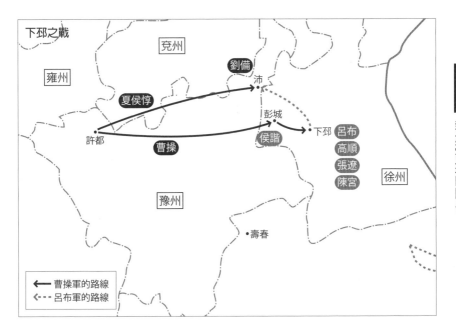

下邳之戰

兗州

雍州

劉備

沛

夏侯惇

彭城

曹操

侯諧

下邳　呂布
　　　　高順
　　　　張遼
　　　　陳宮

許都

豫州

徐州

•壽春

←── 曹操軍的路線
←--- 呂布軍的路線

驍將呂布絞白練

　　看著優柔寡斷、剛愎自用的呂布淪落到這般田地，侯成、宋憲、魏續等部將也開始心生疑懼，於是共謀綁了陳宮歸降曹操。呂布雖然持續抵抗，見曹軍重重包圍，最後只得出降。根據《魏書‧呂布傳》的記載，呂布被帶往曹操跟前時，曾說道：「繩子太緊，可否鬆緩些？」曹操回道：「綁虎不得不緊。」當時呂布雖然受縛，似乎仍相信曹操愛惜勇力，必然會饒他一命。曹操也一度遲疑，想要以呂布為將，身旁的劉備卻提醒道：「丁原、董卓如何遭反，難道您忘了？」曹操驚聞此言驀然回神，不待繩套稍解，就命人絞殺了呂布。

專欄

袁術僭稱皇帝

　　族人曾歷經四代三公榮華之位、出身名門的袁術，始終在淮南累積實力。公元197年，河內的張　進言天降瑞兆之說（符命），袁術遂採納其言自稱皇帝。國號仲，定都壽春，於南北郊舉行祭天受封的儀式。然而袁術不孚人望，士卒平民飢寒交迫，他卻坐擁後宮數百美女，極盡奢淫之能事，治下的百姓與各路諸侯都不承認其地位。

　　袁術於是籠絡猛將呂布，欲以其子迎娶呂布之女，兩人結為親家。後因陳珪獻計從中作梗，此議未能成行，反倒與呂布失和，陷入交兵的態勢。袁術不但被呂布擊破，又被曹操接連擊敗。部將雷薄、陳蘭與手足袁紹都置之不顧，最後在投奔袁紹長子袁譚的途中，發病身亡。根據《吳書》的記載，袁術臨死之前，要伙夫找來蜜漿解渴卻尋不得，不禁大嘆：「難道我袁術就是這般下場嗎？」最後吐血近斗餘而死。

易京之戰

公孫伯珪遭擊破
袁紹一統大河北

教戰年 198～199年

戰　場 易京

參戰者 袁紹 vs 公孫瓚

公孫瓚固守易京

　　當曹操以中原為據點，擴展勢力的同時，身為曹操最大勁敵的袁紹，也正傾全力與公孫瓚交戰之中。公元192年公孫瓚於界橋之戰遭袁紹擊破，返回薊城的隔年，因為應對北方異族的立場與幽州刺史劉虞衝突，最終殘殺對方，統治整個幽州，從此驕矜自滿，恣意殺害許多臣下，可謂惡業盈滿。

　　故主劉虞慘遭殺害，鮮于輔、齊周、鮮于銀諸將立誓復仇，先推舉北方燕國的閻柔為烏丸司馬，加深與公孫瓚之間的對立，誘使鮮卑、烏丸二族共謀起事，叛襲公孫瓚。加以劉虞之子劉和與麴義同時進兵，公孫瓚更是日暮途窮。當公孫瓚麾下的漁陽太守鄒丹遭擊殺後，公孫瓚隨即撤兵，據守於固若金湯的易京。

　　易京一如其名易守難攻，四周圍上十重的溝塹，溝塹內側築有五六丈（約11至14公尺）的土山，名之為「京」，其上又建高樓可以遠觀。中央溝塹的土臺尤其高達十丈（約23公

尺），其上建有堅城，由公孫瓚自居，貯藏三百萬斛（石）的穀物。

　　《英雄記》提到公孫瓚的將領也各自建築高樓，聳立於城內的樓閣，據稱有上千之譜。公孫瓚居於樓中，不與左右近臣接觸，只讓婢妾服侍於身旁。臣下若有緊要文件待辦，必定以繩索吊取公文至樓上處理。

　　公孫瓚倚仗「兵法有云，百樓不攻（建有數百高樓的城池無法攻陷）」的道理，自豪地認定「此城高櫓何止百計，且更上千樓，絕無城陷之理」。事實上，閻柔會同來援的袁紹軍的確曾經數度攻城，經過數年仍無法攻克。

袁紹奇襲公孫敗

　　袁紹為此焦躁不已，便於公元199年冬，舉全軍之力合圍易京，即便是稍早有恃無恐的公孫瓚，也開始坐立難安，命其子公孫續帶著密函逕向黑山賊求援。心想一旦援軍到來，便可合城內外之力夾擊袁紹。公孫瓚更打算親自率軍突圍，迂迴冀州襲擾

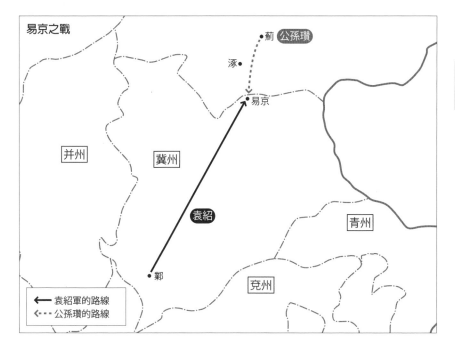

易京之戰

薊　公孫瓚
涿
易京

并州　　冀州

袁紹

青州

鄴

兗州

← 袁紹軍的路線
←‑‑ 公孫瓚的路線

袁紹軍的背後，最終因長史關靖的一番勸說才打消主意。且說密函指明「援軍到來之時，以煙火為信號」，但此密函卻落入袁紹之手，公孫瓚非但盤算落空，袁紹更逮住機會，依密函所示燃起狼煙。公孫瓚深信援軍已經到來，於是開城出戰，卻遭到袁紹軍伏擊，大敗而歸。狼狽逃回城中後，袁軍攻勢更是急迫，甚至挖掘地道破壞了樓閣。數以千計的高樓本無輕易毀壞之理，但在袁紹的猛攻之下，只能坐待瓦解，公孫瓚領會死期已至，於是殺死妻兒自盡。袁紹就這樣消滅公孫瓚，攏絡閻柔將其勢力納入旗下，以此懷柔異族，逐步地統一河北一帶。

專欄

公孫瓚

古時中國審度人物的器量，相貌美醜也曾經是重點。據說曹操恥於自己身高容貌並不出眾，當匈奴遣使來朝晉見時，還讓風采翩翩的崔琰代為召見。

單就容貌而言，公孫瓚儀容端正俊逸，聲音洪亮（有姿儀，大音聲），正史《三國志》亦有記載。《典略》又提到他能言善道、反應機敏（瓚性辯慧），由此看來是個才貌雋杰的人物。遼西的侯太守青睞其器，視為當世英傑，不但將女兒下嫁予他，還將他送往涿郡的盧植門下學習經書。

63

西塞山之戰

敗黃祖一報父仇
中暗箭孫策遺恨

教戰年 199年

戰　場 西塞山

參戰者 孫策 vs 黃祖

劉勳正中孫策計

　　袁術雖然稱帝，群雄卻無人承認其地位，最終被曹操等各方勢力窮追猛打，淪落至病死江亭的淒涼下場。堂弟袁胤、女婿黃猗等其餘的袁術族人，為了投奔盧江太守劉勳，棄守壽春前往皖城。由於家族龐大且有百姓隨行，劉勳為了糧食能確保無虞而煩惱。正當此際，孫策趁虛而入。他建議劉勳攻打盤據在豫章郡上繚與海昏的武裝勢力，奪取其糧食。劉勳不知是孫策的計謀，親自帶領全軍攻擊海昏，孫策見部隊開拔，由石城兵分兩路，令堂兄孫賁與孫輔前往彭澤埋伏；自己則與周瑜襲擊皖城，輕而易舉地攻陷軍隊動員在外、只剩寡兵家小的城池。派往彭澤的孫策分遣隊，也在劉勳劫掠糧食後，出其不意地擊破歸途中的部隊。至此劉勳才察覺中計，當他得知皖城也落入孫策之手後，不得不逃往西塞山，潛入山中向黃祖求援。

孫策遇襲許貢客

　　黃祖鎮守於長江水邊的夏口，得知孫策進逼，立即授予兒子黃射五千水軍，出兵救援據守於西塞山的劉勳。黃射順長江而下迎戰孫策軍，但寡不敵眾敗下陣來，孫策乘勢逆襲黃射，大破劉勳部隊，俘獲劉勳士兵二千餘人、軍船千艘，進而挺進夏口，以討滅殺父（孫堅）仇人黃祖。劉表命侄兒劉虎、南陽韓晞出兵，為黃祖助陣，孫策又將之擊破，溯長江而上，進兵夏口前的沙羨。又有周瑜、呂範、程普、黃蓋、孫策胞弟孫權等人，陸續前來攻打黃祖，黃祖部隊大潰，僅以身免落難逃去。孫策一舉掃除了劉勳、黃祖等阻礙，就這樣掌握整個江東，但不久後卻被他曾經殺害的吳郡太守許貢門下三名食客襲殺，中箭負了重傷。最終創口不癒，結束26歲短暫的生涯。順道一提，《三國演義》描述孫策臨終之際，將孫權召來枕邊交付遺言說道：「若舉江東之眾，決機於兩陣之間，與天下爭衡，卿不如我；舉賢任能，使各盡力以保江東，我

不如卿。」言畢
即亡。

根據《吳
歷》所述，孫策
臨死之前，曾囑
咐張昭「如果仲
謀不能任事，你
就自取政權吧」
①。這番叮囑張
昭的話語，與劉
備託付諸葛亮輔
佐劉禪的遺言正
巧不謀而合，相
信其心意應與劉
備相同，完全出

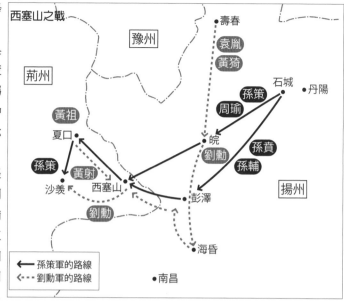

自深信臣子的肺腑之言，本人也並未
預設立場授意臣下依言行事。

～三國演義說法～

孫策死於于吉冤魂作祟？

關於孫策的死，《三國演義》描寫得有如死於于吉的冤魂作
祟。

「孫策獵於山中，隻身縱馬之際，突遇許貢家客伏擊。一人舉
槍往孫策左腿便刺，孫策取配劍從馬上砍去，劍刃忽墜，只存劍柄
在手。一人趁隙拈弓搭箭射來，正中孫策面頰。正危急之時，程普
率眾趕到，方得倖免。然箭頭有藥，毒已入骨，金瘡重於預想。華
佗徒弟趕來救治，陳言須靜養百日，不可怒氣衝激。

又過不久，一日孫策見道人于吉立於道中，受眾多百姓伏道
膜拜，將之視為蠱惑人心之妖人，命部下擒來斬首。是夜于吉冤魂
數次顯靈，孫策受此纏身，乃至形容憔悴，終於氣血衰損致死。」
（摹寫自《三國演義》第29回）

①譯注：見《吳書・張昭傳》注釋。仲謀是孫權的字。

小沛之戰

曹操力排眾臣議
誓討劉備披征衣

教戰年 200年

戰場 小沛

參戰者 曹操 vs 劉備

皇叔離曹求獨立

劉備自從參與暗殺曹操的密謀後，唯恐董承等人事機敗露，始終暗中等待脫身的良機。一日機會終於到來。當曹操得知袁術將要投奔袁紹，即命令劉備前往徐州討伐袁術。劉備於是率朱靈、路招二將出戰。不久程昱、郭嘉得知此事，忠告曹操「劉備擁兵，必生異志」，曹操當下反悔，命人急追劉備，責令歸師，劉備卻置若罔聞，反而答稱：「兵法有云，將在外，君命有所不受。」就此成功脫逃。得知劉備望徐州而來，為了避免與其交戰，袁術改道前往壽春，卻在途中病發，死於江亭。

進駐徐州後，劉備在下邳屯營，又殺害徐州刺史車冑，命關羽據守下邳城，自己駐紮於小沛。就這樣脫離曹操的束縛，終於自立。

阿瞞伐劉志未移

徐州經歷193年曹操的大屠殺後，郡縣大多對曹操懷恨在心，於是紛紛叛投劉備。根據《蜀書·先主傳》的記述，這些郡縣以東海郡守昌霸為首，陸續加入劉備的行列，使其成為兵力超過數萬的大軍，構築起一大勢力。

公元199年，劉備派孫乾與袁紹結盟後，曹操派劉岱、王忠二將攻打劉備，然而無法攻克[①]。到了公元200年，曹操驚覺若就此置之不理，勢必成為與袁紹交手的一大阻礙，於是決定親率精銳討伐劉備。時值與袁紹爭奪天下誰屬的決戰前夕，駐守官渡的眾臣大多進言曹操，應對此一征程再三考慮。但曹操說：「今日不攻劉備，日後必成大患，袁紹素來遇事遲疑，必無膽識乘機出兵襲我背

①譯注：原文指曹操決心征討劉備，才派遣劉岱、王忠出征，與正史所述相異。根據《魏書·武帝紀》的記載，曹操決定親征是在建安五年（公元200年）正月董承密謀暴露之後，而劉備殺害徐州刺史車冑，派孫乾與袁紹結盟，約莫是在建安四年末，曹操得知車冑死訊，便派遣劉岱、王忠二將征討。因此重新整理文脈，根據《蜀書·先主傳》的陳述，將此段文字前移，並且將公元200年孫乾奉命與袁紹結盟的年分，改為199年。

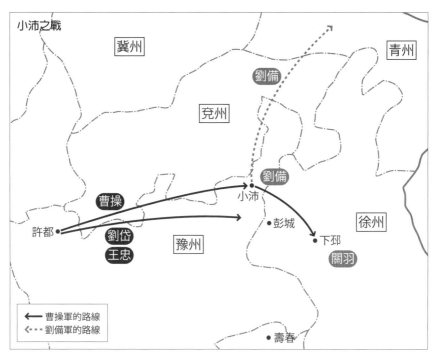

小沛之戰

冀州　青州

劉備

兗州

劉備

小沛

曹操　彭城

許都　劉岱　下邳　徐州

王忠　豫州

關羽

壽春

←── 曹操軍的路線
←--- 劉備軍的路線

後。」於是出兵攻打徐州。事實上，田豐曾力諫袁紹出兵襲取許都，但袁紹卻心繫兒子的病情，無心出戰。

劉備敗走棄妻小

當劉備從斥侯（偵察敵情的部隊）口中得知，本該與袁紹廝殺的曹操親自前來征討時，起初不敢置信，還親率數十騎到營寨之外，遠眺曹操的陣營。一見到曹操大軍的旗幟隨風飄揚，劉備大驚失色，非但丟下士兵，連妻兒也拋在腦後[2]，逕往青州刺史袁譚處投奔而去。

然而若細察《蜀書·先主傳》的記載，可知劉備當時應擁有數萬軍隊，竟因敵軍壓境便不戰而逃，其舉止也只能以令人訝異形容。後來劉備一抵達袁紹的地界，袁紹就在離鄴城200里處親自相迎，對劉備甚為敬重。

值此同時，落單於下邳的關羽隨後便遭到曹操圍攻，孤軍奮戰仍不敵敗退。由於張遼也出面勸說，關羽只得出降曹操。曹操為此大喜，任關羽為偏將軍，對劉備妻兒也諸多禮遇。

②譯注：《魏書·武帝紀》提到「備走奔紹，獲其妻子」，《蜀書·先主傳》也記載「曹公盡收其眾，虜先主妻子」，然而妻兒是誰均不詳，但可肯定被俘者並非劉禪，這點可由劉禪登基時（223年）才十七歲一事推知。由於劉備數度娶妻又生離死別，或有夭折失散的子息早於劉禪，又或係指女兒也不可知。

白馬、延津之戰

袁紹受惑大軍亂
曹操計誘寡兵勝

教戰年	200年
戰　場	白馬、延津
參戰者	曹操 vs 袁紹

袁紹大軍攻黎陽

公元200年2月，袁紹終於親率十萬大軍進兵黎陽，他先派郭圖、淳于瓊、顏良諸將至白馬，攻打東郡太守劉延。面對此一攻勢，曹軍兵力僅有一萬。即便如此，仍打算舉全軍之力迎面抗擊。

但軍師荀攸卻勸阻此議，並建言將主力移至延津，做出渡河襲取敵軍背後的模樣。此計著眼於袁紹一旦中計，將主力調往西戰場，曹軍便可出動輕裝騎兵，攻打守備薄弱的白馬。曹操便依計行事，將大部兵力派往延津，自己則率領關羽、張遼輕騎急馳，兼程趕往白馬。

曹操來到白馬前十餘里處時，顏良受此意外衝擊大為吃驚，但仍毅然出戰。當時關羽長驅而入，萬人之間直搗中軍，一舉刺殺顏良，立下斬獲大將首級的戰功。

曹操擊破紹大軍

曹操斬殺顏良，解了白馬之圍後，將部隊調往延津，袁軍也尾隨緊追而來。受邀協助袁紹的劉備援軍，以及文醜等後繼部隊也陸續趕到，整體呈現袁紹大軍壓境，將欲擊垮曹軍的態勢。曹操見敵兵進逼迫在眉睫，卻下令騎兵卸鞍，驅趕馬匹奔向敵陣，又讓來自白馬的輜重部隊暴露於道中，用的正是誘敵之計。果不其然，袁軍士兵見獵心喜，當下將戰事拋在一旁，群起競相爭奪馬匹輜重，一時陣腳大亂無法號令。曹操見時機已至，立即縱兵強襲，一舉擊破袁紹大軍，就連文醜也死於亂戰之中。

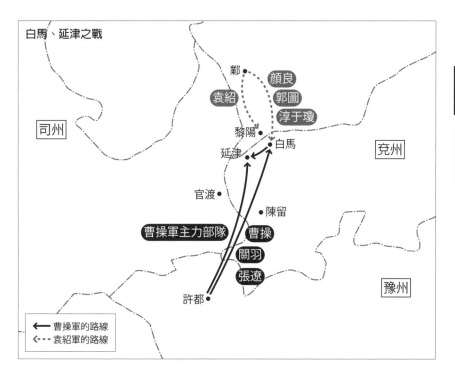

白馬、延津之戰

鄴　顏良
袁紹　郭圖
淳于瓊
黎陽
延津　白馬
官渡
陳留
曹操軍主力部隊　曹操
關羽
張遼
許都

司州　兗州　豫州

←── 曹操軍的路線
◄--- 袁紹軍的路線

第2章

群雄割據的時代

～三國演義說法～

關於文醜也是關羽所殺的事實

此役關羽所殺大將僅有顏良，但《三國演義》也把斬殺文醜一事當作關羽的功勞，第25、26回約莫陳述如下。「目睹魏續繼宋憲之後，被袁軍大將顏良劈落馬下，曹操即刻調遣關羽前來征討。關羽騎上赤兔馬，直衝顏良而去，殺氣震懾逼人，一時敵軍如波開浪裂。待關羽殺至，顏良已不及提刀，剎那間被一刀刺於馬下。戰場接著轉移至延津，這回由河北名將文醜自領七萬兵馬，來報顏良被殺之仇。此時關雲長再次迎戰，提刀飛馬來阻擋文醜，頓時鏗鏘震烈，交鋒不過三回，文醜不敵心怯，撥馬轉身便走。說時遲那時快，關羽仗著馬快，追上文醜腦後一刀，又將文醜斬下馬來。」事實上文醜並非關羽所討，至於死於誰手，正史亦無記載。

69

官渡之戰

曹袁逐鹿震中原
問鼎天下爭雄長

教戰年 200年

戰　場 官渡

參戰者 曹操 vs 袁紹

▍孟德本初大對決

袁紹軍在白馬之戰遭關羽斬殺顏良，於延津之戰追擊曹軍的文醜又遭到逆襲身亡，接連失去了聲勢顯赫的名將。袁紹為此震怒，便又舉全軍之力，攻打曹軍駐紮於官渡以北的陽武。曹操則移師官渡與之對峙，引發二雄決戰的序幕終於揭開。

此時袁紹率先採取了行動，他發兵陽武朝官渡方向挺進。曹操受情勢牽動也隨之出戰，但初次交兵卻不敵袁紹大軍而敗下陣來，退回官渡據城堅守。袁軍又在城前構築高櫓、堆起土山，往曹軍營寨傾射箭矢，曹兵倉皇失措盡皆失色。

為對抗袁軍攻勢，曹操命人建造發石車，朝袁軍投射大石，逐一擊毀高櫓。袁紹又命士兵向曹營就地鑿洞，欲挖掘地道偷襲曹軍。曹操則下令挖掘橫向溝塹防止入侵，雙方你來我往展開攻防。

然而戰況始終勝負難分，經數月仍處於膠著狀態。最初袁紹發起決戰之時，便已確保糧秣無虞，而曹操卻常飽受糧食不足之苦。若戰局長此以往，曹軍明顯處於不利的局面。

即便是曹操也感到氣餒，開始有了撤軍的打算，便以書信與許都的荀彧商談大計。當時荀彧回信勉勵曹操說：「袁紹不過是布衣之雄，曹公神勇英武、明智睿哲，豈有不勝的道理？」

▍許攸來歸轉戰局

就在這樣的情勢中，曹操的舊識許攸帶著重大軍情前來歸降曹軍。根據《魏書・武帝紀》的記述，他本是袁紹的謀士，卻貪財好利，袁紹的賞賜不能滿足其慾望，於是拋棄袁紹，臨陣倒戈投靠了曹操。《漢晉春秋》則記載他曾建言奉迎許都的獻帝前來，卻不被袁紹採納，於是轉而降曹。不論如何，曹操得知許攸來降，不及穿鞋就赤足奔迎，並且豐厚款待許攸。正史還記載當時曹操高興得拍手稱道：「吾事濟矣（我將成就大業了）！」根據許攸的說法，前來投誠便是要告訴曹操，淳于瓊率領滿載

袁軍糧秣的輜重隊萬餘輛，集結於官渡東北方的烏巢。只要奇襲此地燒毀軍糧，袁軍不出三日就會敗退。

曹操的隨臣初聞此番說法，不免疑心有詐，但由於荀攸等人力勸，曹操決心襲擊烏巢。他讓曹洪留守官渡大本營，自領五千精兵於深夜出戰。所有旗幟改用袁紹旌旗，為了避免出聲，又讓士兵銜枚並勒住馬口，整軍完成後才出發。曹軍天色未明便抵達了烏巢，隨即縱火燒營，悉數焚燬營內囤積的糧秣財貨。

袁紹得知曹軍往烏巢偷襲時，即刻派主力攻打守備薄弱的官渡城，卻僅派遣少數輕騎趕往烏巢馳援，這點對於曹操而言，也只能說是鴻運當頭。曹操贏得了這場戰役後，蠻橫殘暴地命人割下千餘名袁軍陣亡士兵的鼻子，連同一批割取的牛馬唇舌，送往袁紹處誇耀戰果。

袁紹痛失大批糧秣，眼看戰事無以為繼，便與長子袁譚棄軍而逃。翌年201年袁紹與曹操再戰於倉亭，又是慘敗，失意之餘一病不起。曹操打倒最大的勁敵袁紹後，控制河北一帶，成為群雄中最大的勢力，自此逐步稱霸天下。至於官渡之戰的大功臣許攸，此後卻恃功而驕，常以小名阿瞞蔑稱曹操，不改居功厥偉的驕心，

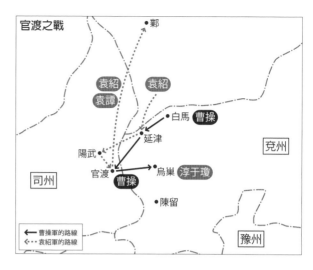

最終被曹操所殺。

順道一提，《魏書·武帝紀》記載曹操在官渡之戰中動員的士兵，竟不滿一萬。對於這個數字，裴松之提出不同的論點，認為曹操征討黃巾賊，收編了三十萬降兵，不應該只有區區如此的兵力。

官渡戰場遺跡一片靜謐，讓人難以想像曾經發生鋪天蓋地的激戰

官渡之戰

正史記載「官渡之戰」時，曹操兵力不足一萬，最終以此寡兵擊破號稱十萬的袁紹大軍。然而不須裴松之指出，常人也能判斷這數字相當不實際，或可視為意圖將曹操哀兵化的記述。那麼《三國演義》對於此事又是如何描寫的呢？觀下述第30回的內容寫道：「袁紹起冀、青、幽、并等各州人馬七十餘萬，望官渡進發。曹操起軍七萬，前往迎敵。」全然是一種通過大膽假定的數字來誇大情節的寫法，接著再看下文如何分說。

「敵兵力十倍於曹操，且糧草充足。曹軍謀士荀攸卻鼓舞曹操言道：『紹軍不足為懼。我軍皆精銳之士，無不以一當十。若勝負取決於一舉，當有勝算。』曹操遂傳令將兵鼓譟而進。袁紹領軍來迎，一身金盔金甲、錦袍玉帶、絢爛奪目立於陣前。左右排列著張郃、高覽、韓猛、淳于瓊等諸將。

曹操先使張遼出戰，袁紹亦遣張郃來迎。二將鬥了四五十回合，不分勝負。正當此時，曹操令夏侯惇、曹洪各引三千軍，齊衝敵陣，紹軍審配便令兩翼萬弩齊發，曹軍土崩瓦解大敗而還。初次交兵，紹軍大獲全勝。

審配又在曹軍寨前壘土，築成土山五十餘座，上立高櫓，分撥弓箭手於其上，逐向曹營射箭，一時箭如雨下。曹軍士兵皆蒙楯伏地，倉皇之間無計可施。曹操為謀抗衡之計，下令造發石車數百乘，正對袁軍雲梯拽動亂石，悉數擊毀高樓。

袁紹搥胸頓足，又命人再施一計，意欲暗打地道，直透曹營內，號為掘子軍。袁軍掘土坑漸進之時，曹軍亦遶營掘長塹以為對抗。如此兩軍皆未能掌握勝券，徒然曠時日久，終於曹操軍力漸乏，糧草不繼，情勢逐日危殆。便是梟雄曹操，壯志亦餒，意欲棄官渡退回許昌，乃作書遣人問荀彧，商議退兵。

當值此刻，天外忽有人捎來一幸，此人正是曹操少時友許攸。許攸此時本在袁紹處為謀士，卻受袁紹不情之疑，陷於窮途。許攸遂逕投曹寨，附耳向曹操獻上一策。時袁紹軍糧輜重，盡積烏巢，撥與淳于瓊把守，而此人嗜酒無備云云。曹操聞得此訊，便教張遼、許褚作前軍，徐

晃、于禁在後，自引諸將居中，共五千人馬，望烏巢進發。曹操領兵夜行，及至烏巢時，淳于瓊方與眾將飲了酒，醉臥未醒。聞鼓譟之聲，淳于瓊連忙跳起，卻早被撓鉤拖翻。霎時火焰四起，糧草盡行燒絕。淳于瓊被擒來見，曹操命人割去其耳鼻手指，縛於馬上放回敵營。

曹操乘勝追擊，盡破來援紹軍，張郃、高覽亦往曹操寨中投降。於是曹操又兵分二路，一路佯攻鄴郡，一路作勢取黎陽。袁紹聞之，急遣袁譚①分兵五萬救鄴郡，辛明分兵五萬救黎陽。曹操乘機直取袁紹大營，袁紹披甲不迭，只引八百餘騎，望冀州而逃。其時紹軍為曹兵所殺者八萬餘人，血流盈溝，溺水死者不計其數。」

關於上文所述，除了淳于瓊酒醉一事未見於正史外，其餘大致與正史相符。其次正史記載袁軍的陣亡人數為七萬，除了開頭所述七十萬對七萬等數字之外，演義的陳述還是相當忠於正史的。

官渡之戰故址巡禮

曹操與袁紹這兩大巨頭掀起了一場問鼎天下的大戰，交戰地點就在今日中牟縣官渡橋村的官渡古戰場。面對號稱十萬的袁紹大軍，曹軍兵力史稱不及一萬，想來任誰都認為情勢對袁軍有利。曹操卻能克服不利的條件乃至獲勝，經過這場戰役之後，逐步奔上霸主之路。

雖說此地是璀璨於《三國志》史篇中的知名舞臺，但很可惜的是，現存的景物已經不復見當年盛況。以前或可稱為三國志旅遊景點的官渡之戰藝術宮，早就關閉歇業，建築也已荒廢。只剩下曹操的騎馬塑像與古井，蕭然獨立在偌大的田野中。即便如此，佇立在這歷史舞臺上，僅僅是天馬行空想像那壯闊的戰爭景象，就足以教人感動。

交通 由鄭州汽車客運東站搭乘往開封的公交車，約40分鐘後於中牟下車，再經10分鐘車程（換乘往官渡的汽車）可抵達。

①譯注：據三民書局出版之毛宗崗本《三國演義》為袁尚，此段敘述似有兩種版本。

汝南之戰

曹操親征自來攻
劉備未戰已先逃

教戰年 200～201年

戰場 汝南

參戰者 曹操 vs 劉備

孟德領軍討玄德

公元200年7月，曹操與袁紹正如火如荼於官渡展開天下誰屬的決戰，曹操根據地許都的近郊，卻發生黃巾賊餘黨劉辟作亂的情事。原來劉辟與袁紹串連，在許都的近郊四下侵擾。袁紹又命令劉備援助劉辟，仗著數千兵力，大膽地逐一攻打周遭各縣，曹操於是派遣曹仁攻擊劉備。原來曹仁研判劉備帶領袁兵的時日不多，尚不能用兵自如，因此建言曹操討伐劉備。當曹仁帶領騎兵發起了攻勢，劉備果然一如所料，不敵敗走。原本投向劉備的周遭郡縣，也逐一歸附了曹操。由此刻起，劉備開始懷疑袁紹治軍的能力，有了離開袁紹的打算。他心生一計，建議袁紹與荊州牧劉表攜手結盟。袁紹採納此議，便讓劉備攻打汝南。劉備何其幸運地脫離了袁紹羽翼，繼而與黃巾餘黨共都[1]聯手，兵力一度增為數千人，更擊破曹操派來的討伐軍，殺其將領蔡陽。

但等到曹操於官渡擊破袁軍，又在倉亭獲勝後，隨即親自領軍前來汝南征討劉備。劉備自知與曹操大軍交手並無勝算，於是不戰而逃，命隨臣糜竺、孫乾拜謁劉表懇請收留。劉表即刻出迎，親自迎接劉備於城郊，以上賓之禮厚待劉備，並提供荊州北部的新野城做為駐地。直到208年劉表死去，劉備在此落腳的七年之間，終日過著安逸的時光。與諸葛亮因緣際會的邂逅，便是發生在滯留新野的此一時期。

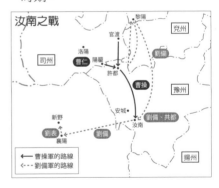

汝南之戰

---

[1]譯注：共都之名僅見於《魏書・武帝紀》，《蜀書・先主傳》作龔都，應指同一人。

博望坡之戰

劉備設伏襲夏侯

- **教戰年** 202年
- **戰場** 博望坡
- **參戰者** 劉備 vs 夏侯惇

劉備與夏侯惇兩軍激戰

遭到曹操追擊，再次不戰而逃的劉備，旋即被劉表迎來荊州。劉備一到此地落腳，便有許多仰慕的賢士豪傑，自荊州各地前來投聚。劉表因此日漸起疑，唯恐劉備有奪取荊州之心。當夏侯惇、于禁、李典等率領曹軍來攻荊州時，劉表命劉備迎戰，欲藉此阻止曹操的野心。

劉備領軍一來到荊、豫二州的州界，曹操就命令夏侯惇、李典出兵迎戰。劉備攻打夏侯惇營寨，追趕至博望坡，兩軍在此地發生激戰。當時劉備心生一計，自行燒毀屯營佯裝撤退。李典便建言夏侯惇說：「賊兵無故撤退，只怕設有伏兵，將軍不可深追。」夏侯惇並未聽從，更與于禁急起直追，果然遭到劉備伏擊。留守於博望坡的李典隨即火速馳援夏侯惇，劉備軍才退散而去。

三國演義說法

博望坡之戰

揭載於《三國演義》第39回的博望坡之戰，描寫諸葛亮啼聲初試，為劉備軍帶來大快人心的勝利。然而事實上，博望坡之戰發生於公元202年，遠在劉備結識諸葛亮之前（207年）。這或許是因為羅貫中想要加深讀者關於諸葛亮智謀超群的印象，所以才通過博望坡之戰，杜撰了諸葛亮初出茅廬便汗馬功成的佳話。

博望坡之戰

← 劉備軍的路線
←--- 曹操軍的路線

黎陽之戰

袁嗣爭位自紛亂
曹操趁隙攻尚譚

教戰年 202〜203年

戰 場 黎陽

參戰者 曹操 vs 袁尚、袁譚

譚尚爭嗣日激烈

公元202年5月袁紹於失意之中病逝後,辛評與郭圖支持長子袁譚,審配、逢紀則擁戴么兒袁尚繼任,袁氏從此分裂為兩派,終日為了後繼之爭紛擾不休。袁紹本有意讓三個兒子之中的長子袁譚掌理青州,次子袁熙治理幽州,而由統治根據地冀州的么兒袁尚繼承家位,卻在公布之前死去,從而引發了後繼問題的大紛爭。

既然袁譚最為年長,按理本該立長嗣位,但審配一派卻推斷袁譚一旦繼位,辛評等人必然會對自己加以迫害,因此索性擁護袁尚繼承袁家。表面上看來,這也是迎合了袁紹的夙願。袁譚從青州趕來,發現繼位不成,便自稱車騎將軍,與袁尚抗衡,兄弟之間有了嫌隙。袁尚繼任冀州牧後,更拒絕讓袁譚進入鄴城。

操見袁紛乘虛入

曹操得知袁家內爭之事後,欲乘虛而入一舉消滅袁氏,便於202年9月發兵許都,經官渡攻打黎陽。由於事關袁家興亡,於黃河北岸與曹操對陣的袁譚請求其弟袁尚派兵來援,不料袁尚只遣來一些士兵充數。原來袁尚見識短淺地認為,袁譚蒙受的損失越大,對於自己繼位一事更為有利。更甚者增援部隊的軍權,仍掌握在袁尚麾將逢紀的手中。袁譚於是再向袁尚請援,因袁尚的部將審配拒絕,袁譚一怒之下,也顧不得曹軍攻勢迫在眉睫,斷然殺死了奉命來援的逢紀。無巧不巧曹軍就在此時渡過黃河大舉來犯,袁譚只能暫時抵擋,並再次向袁尚求助,這回袁尚終於親自領兵前來黎陽增援。事實上袁尚唯恐袁譚奪走援兵壯大己勢,迫不得已只能親自領兵來救。本來手足齊心對抗曹操也是美事,奈何兄弟鬩牆的戲碼一演再演,絲毫不見攜手討敵的徵象。縱然如此,袁氏兄弟從9月至翌年2月,也苦撐了半年之久,最終二人趁夜色昏暗,逃出黎陽奔回鄴城。曹軍則收割四周的麥穫,藉此削減袁軍的糧秣,於攻下陰安後,一度撤回許都。眼看局勢已轉危為安,袁譚、袁尚二

人紛爭再起，繼而開始交戰。袁譚先遭袁尚擊破，逃回平原，此後袁尚攻勢甚急，袁譚陷入苦戰，竟出人意表地派遣辛毗向曹操求助。始終等待機會到來的曹操，便答應袁譚的請援，於10月再次攻打黎陽的袁尚，袁尚不敵敗北，逃入鄴城據守。但此後每當曹操撤兵，袁尚便又故態復萌，發兵攻打袁譚，曹袁二軍就這樣不斷展開攻防。後來袁尚見情勢不利，向曹操請降，但曹操不為所動，袁尚最終兵潰大敗而逃。

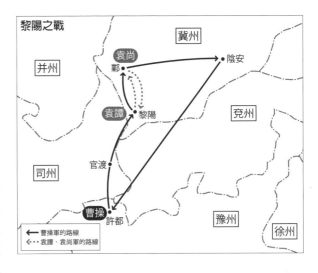

黎陽之戰

冀州
并州
袁尚
鄴
陰安
兗州
袁譚 黎陽
司州
官渡
豫州
曹操
許都
徐州

← 曹操軍的路線
←‥ 袁譚、袁尚軍的路線

夏口之戰 （203年）

孫權出兵討黃祖

教戰年 203年

戰 場 夏口

參戰者 孫權 vs 黃祖

甘寧敗走射凌操

孫權於孫策死後繼位不久，便動員軍隊往夏口征討黃祖。雖然擊破了黃祖的水軍，卻因為背後山越舉兵作亂，孫權只得放棄討伐，回師平定山越。

當時黃祖軍逃回城中，負責斷後的甘寧被凌操部隊追上，仍一箭射死吳將凌操。

鄴城之戰

餓殍續見因水淹
審配抗擊鄴城陷

教戰年 204年

戰場 鄴城

參戰者 曹操 vs 袁尚、審配

曹操破袁尚敗逃

公元204年2月，袁尚將鄴城交給審配與蘇由防守，再次領兵攻打平原的袁譚。負責守城的蘇由卻打算與曹軍裡應外合，因事跡敗露，遂往曹營投奔。曹操見攻城時機已到，便發兵攻打鄴城。當時把守鄴城的審配部將馮禮，暗中開啟突門（用於奇襲）要接應曹軍三百人，審配及時察覺，以大石擊中門柵，突門因此封死，悉數殲滅入內的曹兵①。

為此曹操便挖掘一條圍繞鄴城、周長40里的壕溝，使漳水決堤引水灌城，斷絕鄴城的糧道。將近三個月的包圍後，城中不斷有軍民餓死。

當時袁尚正與袁譚對峙，得知鄴城的困境後，即刻返回鄴城。審配聽聞袁尚回師來援，出城與曹操交戰，試圖呼應袁尚，突破曹軍的包圍，但仍不敵敗北。袁尚心生懼意，派人向

曹操請降，因曹操堅持不允，只好逃往濫口。又在此遭到曹操追擊包圍，最後往中山敗逃。鄴城也因為審配侄兒審榮開啟東門而失陷。然而審配並未屈服，當曹軍蜂擁入城時，仍於城中抵抗敵軍，最終力竭被俘。審配被捕時，曹操語帶怨氣地問道：「昔日我圍城時，何來如此多的弩箭？」審配不但毫無懼色，還理直氣壯地回答：「只後悔少射了一些。」凡此行止，均收錄於裴松之引用《先賢行狀》的注釋中。

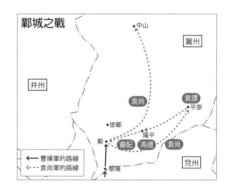

鄴城之戰

中山

冀州

并州

袁尚

袁譚
平原

邯鄲

陽平

鄴 審配 馮禮 袁尚

黎陽

兗州

← 曹操軍的路線
← --- 袁尚軍的路線

①譯注：原文指馮禮開啟突門，為一誘敵之計，其理解與正史有異。根據《魏書‧袁紹傳》所述：「配將馮禮開突門，內太祖兵三百餘人，配覺之，從城上以大石擊突中柵門……」，由此可見馮禮內應曹軍，審配察覺馮禮的行動，才以落石對抗，並非事先安排馮禮執行誘敵之計，因此恕改寫本段敘述。

南皮之戰

連破袁尚暨袁譚
曹操快擊定冀州

教戰年 205年

戰　場 南皮

參戰者 曹操 vs 袁尚、袁譚

袁譚伺機攻袁尚

袁尚於鄴城戰敗，其兄袁譚見機不可失，便攻打袁尚統治的冀北據為己有。非但如此，袁尚逃入中山後，他又出兵追擊，將自己的么弟逐出轄地，一舉收編其麾下的將兵。袁尚只得逃往故安，投奔二哥袁熙。

看到這一波波的動亂，曹操決定征討袁譚。袁譚得知曹操來犯，於是先攻下平原，再併吞南皮，就此駐紮於龍湊。當曹操來到城門前擺下陣勢，袁譚便心生恐懼，趁夜色昏暗棄城逃往南皮。

曹操緊追不捨，最後擊破袁譚布防於清河畔的陣地，斬殺了袁譚與郭圖。而袁尚、袁熙也遭到部將焦觸、張南襲擊，投奔遼西郡的烏丸。曹操就這樣將袁尚、袁熙驅趕至北方，同時誅討袁譚平定了冀州。

壺關之戰

曹操再擊敗高幹
攻破壺關取并州

教戰年 205～206年

戰　場 壺關

參戰者 曹操 vs 高幹

袁紹外甥高幹反

當袁家兄弟抵抗曹操的同時，袁氏族人中另有一人舉兵反曹，此人便是袁紹的外甥高幹。高幹原本統治并州，於曹操攻陷鄴城時投降，曹操直接任命高幹為州刺史，繼續統治并州。高幹卻趁曹操追擊袁尚、進軍烏丸時舉兵反叛，據守鄰近鄴城西方的壺關，伺機等待反攻的機會。曹操最初派樂進、李典攻打壺關，因高幹堅守無法攻下。公元206年，曹操不耐情勢膠著，親自領軍進擊，高幹向匈奴單于求援，但遭到拒絕。高幹絕望之餘，只得返回壺關奮戰，經過三個月的圍城終於被曹軍攻破。高幹於壺關失陷前逃出，本欲奔往荊州，卻在途中被上洛都尉王琰捕獲處斬。隨著身為袁氏實力派最後一人的高幹死去，最終連并州也落入曹操的手中。

為三國時代繽紛增色的女性

受到動盪時代擺布的女性生平

伏皇后

屯騎校尉伏完之女,後為獻帝皇后。她在寫給父親的書信中,抒解自己對於董承被曹操處死一事的恨意,曹操察覺其圖謀不軌,索性廢其后位,其父與數百族人因此受到株連而被殺。據說曹操派華歆前來逮捕時,伏皇后向一旁的獻帝求助,獻帝卻涕泣說道:「我也不知道自己何時會死。」另有一說指稱曹操為了替女兒戴上后冠,所以殺害了伏皇后。

糜夫人

呂布襲擊下邳時,劉備的妻子被呂布俘虜。糜竺見劉備失去妻室,便將胞妹嫁給了劉備。糜竺身擁鉅富,傭人食客多達萬人,起初為陶謙所聘,後來或許是受到劉備奇特的人格魅力感召,從此投入其麾下大展身手。其妹糜夫人本該是正宮夫人,但不知為何並無傳記,僅於《蜀書·糜竺傳》輕描淡寫略提一二。《三國演義》描述她抱著阿斗(劉禪)逃走,途中負傷無法行走,將阿斗託付給前來搭救的趙雲後,投井自盡。

丁夫人

曹操的元配,自從視如己出鍾愛有加的曹昂戰死後,從此與曹操失和。當時曹操在亂戰中失去坐騎,為了救助父親,曹昂讓出自己的戰馬才因此陣亡。她將這一切歸罪於曹操的過錯,無法諒解曹操之下,逕自返回娘家。曹操前來相迎,她也相應不理,兩人就此默然離別。

卞皇后

曹操25歲時娶來做妾的歌伎,此時的她正值雙十年華。公元196年,丁夫人與曹操失和後被休,從此成為正妻。育有曹丕、曹彰、曹植、曹熊四子,同時撫養失去母親的其他曹操的孩子。230年去世後,與曹操合葬於高陵。據說生前勤儉持家,不喜華麗的事物。

甄皇后

起初嫁給袁紹的次子袁熙,曹丕闖入袁熙家中後,見其貌美驚為天人,於是搶來娶為己妻。當時曹丕18歲,甄氏23歲。曹操素聞甄氏國色天香,不想卻讓兒子捷足先登,只能徒呼負負。前夫袁熙被殺後,首級還被獻上送來魏國。後來曹丕寵愛郭氏,甄皇后頗有怨言,因此觸怒曹丕而遭到賜死。

甘夫人

劉備出任豫州刺史,駐紮於小沛時娶來的妾。由於劉備數度失去嫡妻,為此經常操持家事宛若元配。生下劉禪後,卻在當陽長阪坡遭到曹軍追擊,當時劉備拋下甘夫人與阿斗(劉禪)母子,逕往南方逃走。幸賴趙雲前來營救,母子才得以倖免於難。

貂蟬

為一虛構的女子,是司徒王允不堪董卓暴虐無道狀況下,用於暗殺董卓的一張王牌。王允將她安插在董卓與貼身護衛呂布之間,演出令二人相互爭奪的戲碼,最終呂布果真親手殺死董卓。對於貂蟬的死,《三國演義》並未提及;日本的《三國英雄傳》(吉川英治著)則提到貂蟬於事成之後自盡。呂布從她遺留的詩中得知一切均是貂蟬的計謀後,盛怒之下將遺體拋入井中。

祝融夫人

蠻王孟獲之妻,為杜撰的人物,以百發百中的飛刀神技知名,性情剛猛剽悍。與諸葛亮麾將張嶷交手時,曾以飛刀射傷其手予以活捉,驍勇之風全然不讓鬚眉。後來與魏延、趙雲將交鋒時被擒獲,因交換戰俘才得以獲釋。一度與孟獲詐降,但為諸葛亮所識破,畢竟論起智謀,終非諸葛亮的敵手。

第 3 章

赤壁之戰與
戰前的變局

周瑜

赤壁之戰

黃蓋詐降之計奏效，周瑜軍攻入長江對岸的烏林。火勢乘著東南風，瞬間燒毀曹操的水軍大營。插圖描繪的是三國規模最大的戰役——赤壁之戰慘烈的一景。

赤壁之戰與戰前的變局：序章

問鼎天下的大決戰「官渡之戰」終於結束，獲得最後勝利的卻是原本兵力居於劣勢的曹操。袁紹死後，其子袁譚、袁尚為了繼承大位，終日相爭不休，最終兄弟兩敗俱傷，導致袁氏逐步滅亡。曹操消滅袁氏領有河北一帶後，企圖吞併荊州、江南之地，著手一統天下的行動，一連串神速的進擊於焉展開，先將劉備趕往南方，繼而揮兵指向孫權統治的東吳。

名門袁氏的覆亡

一如第二章所述，袁紹於官渡之戰落敗後，心力交瘁，於兩年後病死。為了爭奪繼承人之位，引發長子袁譚與三子袁尚的爭鬥，曹操為消滅袁氏，趁著袁氏內亂，逐步入侵冀州。曹操領兵進犯後，袁氏兄弟表面上展現出攜手抗敵的態勢，合力與曹操對峙，然而曹操的攻勢一旦見緩，二人便又開始爭戰。其間落居劣勢的袁譚，甚至被逼迫到向敵對的曹操求援的地步。曹操見機不可失，即刻派兵馳援。袁尚因根據地鄴城遭到攻陷，投奔遼東的公孫康，卻被公孫康殺害，首級獻給了曹操。袁譚則開始掠奪袁尚的領地，最後於南皮兵敗被俘，與妻兒一同遭到曹操處斬。本為河北第一世家的袁氏，也終於因此滅亡。

諸葛亮的登場

公元201年劉備為曹操所敗，轉而投靠荊州的劉表，此後七年過著烽煙不興的平靜生活。據說劉備對於自己一事無成、始終寄人籬下，無一立足之地的境遇，有時也會有感而發淚從中來。縱然有關羽、張飛此等豪傑相助於己，劉備卻深知陣中缺少一位足智多謀的幕僚，大大阻礙了自己的進程。《三國演義》指稱，就在此時，劉備從司馬徽口中得知「伏龍鳳雛得其一，可安天下」，便拜訪了其中一位俊傑諸葛亮。[①]《蜀書·諸葛亮傳》則記載劉備前兩次造訪，並未見到諸葛亮，第三次才得以相見。當時諸葛亮建言劉備，攻取物產豐饒的荊州以及天然屏障的益州，與曹魏、孫吳呈鼎足之勢，此即聞名於後世的三分天下之計。劉備有感於諸葛亮的高瞻遠矚，便奉迎為軍師，此後如魚

①譯注：「安天下」一語見於《三國演義》，應為羅貫中所杜撰，為免讀者誤解，擅加冠上「《三國演義》指稱」數字，以便與下文的正史陳述區別。《三國志》引用《襄陽記》的注釋如此敘述。德操（司馬徽的字）曰：「儒生俗士，豈識時務？識時務者在乎俊傑。此間自有伏龍、鳳雛。」由此看來，伏龍鳳雛係由司馬徽透露一事，似無疑異。此外《蜀書·諸葛亮傳》記載劉備是在徐庶推薦之下，才前去拜訪諸葛亮的。不論司馬徽與徐庶所言誰先誰後，或許正因為有二人的推舉，更堅定劉備尋求賢士的決心，促成了拜訪諸葛亮之行。

得水，一日不可或缺。順道一提，裴松之引用的《魏略》注釋中，指稱兩人邂逅係由諸葛亮主動拜見劉備，真偽如何不得而知。

赤壁之戰前夕

曹操消滅袁氏後，一時意氣風發，最終率領大軍南下，意欲平定荊州。劉表病逝後承領荊州牧的劉琮，在畏懼曹軍南侵的蔡瑁等眾臣極力鼓動之下，不得不開城出降曹操。曹操大軍逼近樊城北方的宛城時，劉備才得知此事，倉皇中召集兵馬，試圖逃往江陵。豈料有多達十萬的百姓，也仰慕劉備追隨南下，導致行軍緩慢，但對於「成大事以人為本」的劉備而言，自然不能拋下百姓逃去。

最終劉備還是在長阪坡遭到曹軍追及，拋下妻兒逃走。幸賴趙雲、張飛奮戰，劉備才得以脫困，與率領一萬兵馬來援的劉琦會合，轉進夏口。

值此同時，孫權因曹操來信脅迫東吳降服，於是派遣魯肅往見劉備，於長阪會面並提議劉備結盟，言下之意欲聯合劉備，共同抵抗曹軍。根據《三國演義》所述，孫權麾下有許多將領謀臣主張歸降曹操，劉備遂派遣諸葛亮到東吳，說服大臣中的降曹論者，使大勢轉為抗曹[2]。公元208年，曹操對決孫劉聯盟的戰火，終於點燃。面對官方號稱八十萬的曹操大軍，孫劉盟軍僅有五萬。但即便如此，勝利女神的微笑，最終投向了處於壓倒性劣勢的孫劉聯盟。

巨大的岩壁上刻有赤壁二字，相傳是周瑜所書。

②譯注：「舌戰群儒」一事僅見於《三國演義》，原文引用此一說法時，並未以正史或演義加以區隔，為免讀者誤解此說為正史，於段落之前擅加冠上「根據《三國演義》所述」數字，還請諒察。

簡略年表

公元	大事紀
207年	曹操遠征烏丸。曹操擊敗袁尚軍（白狼山之戰）。袁熙、袁尚投奔公孫康尋求庇護，卻遭公孫康處死，首級獻給曹操。劉備三顧茅廬，迎來諸葛亮。張繡、郭嘉死去。
208年	曹操開始在玄武湖訓練水軍。曹操廢除三公舊制，自任丞相。孫權討滅黃祖於江夏，一報父親孫堅被殺之仇（夏口之戰）。曹操開始進軍荊州，劉備隨十萬百姓逃出荊州，於當陽遭到曹軍追截，蒙受極大打擊（長阪坡之戰）。劉備與魯肅會面，尋求與東吳結盟的機會。諸葛亮於柴桑謁見孫權，結為同盟。孫劉聯軍於赤壁大勝曹軍（赤壁之戰）。

佇立在赤壁下，
可以遠眺對岸

86

主要戰役與群雄勢力圖

　　曹操於「白狼山之戰」擊破袁氏殘餘勢力後，為了討滅劉備而追至長阪坡。此後孫權與劉備結為同盟，以周瑜為統帥，於赤壁展開與曹操之間的大決戰。

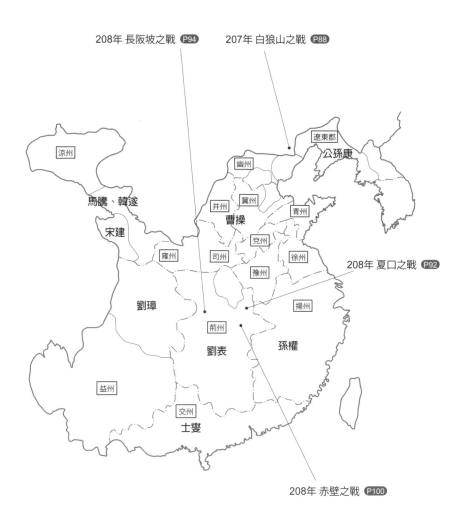

208年 長阪坡之戰 P94　　　207年 白狼山之戰 P88

遼東郡
公孫康

涼州

幽州

馬騰、韓遂

并州　冀州
曹操　　青州

宋建

兗州

雍州　司州　徐州

豫州　　　208年 夏口之戰 P92

劉璋

荊州　　揚州

劉表　　孫權

益州

交州
士燮

208年 赤壁之戰 P100

（207年勢力圖）

87

白狼山之戰

曹軍北征滅袁氏

教 戰 年) 207年

戰 場) 白狼山

參戰者) 曹操 vs 袁熙、袁尚、速僕丸

曹操遠征討北地

為了追討與袁熙一同逃入北方烏丸領地的袁尚，曹操鍥而不捨地持續遠征。烏丸既然與素來採取融合異族政策的袁紹結有盟約，自然以行動展現協助袁氏兄弟的決心，成為日後可能對曹操干戈相向的潛在勢力。公元207年春，曹操採納郭嘉的建言，出兵遠征北方。途中遇洪水淹道，越過長城出塞，道途再次阻絕，僅有非路之路可行，於是開山填谷，一路艱苦挺進，全軍抵達白狼山時，突然與敵軍遭遇。曹操親自登上小山丘，望見敵軍的陣勢尚未井然就緒，即刻命令張遼為先鋒，縱兵攻擊敵軍。曹軍斬殺單于蹋頓，敵軍因此大潰，胡人、漢人出降者達二十萬人。遼東單于速僕丸、遼西各部豪雄、袁尚與袁熙等人也逃往遼東郡的襄平。

兵敗同奔公孫康
袁氏兄弟遭授首

袁熙、袁尚兄弟倖免於難，投奔領有遼東郡的太守公孫康，意圖東山再起，但對時勢觀察頗為敏銳的公孫康卻逮捕二人，處斬後將首級獻給曹操。殘餘的烏丸精兵經收編後，曹軍兵勢更為壯大。曹操就這樣討滅袁氏遺患，乃至收服烏丸，平定北方。班師凱旋後，又罷除三公官職，自任丞相，登上權位之巔。然而曹操並未緩下腳步，翌年的208年正月，又在鄴城郊外建造人工湖「玄武池」，為了攻打荊州預作準備，奔忙於擴建水軍。渴求爭戰的曹操，就此朝著日漸明朗的統一大夢持續邁進。

三國演義說法

新野、樊城之戰

　　徐庶是舉薦諸葛亮給劉備的推手，但並未出仕劉備，正史也未載錄其傳記。[1]且從《三國演義》述及的下文中，看他如何大顯身手。

　　「劉備因座下良馬的盧縱身一躍，跳過了波濤湧急的檀溪，這才逃過蔡瑁軍隊的追趕。劉備返回新野後，命人呈上書札與劉表，具陳蔡瑁設謀相害，劉表遂遣長子劉琦出襄陽前往謝罪。劉備設宴相待，於送別劉琦出城時，卻與一人相遇。此人葛巾布袍，皂縧烏履（裹葛布巾，穿木棉袍，腰繫黑帶，下履烏鞋），姓單名福，正是賢士徐庶。劉備敬慕其智，乃拜為軍師，調練本部人馬。

　　卻說曹操自冀州回都後，有取荊州之意，最終出兵樊城。特遣曹仁、李典並呂翔、呂曠等領兵三萬，駐屯襄北之樊城，一探荊襄虛實。呂氏兄弟自告奮勇，慷慨陳言劉備宜早圖之，曹仁遂與二呂五千兵，前往新野廝殺。探馬回報劉備，乃請初來乍到的軍師單福商議。單福曰：『可使關羽引一軍從左而出，以敵來軍中路，張飛引一軍由右而出，以敵來軍後路。劉公自引趙雲出眾前路相迎，敵可破矣。』劉備從其言，整頓周全方才出兵，果如單福所料勢如破竹。二呂被殺，軍士亦多被活捉。

　　初戰新敗，曹仁惱怒，便與李典再起二萬五千兵馬，渡河投新野而來。兩軍對陣，趙雲一馬當先，與李典交鋒。約戰十數合，李典料敵不過，撥馬回陣。見李典不敵回陣，曹仁布下八門金鎖陣勢，單福命趙雲引五百軍，自東南角入陣，殺入中軍，曹仁軍大亂，劉備趁勢領麾下兵馬衝擊，曹兵大敗而退。其後、曹仁再次領兵來劫寨，又被火燒殺敗。曹仁逕自逃回樊城，怎料城上守將已是關羽。只得撥轉馬頭，星夜急馳，才得安返許昌。」

　　以上便是《三國演義》第34至36回述及的概要，不過事實上，正史《三國志》並無此一戰役的記載。想來應該是羅貫中為了給予劉備麾下的新血徐庶一展長才的舞臺，才虛構了這個故事。

徐庶的才器緊
隨孔明之後

三顧茅廬故址巡禮

相傳劉備曾為了找尋軍師而求賢一時，當他得知時人評為臥龍的諸葛亮後，便決心奉迎為軍師。為了迎來諸葛孔明，劉備由新野行走60至70公里的路程，竭盡三顧茅廬的禮數。最後才在第三次見到了諸葛亮，從而授得足以復興漢室的三分天下大計。依照此一宏觀大略，劉備才逐步將據點

外表古意盎然的古隆中牌坊

由荊州擴展至蜀地。而三顧茅廬的背景舞臺，就在襄樊市內往西15公里處的古隆中。那是一片人煙稀少的靜謐之地，諸葛亮曾在此躬身耕作，過著晴耕雨讀的生活。穿過聳立在入口的古隆中牌坊約莫百公尺左右，映入眼簾的便是相傳諸葛亮曾耕作過的躬耕田。鄰近一旁的小虹橋，則是唱著「梁父吟」的諸葛亮岳父黃承彥，與劉備相遇的地方。過橋後抬頭一看，可見到抱膝亭、草廬碑、武侯祠一路相延。其他還有列為隆中十景的三顧堂、六角井、半月溪、老龍洞、梁父岩等景觀。

交通 由襄樊站搭乘512路公交，30分鐘後於隆中下車，步行10分鐘可達

相傳孔明曾用過這口井

武侯祠正殿中的孔明塑像

武侯祠的入口

令人好奇孔明是否住過這樣的民居

相傳孔明曾在這躬耕田上耕種

草廬碑的背面，寫有「龍臥處」三字

與孔明同樣智謀超群的龐統，亦有其塑像

劉備與黃承彥相遇的小虹橋

劉備三度來訪此地，終於得見諸葛孔明

專欄

另一處「三顧茅廬」的場景

　　一般提到「三顧茅廬」的故地，多半指襄陽郊外的古隆中。但是也有一說指稱，位於北方150公里的南陽市臥龍崗才是諸葛亮棲身過的地方。之所以有此一說，係因孔明在〈出師表〉中曾提到「躬耕於南陽」。不過在古輿圖中，隆中也包含在南陽之內，因此真偽如何，至今依然不詳。

夏口之戰（208年）

孫權採納甘寧言
報得父仇誅黃祖

教戰年 208年

戰　場 夏口

參戰者 孫權 vs 黃祖

孫權出兵討黃祖

孫堅為黃祖部下所殺一事，發生在公元191年。當時孫堅追擊敗逃的黃祖殘兵，隻身通過峴山時遭到軍士伏擊，中箭身亡。孫策克紹箕裘，誓殺仇敵，怎奈苦無機會，孫策身亡後，孫權代之而起，依然不見良機到來。儘管203年曾擊破駐守夏口的黃祖水軍，卻讓黃祖成功逃脫。207年又再次覓得攻擊黃祖的機會，但依舊未能一償宿願。不過原本投身黃祖帳下的甘寧，卻帶領部下歸順了孫權，此後屢次建言征討黃祖，孫權再次討伐黃祖的念頭遂日漸強烈。此時討滅黃祖，不僅是奪取荊州的上策，同時也成為戰略上的課題。根據甘寧所言，黃祖已經老邁，衰耄昏聵，只知斂積財貨，統兵不力、士卒多怨，定可輕易討滅。孫權頗表同感，見今日機不可失，於是不顧張昭的反對，再次發兵討伐黃祖。其陳述見於《吳書·甘寧傳》。

披甲二重登先陣

208年春，吳軍以呂蒙為先鋒，開始進犯夏口。黃祖軍以時稱蒙衝的甲艦二艘橫列挾制江口，做為水上要塞堅守迎戰。以栟櫚（棕櫚）纖維製成的大緤（粗繩）綁住大石塊，做為繫住船艦的碇石，艦上有千人弩兵，左右交射激烈抵抗。凌統、董襲見部隊無法前進，於是分別募選百名敢死隊，各披上兩層鎧甲，衝入蒙衝之中。根據正史的記載，當時董襲跳水入江，潛至蒙衝船腹，以刀割斷兩條繫住碇石的大索。黃祖的船艦因此橫向漂流，水軍遂失去了作戰能力。黃祖又命吾都督陳就出動水軍抵抗，但無法壓制乘勢推進的孫權軍。吳軍前鋒呂蒙最終斬殺陳就，開始圍攻黃祖的主城，但黃祖依然乘機逃脫。

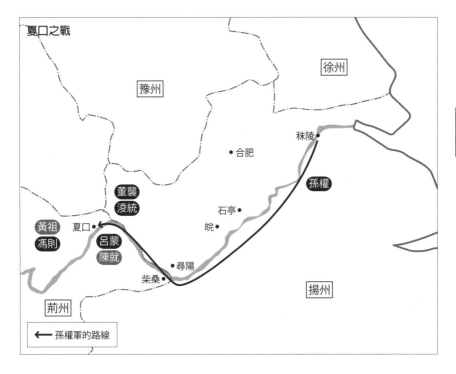

夏口之戰

徐州

豫州

秣陵

合肥

孫權

董襲
凌統

石亭

黃祖
馮則

夏口

皖

呂蒙
陳就

尋陽

柴桑

揚州

荊州

← 孫權軍的路線

歷十七年仇得報

　　不過黃祖的命運，至此也走到了盡頭。就在隻身逃走之際，吳騎馮則追及，斬下黃祖的首級。孫權自父親亡故十七年來，終於得報親仇。更且俘獲黃祖麾下數萬兵士，戰果豐碩。當時受俘的蘇飛本該梟首，有賴甘寧向孫權說情，才撿回一命。原來甘寧曾打算離開黃祖的軍隊，正是蘇飛建議黃祖，讓甘寧出任邾縣長，甘寧才得以脫離黃祖的掌握。

三國演義說法

甘寧討滅黃祖

　　正史記載黃祖隻身逃走時，遭到騎兵馮則斬首，《三國演義》第39回則改稱甘寧斬殺黃祖。黃祖與孫權鏖戰遭到擊破，本欲逃往荊州，怎奈甘寧從後緊追不捨。甘寧伏兵等候於東門外，見黃祖突圍殺至，瞬即橫馬截住，與黃祖交兵。甘寧拈弓搭箭，背射黃祖，黃祖中箭翻身落馬，甘寧遂梟得黃祖首級。

長阪坡之戰

曹軍蜂騎傾巢至
雲飛逆戰備得脫

教戰年	208年
戰場	長阪坡
參戰者	曹操 vs 劉備

曹操領兵下江南
大軍表稱八十萬

　　曹操消滅袁氏，平定異族烏丸，解除了北方的後顧之憂後，轉而將矛頭指向南方，開始攻打劉表統治的荊州。所率大軍官方公稱八十萬，劉表得知曹操來犯的消息，過於驚恐一病不起，就此離開人世。經歷一段不顧長子嗣業的傳統、逕自決定繼承者的紛亂後，劉表後妻之子劉琮登上了繼承人的寶座，進而聽從遺臣的極力勸諫，選擇全州出降一途。然而隔著漢水駐紮於樊城的劉備，卻並未受邀參詳大計，更不知議定降曹之事。及至劉備知情，曹軍已經逼近樊城以北50公里處。

劉備敗逃走南方

　　劉備大驚，立刻召集兵馬，打算逃往南方的江陵。然而此一南撤之行，卻因荊州百姓畏懼曹操而悉數追隨劉備南下，以致於劉備的撤軍行動遲遲沒有進展。當時隨行的百姓據說多達十萬，扶老攜幼持家帶眷，更有數千輛裝滿輜重的牛車同行，沿途街道為之堵塞。行軍速度緩慢，一天只能推進十里（四公里）。

　　好不容易抵達當陽，關羽徵調來數百艘船隻，劉備讓部分避難百姓乘船，使其順流而下前往江陵。劉備為首的將領士卒，以及船舶容納不下的百姓，則由陸路前進，但就在通過長阪橋時，終於被曹軍追及。

　　由於江陵儲有軍事物資，曹操唯恐為劉備所奪，將不利於戰事。當曹操得知劉備已通過襄陽時，立刻精選五千輕騎，日行三百里（約120公里），披星戴月急起直追。就在將士連日逃難疲憊困頓、沉睡於夜半之際，曹軍精銳突然來襲，劉備軍登時倉皇失措[1]。劉備歷經艱難，才得與諸葛亮、張飛、趙雲和數十名騎兵逃

<hr>

[1]譯注：劉備遭到夜襲一說，《演義》所見略同，不過正史並無此詳細記載。作者與羅貫中之所以皆作此想，或許是因為《蜀書》的〈先主傳〉、〈張飛傳〉中，對於曹軍的追趕，均有「一日一夜」、「及於當陽之長阪」等相同的記述，所以認為追上劉備軍時，已經入夜。

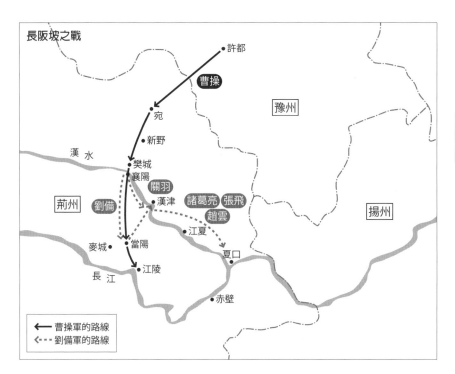

長阪坡之戰

許都

曹操

宛

豫州

新野

漢水

樊城
襄陽

關羽

劉備

荊州

漢津

諸葛亮　張飛

趙雲

揚州

麥城

當陽

江夏

夏口

江陵

長江

赤壁

←── 曹操軍的路線
←--- 劉備軍的路線

脫，妻兒卻流離失散，下落不明。

趙雲張飛顯威風

　　正當此時，趙雲挺身而出大顯身手。他隻身殺回戰場，救出甘夫人母子，將阿斗抱於懷中，保護二人突破敵圍，安然回到劉備身邊。根據《蜀書・張飛傳》所述，當時張飛率領騎兵二十人斷後，於渡水後截斷長阪橋，挾長矛橫阻橋上，兩眼圓睜大喝道：「身是張益德也，可來共決死！」曹軍受此威嚇，無人敢趨身上前，劉備等人才得以倖免逃走。

　　後來自當陽、麥城一線的道路，受到曹軍控制，劉備轉而向東撤退，由漢津沿漢水繼續東行，途中適巧與關羽會合，於是同往夏口，與孫權締結盟約，以期來日再與曹操決戰。

位於「長阪坡之戰」所在地當陽市中心的長阪坡公園

95

趙雲、張飛於長阪坡的英勇事蹟

「孔明巧施火計，於博望坡大破引十萬軍來犯新野的夏侯惇後，曹操便傳令起大兵五十萬，選定建安十三年（208年）秋七月丙午日出師。

荊州之主劉琮新繼，見曹操親率大軍來攻，自忖勢難抵敵，於是舉州獻降。劉備為之大驚，慌忙整頓軍馬，與居民同往樊城走避。卻說曹仁、曹洪引軍十萬為前隊，許褚引三千鐵甲軍開路，殺奔新野而來，孔明即令關羽引一千軍去白河上流屯沙作堰，使決堤水攻曹軍，命張飛伏擊逃往博陵渡口之敵，又喚趙雲引誘曹軍入城施以火攻，如此這般分撥兵馬，委以討敵之計，終逐一擊破曹仁大軍。曹操大怒，催動大軍，漫山塞野，盡至新野下寨，齊取劉備所在樊城。

孔明以樊城久守必危，便請劉備往取襄陽暫歇，然劉琮早已決意降曹，眼見取城不得，遂盡離襄陽大路，逕往江陵南走。同行軍民十餘萬，大小車數千輛，每日只走十餘里。又令張飛斷後，趙雲保護老小，一路前往江陵。

江陵錢糧極廣，曹操知劉備往取後，唯恐其據守此地，急難動搖，便教部下精選五千鐵騎追趕，大軍陸續隨後而進。

正當劉備行抵當陽時，曹軍追趕而至。劉備引本部精兵兩千餘人迎敵，曹兵以眾擊寡，銳不可擋。百姓老小並麋竺、麋芳、簡雍、趙雲等一干人，皆因勢亂不知下落。趙雲本守護甘、麋二夫人與阿斗，與曹軍廝殺時，卻失了劉備老小，便撥馬回頭，逕奔來時路，尋二位主母與阿斗而去。途中一夥百姓，數百人相攜而走，趙雲望見甘夫人在其後，敦請夫人上馬，直送往張飛據守之長阪橋，便又折回舊路，急尋麋夫人與阿斗。但逢百姓，便問麋夫人下落，終於在一口枯井旁，發現麋夫人抱著阿斗。麋夫人自言身負重傷，行走不得，將阿斗託付趙雲後，竟翻身投入枯井而死。趙雲只得放下掩心鏡，將阿斗抱護在懷中，直奔劉備而去。遇有敵兵攔住去路，拔出奪自夏侯恩之青釭劍，迎頭砍劈，左衝右突直透重圍，前後槍刺劍砍，殺死曹營名將五十餘員。

卻說張飛倒豎虎鬚，圓睜環眼，立馬於長阪橋上斷後。俄而曹仁、李典、夏侯惇、夏侯淵、樂進、張遼、張郃、許褚，一字排開殺至橋

前。見飛怒目橫矛，恐是伏兵之計，都不敢近前。張飛乃厲聲大喝道：
『我乃燕人張翼德也！誰敢與我決一死戰？』曹操身邊夏侯傑聞此喊
聲，竟嚇得肝膽碎裂，倒撞於馬下。曹操驚慌回馬便走，於是諸軍眾將
一齊望西逃奔。後探得張飛拆斷橋樑而去，方知並無伏兵，遂舉全軍之
力，進兵追擊劉備。」（摹寫自《三國演義》第39至41回）

　　正史記載本該是局勢一面倒的長阪坡之戰，到了《三國演義》之
中，又被改寫為趙雲叱吒沙場的舞臺，使其情節免於兵敗如山倒。孔
明於新野智計過人的演出，則是羅貫中所杜撰。麋夫人投井自盡一事，
也未見於正史。此外《三國演義》述及張飛曾於長阪橋抵禦曹軍，正史
《蜀書・張飛傳》則記載張飛先渡河拆斷橋樑，立於橋前與追兵對峙。

將劉禪懷抱在胸前的趙雲塑像

趙雲於敵兵重圍中殺開血路

長阪坡之戰故址巡禮

塑立在環形道路中央的趙雲像

為了紀念趙雲在長阪坡之戰的英勇事蹟,當陽人在市內打造了一處歷史公園。緊鄰在可稱為當陽市象徵的一尊威武雄壯的趙雲雕像旁,可見到一片地勢略高的丘陵地,便是長阪坡公園。遍地綠茵的廣場上,散落著許多重現演義橋段塑像,如趙雲抱阿斗穿梭敵陣的「單騎救主」,劉備將阿斗拋在地上的「劉備擲子」等。雖然造型略帶諧趣的漫畫風格,綿延連貫的名景軼事,卻讓人遙想起整個故事。此外同一城市中,還有一處被視為長阪橋的舊址,立有「張翼德橫矛處」石碑,用來紀念張飛奮戰的事蹟。

 距離當陽站15分鐘車程。

巍峨的關羽像

重現趙雲血戰救出阿斗,卻被劉備拋擲於地的一幕

相傳為糜夫人自盡的娘娘井

趙雲將阿斗抱於懷中突破敵軍包圍

趙雲像予人軍容肅
瀝的深刻感受

長阪坡公園的入口

相傳為長阪橋遺址的所在處,立
有張翼德橫矛處石碑

赤壁之戰

烈火燒盡曹操軍
三國戰役莫其大

教戰年	208年
戰場	赤壁
參戰者	周瑜 vs 曹操

曹操作書挑孫權

曹操降服了繼承劉表遺業的劉琮，又擊敗了蟄伏荊州受託輔孤的劉備，使其敗走南逃，輕而易舉地取得了荊州。就連十萬荊州水軍也落入其手，曹操因此意氣風發，開始展現出討伐孫權的意圖。實則欲乘勢向東進兵攻打東吳，一舉實現統一天下的夢想。

於是曹操即刻修書一封挑戰孫權。信中指陳：「近日奉正義之辭，

斗大的赤壁二字相當醒目

討罪佞之徒，領旄戎之師南征，劉琮即開城獻降。如今統掌八十萬水軍，欲與將軍會晤，同獵於吳地（近者奉辭伐罪，旄麾南指，劉琮束手。今治水軍八十萬眾，方與將軍會獵於吳）。」言下之意，暗指「若不希望八十萬大軍來犯，還是儘早投降」。

孫權劉備締盟約

根據《後漢書・劉表傳》所述，此時荊州的編制下有水軍十萬，曹操步騎合算也有十萬，若此一記載屬實，八十萬大軍可謂大言不慚的浮誇之詞，然而即便如此，畏懼曹操大軍的東吳眾臣，早已人心惶惶，大多主張儘早出降，而其中又不乏暗求自保之徒。主戰派的魯肅早先也認為東吳與長於智謀的曹操獨力作戰，情勢並非有利。此時此刻，若能聯合深獲荊州名士推崇與百姓擁戴的劉備，共同對抗曹操，或可覓得勝利的契機，於是展開結盟的行動。

劉表死後，魯肅表面上以弔唁的名義前往荊州，抵達夏口時，得知

曹軍已經揮兵南下的消息。於是日夜兼程加緊追趕，來到南郡時，又聽到劉琮已經向曹操獻降，於是直奔當陽長阪，才終於見到劉備。魯肅當面向劉備建議與東吳結盟（關於結盟的策略，《吳書·魯肅傳》記載係魯肅所提出，《蜀書·諸葛亮傳》則記載為諸葛亮的提議）。對於長阪坡一役遭到曹軍擊潰、幸賴趙雲與張飛奮戰才僥倖逃過一劫的劉備而言，這確實是求之不得的提議。劉備本想要進兵糧秣充實的江陵重整旗鼓，奈何去路已為曹軍所阻，便想改投蒼梧（位於今日廣西省壯族自治區）的吳巨，從當時陷入頹喪絕望困境之中的劉備角度看來，此一提議有如甘霖解旱。即便如此，在劉琦一萬兵馬加持下，劉備的軍力仍不過兩萬。面對擁有十萬兵馬的東吳，若不能取得相對平等的條約，來日必為吳人所欺[1]。於是劉備命諸葛亮隨魯肅至孫權所在的柴桑拜會，自己則取消南下之行，轉而由陸路東走，前往鄰近孫權根據地的夏口。

諸葛亮與魯肅同抵柴桑後，謁見

孫權並與魯肅俱陳結盟一事。眼看孫權是戰是降舉棋不定，魯肅便前往鄱陽湖，向當時正在訓練水軍的周瑜

赤壁之戰

孫權、劉備軍的路線
曹操軍的路線

專欄

當時的孔明動向？

《三國演義》中孔明出神入化的事蹟，雖然教人看得目不轉睛，然而竭盡所能翻閱正史，卻幾乎尋不著他曾在赤壁叱吒風雲的記述。非但如此，就連「赤壁之戰」本身具體詳細的記載，也不知為何付之闕如，令人感到好奇。《蜀書·諸葛亮傳》更只是略提孫權「遣周瑜、程普、魯肅等水軍三萬，隨吾謁先主，并力拒曹公。曹公敗於赤壁，引軍歸鄴。」並提到與當時出任東吳贊軍校尉的魯肅共同行動。除了這些事蹟以外，《魏書·武帝紀》與《吳書·吳主傳》並未再提到諸葛亮，因此也有一說指稱諸葛亮並未參與「赤壁之戰」。至於當時的劉備，則與關羽、張飛等人，合兩千兵駐防於赤壁後方的樊口[2]。

①譯注：十萬兵馬的數據，僅見於《蜀書·諸葛亮傳》中諸葛亮與孫權的對話。當時諸葛亮以戰國齊人田橫為例，推崇落難的劉備不受曹操欺凌的高昂鬥志，孫權聽後憤慨地說：「吾不能舉全吳之地，十萬之眾，受制於人。」言下之意，孫權是具備動員十萬兵馬能力的，至於取得平等條約一事，純屬作者推論，正史並無此述。

②譯注：見《蜀書·先主傳》引《江表傳》注釋。駐紮樊口出自魯肅的提議。

告知此事，徵詢其意見，周瑜於是火速趕回，說服了孫權。根據正史引《江表傳》的注釋所述，孫權當著眾臣面前，拔劍砍斷桌角，以示抗戰的決心。

周瑜又向孫權分析曹操水軍號稱八十萬，不過是誇大其實，事實上來自中原的兵力約十五六萬，得自劉表的兵力則約莫七八萬，若非長途跋涉疲憊不堪，便是軍心未定難以統御。因此自命請纓，請孫權授予五萬水軍，當可扼制曹敵。孫權於是以周瑜、程普分任右左都督，授與三萬精兵，往曹軍逼近的夏口急行③。

曹操捨陸迎水戰

當時曹操已經由江陵出發，順長

江而下一路前往陸口。而曹操之所以在陸口上岸，是為了能夠發揮引以為豪的騎兵優勢。豈料尚未登岸，就遭遇周瑜的水軍，結果被周瑜戰技嫻熟的水軍擊破，陸口因此被周瑜搶先攻占。曹操迫於無奈，只好捨棄一向擅長的陸戰，改以水軍迎敵。根據《吳書‧周瑜傳》所述，兩軍最初曾經發生遭遇戰，曹軍水師交兵不利，曹操於是退守至江北（烏林），東吳水軍則停靠長江南岸（赤壁），兩軍隔著滔滔江流形成對峙。公元208年10月，三國史上最為人所知的「赤壁之戰」，終於點燃了戰火。

當時對陣的吳軍以周瑜為統帥，程普、黃蓋、甘寧諸將合屯於赤壁，孫權則駐紮於吳郡，從後方支援前

位於赤壁大戰陳列館的周瑜塑像

小橋④與周瑜

由左至右分別為孫權、龐統、趙雲

③譯注：原文論述指周瑜分析兵力在先，孫權砍擊桌角在後，然而《江表傳》的引注則明載，孫權砍斷桌角以示決心，是補充《吳書‧周瑜傳》中提到周瑜在眾臣面前陳述利害得失後，孫權當下的反應。眾臣散去後，周瑜才私下向孫權分析曹軍的兵力與虛實，因此請恕改原文順序。
④編注：《三國志》名「小橋」，和《演義》不同，本書以《三國志》為主。

線；曹操自己則相對地布防於烏林。

　　但即便曹操擁有大軍壓境的兵力優勢，此時軍中早已疾病蔓延，面臨到嚴峻的考驗。據說這是由於北人不服南方水土（一說是感染吸血的寄生蟲）的緣故，許多官吏士兵因此死去。身強體壯者也因為出兵荊州已有數月，厭戰氣氛高漲，多半喪失戰志。更有許多士卒不習慣水上生活，飽受暈船之苦。因此曹操雖然氣勢如日中天，一旦進入決戰，卻無真正可用之兵。

　　吳軍也心知敵軍士氣萎靡不振，但即便有三萬水軍待命相援，劉備當時的兵力（樊口）卻僅有兩千。面對曹操十萬大軍如此天壤之別的兵力，實在難以抗衡，是以雙方都無計可施，徒然坐待時間空轉。

黃蓋詐降獲全勝

　　最終打破此一膠著狀態的是東吳的老將黃蓋。他私下向周瑜獻計，表示想要親自詐降接近曹軍，再引燃船艦火攻曹軍。周瑜立即採納此議，先偽作降書一封給曹操，並進行周全的準備，讓數十艘戰船上，堆滿乾柴及葦草，澆上魚油後，再以帷幕覆蓋其上，一心等待良機的到來。時值寒冬，正是北風強烈吹襲之際，位於西南方的吳軍若施以火攻，必然會燒及處在下風的自己。因此除非吹起東南風，否則吳軍無可發難。然而良機終於到來，原來冬季間偶然也會吹起東南風。當風向一變，開始轉強時，黃蓋立刻逐一引船出航。及至曹軍船陣前二里處（800公尺），突然同時點火，去勢如箭般衝入了敵陣。

　　火勢在強風助長之下，猛烈地蔓延開來，將曹軍的船艦焚燒殆盡。此時周瑜又命全軍發起攻擊乘勢追討，曹兵潰不成軍，遂往北方逃去。曹操平定荊州後，本想贏得赤壁之戰的勝利，一舉統一天下，最終夢想卻隨風而逝、化為泡影。

赤壁大戰陳列館的黃蓋塑像

──專欄──

曹操自行放火焚船？

　　若從曹操欲以魏國承襲中原王朝大統的心態推敲，這或許便是他不願意觸及「赤壁之戰」大敗的原因，然而雖說如此，正史的記載也少得讓人驚訝。《魏書・武帝紀》僅見「公至赤壁，與備戰，不利」寥寥數字，再則只有「於是大疫，吏士多死者，乃引軍還」等記載而已。後來曹操寫信給孫權說：「赤壁之役，值有疾病，孤燒船自退。」此外，《吳書・吳主傳》則記載周瑜、程普率兵大破曹軍後，也是曹操下令將其餘船艦悉數焚燬的。

赤壁之戰

正史對於「赤壁之戰」的記載，可謂著墨不多。一說是曹操不願多談戰敗的舊史。關於這點，《三國演義》有著詳盡的描述。且看下文如何分說。

「經孔明激將一番，孫權決心與曹操一戰，遂封周瑜為大都督，即日備戰以待破曹。命韓當、黃蓋為前部先鋒，至三江口下寨，又傳令蔣欽、周泰、凌統、潘璋、太史慈、呂蒙、陸遜、董襲、呂範、朱治分撥至各隊，舉吳境全軍，水路並進，出兵討敵。

卻說曹操亦命蔡瑁、張允等一班荊州降將為前部，曹操自為後軍，催督戰船到三江口。吳將甘寧拈弓搭箭，曹軍一員將領應弦而倒，繼而驅船大進，萬弩齊發，曹軍大半是青、徐之兵，素不習水戰，船隻顛播難立，盡皆躲避畏逃。兩軍初次交兵，周瑜全勝而還。曹操茫然敗回寨中，既知蔡瑁、張允等長於水戰，便以二人為主，全力訓練水軍。沿江一帶分二十四座水門，以大船居於外為城廓，宛若銅牆鐵壁。後周瑜暗乘樓船，逕往敵寨探視，窺知曹軍諳習水戰之妙，不禁咋舌。但看曹操軍馬水陸共計八十三萬，東吳舉全軍之力不過五六萬，著實難以爭衡，周瑜便設計蔡瑁、張允連結東吳，令曹操除去此二人。」以上便是《三國演義》第44、45回所述的概要。只不過甘寧力戰的事蹟，與蔡瑁等人因周瑜設計被殺等情節，正史並無記載。

草船借箭

這也是羅貫中憑空杜撰的情節，不過孔明徵調箭枝的手法，倒是相當獨特。

「周瑜見孔明智計過人，留其性命必成禍根，便思一計，欲構陷斬殺孔明。但指水路交戰，兵器以弓箭為先，軍中正缺箭用，請孔明於十日之內，監造十萬支箭，又事先安排，使孔明不能如期辦完，好治孔明死罪。孔明心知

1.60元

膾炙人口的草船借箭一幕

周瑜欲以此害己，卻言明只消三日，便可納得十萬支箭。又請魯肅備齊二十艘船，船上各置草束，待至第三日深夜霧濃，逕往敵寨催舟前進。孔明教把船隻頭西尾東，一字擺開，就船上擂鼓吶喊。曹軍慌忙，盡皆向江中放箭。少頃孔明令船調轉，頭東尾西，趨前受箭，一面擂鼓吶喊。待日高霧散，便令收船急回。回寨命人細數草束上箭，收得十萬餘支。」（摹寫自《三國演義》第46回）儘管劇情編造得過於天衣無縫，卻可以想像得到周瑜被孔明玩弄於鼓掌之間的神情[1]。

龐統的「連環計」與黃蓋的「苦肉計」

根據《三國演義》所述，龐統在「赤壁之戰」扮演了重大角色。

「周瑜觀曹軍大寨，船隊陣式嚴整，列為城郭，便思火攻為先。但欲使火攻奏效，必得各船相連，使其不能四散，好接近火箭射程。周瑜便施一謀，稱連環計。先設法將襄陽龐統送入曹營，好向曹操獻計，令敵船大小船隻，各皆搭配，首尾鐵環連鎖，免於顛播。時曹操軍中多疾，吏卒不服水土，死病者多，卻未能見止，曹操即納此議，命人鎖住船隻。周瑜又與老將黃蓋相圖謀，狠打黃蓋一百脊杖，黃蓋便作偽書，假意降曹，書中具陳怨恨，言明以糧草車仗，隨船獻納，令曹軍信以為真。曹軍既首肯受降，黃蓋便準備火船二十隻，船內裝載蘆葦乾柴，灌以魚油，上舖硫磺焰硝引火之物，各用青布油單遮蓋，帳下聽候，等待號令。」（摹寫自《三國演義》第46至49回）

相傳曾是龐統故居的鳳雛庵

赤壁大戰陳列館中的雕像值得一見

---

[1]譯注：草船借箭的故事原型，或許來自《吳書·吳主傳》引用《魏略》注釋所述及的一段有關曹操攻打濡須口的事略。當時孫權乘坐疑似樓船的大型船艦來探查曹軍，曹操命弓弩手亂箭齊射，結果「箭著其船，船偏重將覆，權因迴船，復以一面受箭，箭均船平，乃還」。

演義中的龐統便是如此令曹軍船隻鐵鎖相連的，不過此一情節，同樣未見於正史。②

孔明借東風

諸葛亮在正史的記載中，雖然沒有過人的事蹟，《三國演義》卻將他描寫得簡直宛如主角。且從下文看他在《三國演義》第49回的精彩演出：

「周瑜欲用火攻破曹，奈何時值十一月中，正當隆冬之際，西北風勢強烈。曹操營寨既在西北，顯然若無東南風起，非但不能盡燒敵營，火塵必反燒自己。孔明於是獻計，自云可用奇門遁甲之術，喚來東南風。便於南屏山建高臺，名曰七星壇，用一百二十人，手執旗旛圍繞。孔明沐浴齋戒，身披道衣，跣足散髮，祝禱施法。將近三更時分，霎時間東南風大起，時黃蓋聽候帳下，即領20艘船望曹營進發。

黃蓋船隊靠近曹營，曹操以為黃蓋依約來降，笑逐顏開，程昱卻向曹操進諫，指來船既有積糧，乍見卻輕而且浮，唯恐有詐，但為時已晚。時吳船距曹寨，只隔二里水面，黃蓋揚刀為號，前船一齊發火，撞入曹操水寨。曹寨船隻被鐵環鎖住，無處逃避。轉眼間船隻盡著，曹軍陷入火海，江面上一派通紅。周瑜、程普、徐盛、丁奉，各領大隻船隊，一齊殺到，曹軍束手無策，著槍中箭，火焚水溺者，不計其數。」

事實上東南風是自然現象，當然也沒有所謂七星壇，不過今人為了赤壁之戰，重現下方照片所見到的拜風臺一事，倒是令人莞爾。

孔明借東風的光景

連拜風臺都建起來了

②譯注：《吳書‧周瑜傳》記載黃蓋曾向周瑜建議火攻，原文摘錄如下。「今寇眾我寡，難與持久，然觀操軍船艦，首尾相接，可燒而走也。」其中「首尾相接」一詞，可能代表曹操自行連鎖船艦，也可能代表船隻魚貫相繼，宛如長蛇。但不論如何，或許這便是觸發羅貫中靈感的來源。

曹操兵敗走華容

　　曹操於「赤壁之戰」遭到吳軍擊破，敗走江陵，周瑜隨後緊追而來。曹操留下曹仁、徐晃二將抵擋吳軍的攻勢後，自行引軍北歸，平安地回到鄴城。不過《三國演義》卻描寫劉備軍早料到曹操撤軍的退路，於各處嚴陣以待，令曹操每到一處，必定倉皇失色。《三國演義》第50回追趕曹操的描寫如下。

　　「曹軍船隊火塵漫揚，將卒盡皆驚恐震動，兵荒馬亂之際，曹操因張遼相助脫困，輾轉逃離險境，逕奔烏林而去。時曹操身後隨員，僅有張遼并百餘騎。正走間呂蒙追來，曹操留張遼抵擋，卻見凌統引軍殺到，又讓徐晃截住。一行殺出血路，望北而走。途中遇馬延、張顗所領三千軍馬，稍得重整旗鼓，但行進不到十里，猛將甘寧早等候多時，引軍大呼：『吳乃東吳甘興霸也！』手起刀落，馬延、張顗俱被砍翻，斬於馬下。曹操只得望彝陵（今宜都之北）而走，豈料趙雲伏兵在此，乃令徐晃、張部二人抵擋趙雲，自己冒煙突火而去。隨後李典、許褚終於帶領眾謀士趕到，便取道南彝陵，往葫蘆口奔走，不想又撞見張飛。許褚、張遼、徐晃三將縱馬接戰，曹操才乘機撥馬走脫。一行改走華容道小路，遇坑塹積水不能前進，凡行走遲慢者，曹操便下令斬之，又令人馬沿棧而行，死者不可勝數。時隨行曹操者，只有三百餘騎。稍往前行，又遇關雲長截住去路。曹操欠身懇求曰：『望將軍以昔日之情為重。』關羽想起當日曹操許多恩義，於是把馬頭勒回，大喝一聲，放曹操眾人逃去。」

　　以上情節僅見於《三國演義》，正史自然未記載趙雲、張飛、關羽等人如《三國演義》那般未卜先知，預先料到曹操退路，而於中途伏擊的驚奇過程。倒是劉備趁著周瑜與曹仁交兵之時，急速趕往荊州，平定了荊南四郡。

赤壁之戰故址巡禮

對於三國迷而言，赤壁之戰的事蹟可說最受矚目。面對誇稱八十萬軍馬的曹魏大軍，孫吳與劉蜀的盟軍僅有五萬。處在如此極為不利的局勢下，孫劉聯軍毅然攻打集結於烏林的曹軍，最終卻以可稱之為戲劇化的大勝收場，也難怪會教人心折不已。在這片赤壁的古戰場上，以相傳周瑜曾在岩壁題上「赤壁」二字的巨岩為憑弔的首選，除此以外，尚有諸葛亮為了召來東風所祝禱過的拜風臺、與周瑜有關的翼江亭、周瑜像，及赤壁大戰陳列館、鳳雛庵等四散的景點。然而時過境遷，事實上長江因河道遷移的緣故，當地是否真正的歷史故址，實在難以考究。倒是題書赤壁二字於懸岩上，讓後人視為周瑜落款的人，值得吾人敬佩他的藝高膽大。

時下一般認為赤壁之戰故址，應該在今名赤壁市的蒲圻（其中一說）。但其實除了此地以外，位於武漢市西邊的黃州，也有一處人稱東坡赤壁的故址。宋代詩人蘇軾在《念奴嬌·赤壁懷古》詞篇中，將該地視為赤壁，此地名遂由來於此。但是該地也有一塊相傳周瑜題上赤壁二字的岩壁，這就讓人納悶了。

交通 從武漢搭公交往赤壁市，約2小時。再由赤壁市長途汽車站搭車，40分鐘可達。

相傳曾是周瑜指揮哨所的翼江亭　　拜風臺旁的東風閣

或許孔明也曾住過這樣的瓦舍

據說是孔明召來東風的拜風臺內部

一說此地曾被戰火照得通紅，才得來赤壁之名

依址興建在相傳是黃蓋偵察所上的望江亭

孫子兵法

▌《孫子》的作者是誰？

以「孫子曰：兵者國之大事也」做為起頭的《孫子》十三篇，是一部論述精簡的戰略著作。一般認為作者是春秋時代曾經出仕吳王闔閭（西元前515年～497年在位）的孫武，後來曹操為之作注，完成《魏武帝注孫子》三卷，此一注釋版本遂廣為流傳。司馬遷將孫武與戰國時代的齊人孫臏一同寫入《史記》的孫子傳中，似乎因此引發人們對《孫子》作者究竟何人的長期爭論。但由於1972年山東省臨沂縣的漢墓中，出土了一批大量的兵法竹簡，遂得以掌握孫子兵法的原貌，也終於對作者有了初步的定論。重見天日的除了內容幾乎與《孫子》相同的十三篇以外，視為齊人孫臏所作的《孫臏兵法》三十篇也一同出土。經過這次的發現，終於可以斷定《孫子》十三篇，係出自孫武之手。

▌《孫子》兵法充滿哲學意味

《孫子》篇幅較短而著重論理，將重心置於不戰而勝的觀點上，《孫臏兵法》則相對篇幅較長偏向闡述，但不論是前者或後者，其特徵都在於把握住「認同戰爭存在」的精神。

全書以相當於序論的「始計」篇為首，第二三篇「作戰」、「謀攻」相當於總論，四至六篇「軍形」、「兵勢」、「虛實」可稱為戰術論，七八兩篇「軍爭」、「九變」可視為各論，另以九至十一篇的「行軍」、「地形」、「九地」，做為闡述臨機應變的戰術論，最後加上十二三篇的「火攻」、「用間」做為論述補充，總計分為十三篇，詳細解說兵法之道。

《孫子》的特點，在於並非純粹的戰術論。例如首篇「始計」一開始就提及「兵者國之大事也」，接著又寫到「死生之地，存亡之道，不可不察也。」以此闡明軍事正是攸關人民生死、國家存亡的議題，所以應該視為必得三思而後行的哲學要課。第三篇「謀攻」又提到「凡用兵之法，全國為上，破國次之」，強調以不攻破他國而使其得以保全，為上上之策。「是故百戰百勝，非善之善者也；不戰而屈人之兵，善之善者也」，以不戰而屈人之兵，視為善於兵道的至上者，做為陳結。

▌奈良時代時東傳日本

順道一提，《孫子》傳往日本約莫在奈良時代，相傳由西渡中國的遣唐使吉備真備所帶回。平安時代開始廣為流傳，除了有山鹿素行在其注釋的《七書諺義》十三卷中推介《孫子》以外，荻生徂徠也著有《孫子國字解》注本。例如「始如處女，後如脫兔」、「知己知彼，百戰不殆」，日本戰國大名武田信玄為人稱道的戰術「疾如風、徐如林、侵掠如火、不動如山」等，都是引用自《孫子》的名句。

臨沂縣銀雀山漢墓竹簡博物館。《孫子》竹簡便是出土於此

展示著孫武、孫臏二人所書寫的竹簡

第 4 章

三國時代的到來

劉備

夷陵之戰

為了替形同兄弟的關羽出兵雪恨，劉備怒眼如火殺至東吳，被命為大都督的吳將陸遜，卻並未陸續發兵抵擋，只是隔著長江對峙，過了半年多，確悉劉備軍沿著長江紮營下寨，於是點燃反擊的烽火。

三國時代的到來：序章

孫劉聯軍於「赤壁之戰」獲勝後，兩軍的動向成為對比。吳將周瑜隔著長江與魏軍對峙，但攻打曹仁的戰事並不順利，可謂屢攻不下。就在這段期間，劉備乘機席捲荊南四郡，很快地在這塊新據點上自立，劉備勢力因此擴大。曹操、孫權、劉備三方遂成鼎足之勢，名符其實的三國時代於焉到來。

實現三分天下的大計

赤壁之戰後，周瑜攻打曹仁據守的江陵，歷經苦戰對峙了一年，才終於占領該地。然而早在這之前，劉備就已經成功平定了長沙、桂陽、零陵、武陵四郡，做為確立一方勢力的根據地。

另一方面，坐擁幽、青、冀、兗、徐、并、豫、司八州的曹操，雖然在「赤壁之戰」慘敗，身為當代頭號強權霸主的地位依然不變。曹操更興建壯麗的銅雀臺，向世人宣示他掌握天下的威權。至於孫權，基於避免與劉備交戰的顧忌，也為了暫時牽制擁有大軍的曹操，即使面對劉備奪走本該屬於東吳領地的荊南四郡此一事實，也並未強烈表示異議，只能形式上以借予土地的名義認同其主權。

此外統治益州的劉璋，則受到大臣張松與法正的厭棄，二人更轉而奉迎劉備入主益州。劉備因此取得荊、益二州，成功地實現諸葛亮揭示的三分天下大計。

吳蜀同盟的發展

劉備入主益州後，孫權向劉備要求歸還荊州。根據《三國演義》所述，劉備曾經承諾「取得西川（益州），便還荊州」①。《蜀書‧先主傳》又記載，劉備以「須得涼州，當以荊州相與」搪塞，拒絕孫權歸還荊州的要求。孫權大怒，授予呂蒙兩萬、魯肅一萬兵馬，攻打荊州南部，欲以武力強取。關羽雖然也帶領三萬兵馬與其抗衡，但由於當時曹操發兵攻打漢中，吳蜀於是和解，同意雙方分據共有，劉備取得南郡、武陵、零陵，孫權則取得江夏、長沙、桂陽。

---

①譯注：《三國志》並未記載劉備是否曾經如此承諾，因此私下冠以「根據《演義》所述」數字用於區別。

劉備攻下漢中與關羽的敗死

公元215年曹操攻打五斗米教的據點漢中，教祖張魯出降，但因劉備阻撓，無法輕易控制整個漢中。到了219年，曹操自領大軍與劉備對峙，依舊無法擊破蜀軍，留下令人不解其意的「雞肋」之嘆，就此引軍退走。劉備最終因此取得了漢中，自命漢中王，任魏延為漢中太守後，便返回成都治理政事。

當時奉命守備荊州的關羽，開始攻打曹仁據守的樊城。曹操畏懼關羽猛烈的攻勢，派遣使者往見孫權，許以江南的統治權，相對地命其襲取關羽背後。面對此一提議，孫權認為奪回荊州的時機已至，便讓接任魯肅職務的呂蒙稱病辭退，趁關羽鬆懈之際襲取荊州，捕獲並處斬關羽、關平父子。

「夷陵之戰」不智的下場

曹操死後，曹丕奪取漢獻帝的皇位，劉備也建立蜀漢，自號皇帝。劉備登基稱帝後，所做的第一件大事，就是討伐孫權奪回荊州。蜀國許多將臣都反對劉備攻打東吳，但劉備依然力排眾議，自領大軍著手進行征討。不料正準備率先出征的張飛，也因為部將背叛而遭到暗殺。

懷抱著滿腔復仇怒火的劉備軍，攻勢極為猛烈，一路沿著長江火速進擊，推進至夷道（今湖北宜都）的猇亭。統領吳軍的大都督陸遜，決定在此抵擋蜀軍，與其持久抗戰。經過長達半年的對峙，陸遜眼看蜀軍士卒疲弊，難以發揮戰力，認為時機已經成熟，於是施以火攻，一鼓作氣擊敗劉備，蜀軍大潰敗走。劉備一路顛沛逃竄，逃進了白帝城，卻再也沒能回到根據地成都，最終崩逝於此。

劉備與劉璋會面於涪縣

合肥之戰的展示模型

公元	大事紀
208年	周瑜與曹仁交兵於江陵（江陵之戰）。劉備乘機占領荊南四郡（荊南四郡平定戰）。劉表死去。
209年	前一年孫權進犯合肥，曹操遂進駐合肥抵禦。後命張遼、樂進、李典領七千兵於合肥駐屯。張遼平定盧江陳蘭、梅成之亂。曹仁遭到周瑜包圍，捨南郡敗走（江陵之戰）。劉備任荊州牧，娶孫權之妹。孫登、夏侯玄誕生。
210年	曹操為了舉用人才，頒布「求賢令」。銅雀臺落成於鄴。劉備向孫權借荊州。周瑜死去，魯肅繼任。
211年	曹操發兵征討漢中的張魯。馬超、韓遂作亂，與曹操鏖戰潼關敗走（潼關之戰），曹操平定關中。劉備受劉璋所託，為討伐張魯進入益州。
212年	濡須口之戰。冀城之戰。曹操處死馬騰、馬休、馬鐵父子。孫權於秣陵興建石頭城，後改名建業，以此為根據地。曹操出兵濡須，攻打孫權。劉備與劉璋反目，開始交戰（成都之戰）。荀彧自盡。張松遭處死。
213年	曹操進爵魏公，獲獻帝下賜九錫。馬超攻陷冀城。劉備攻打劉璋，連戰皆捷，進逼緜竹。
214年	馬超為楊阜所敗，投靠漢中的張魯。夏侯淵擊破韓遂（略陽之戰）。孫權攻打皖城。呂蒙任盧江太守。諸葛亮、張飛、趙雲等攻打益州。劉備降服劉璋入主益州。曹操攻打孫權。夏侯淵斬殺宋建。伏皇后為曹操所害。龐統、荀攸死去。
215年	曹操以其女嫁與獻帝為后。曹操降服張魯，取得漢中（陽平關之戰）。孫權出兵合肥，遭張遼奇襲，狼狽逃回東吳（合肥、濡須口之戰）。孫權要求劉備歸還荊州。孫劉議定荊州分治。張飛大勝張郃，曹操留夏侯淵駐守漢中，自行率軍還師。黃蓋、韓遂死去。
216年	曹操自封魏王。曹操再次攻打孫權。
217年	曹操進兵濡須，孫權退走。孫權向曹操請降①。曹操獲獻帝賜予等同天子的待遇。劉備派遣張飛、馬超駐屯於漢中，與曹洪交兵（下辨之戰）。陳琳、司馬朗、魯肅死去。
218年	曹洪擊破吳蘭。
219年	黃忠斬殺夏侯淵（定軍山之戰）。曹操與劉備對峙於斜谷，無法取得戰果而撤退，自此退出漢中（漢中之戰）。劉備自稱漢中王。關羽圍困據守樊城的曹仁，于禁投降（樊城之戰）。關羽攻打樊城之際，呂蒙乘機襲取關羽根據地，捕獲倉促回師的關羽，予以斬首。孫權向曹操稱臣。
220年	曹操死去。曹丕繼任魏王。黃忠、法正死去。曹丕獲獻帝禪讓即位，封獻帝為山陽公。
221年	劉備即位稱帝，任命諸葛亮為丞相。張飛為部將所殺。劉備起兵討伐東吳（夷陵之戰）。東吳將鄂城改名武昌，興建武昌城。
222年	劉備由秭歸進兵猇亭，遭陸遜大敗，退回白帝城。

襄樊市的樊城街道

①譯注：曹操進兵濡須應為216年（建安二十一年）冬，翌年的217年二月，孫權雖然在此築城相抗，還是被曹軍攻勢逼退，孫權便派遣都尉徐詳請降。

主要戰役與群雄勢力圖

為了爭奪漢中，曹操一方面與劉備展開死鬥，一方面又在合肥與孫權交兵。吳蜀雖然合力攻打魏國一時，但曹操死去後，原本結為同盟的雙方，卻在夷陵開始交戰。

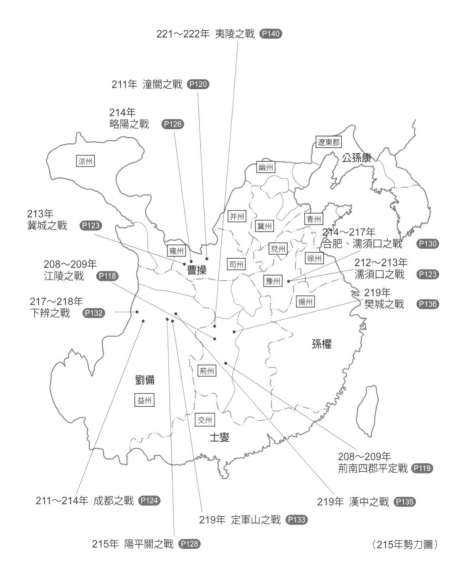

221～222年 夷陵之戰 P140

211年 潼關之戰 P120

214年 略陽之戰 P126

涼州

遼東郡

公孫康

幽州

并州 冀州 青州

213年 冀城之戰 P123

雍州

曹操

司州 兗州 徐州

214～217年 合肥、濡須口之戰 P130

212～213年 濡須口之戰 P123

208～209年 江陵之戰 P118

豫州

219年 樊城之戰 P136

217～218年 下辨之戰 P132

揚州

孫權

荊州

劉備

益州

交州

士燮

208～209年 荊南四郡平定戰 P119

211～214年 成都之戰 P124

219年 漢中之戰 P135

219年 定軍山之戰 P133

215年 陽平關之戰 P128

（215年勢力圖）

117

江陵之戰

周瑜氣盛傷猶戰
曹仁不敵捨江陵

教戰年 208～209年

戰 場 江陵

參戰者 周瑜 vs 曹仁

甘寧千兵陷夷陵

　　曹操自烏林走脫後，命堂弟曹仁鎮守江陵，自行退回許都。縱使經歷「赤壁之戰」，失去了無數將士，但主要將領大多安然無事，可謂不幸中的大幸。再則曹軍雖然受到致命的打擊，陣亡者也泰半是由荊州帶去的士兵。且說周瑜在赤壁一戰大獲全勝後，追擊敗逃的曹操來到江陵，在此地與曹仁展開對峙。同時周瑜又派遣甘寧領兵，前去攻占夷陵。甘寧雖攻下夷陵據守，身邊卻僅餘數百士兵，加上新降的士卒，也不過千人。在這樣的情勢中，曹仁調遣五六千兵來犯。根據《吳書‧甘寧傳》所述，當時敵軍高櫓射來箭雨，甘寧卻談笑自如，毫不介意。但最終還是被曹仁的分遣部隊包圍，陷入危急的困境。周瑜便讓凌統防守南郡，自己與呂蒙趕赴夷陵救援甘寧。

　　就在雙方交兵之中，周瑜親自出馬督戰於陣中，卻讓流箭射中左肋[1]。負傷的周瑜不得不退回營寨，吳軍遂陷入苦戰。戰況就這樣你來我往持續拉鋸，難以分出勝負。

　　然而曹仁見周瑜身負重傷，仍毅然起身激勵將士，氣勢為其所折，最終棄守江陵，往襄陽敗走。隨後周瑜即因勉力作戰，傷勢難以復原，210年將後事託付魯肅後，便因病重辭世。周瑜攻打益州做為統一天下立足點的夢想，最終也因此幻滅。

江陵之戰

荊州　豫州　揚州
漢水　樊城　襄陽
長江　夷陵　當陽　曹仁
周瑜
甘寧　江陵（南郡）
公安　赤壁　周瑜

← 周瑜軍的路線
←--- 曹仁軍的路線

---

①譯注：原文乃引用日文版《正史三國志7吳書Ⅱ》（井波津子譯）故採此說法，《三國志‧吳書周瑜傳》則記爲右脅。

荊南四郡
平定戰

劉備南征荊四郡
實現三分天下計

教戰年 209～209年

戰場 荊南四郡

參戰者 劉備 vs 金旋、韓玄、趙範、劉度

劉備出兵平四郡

「赤壁之戰」後，周瑜追擊曹軍，與據守江陵的曹仁終日鏖戰不休。值此同時，劉備率兵南下，攻打荊州南部的四郡。武陵太守金旋、長沙太守韓玄、桂陽太守趙範、零陵太守劉度等人，得知劉備來攻，大多不戰而降[1]。從此荊州受三方勢力分治，曹操占有北部的南陽、章陵二郡，孫權統治中部的江陵、江夏，劉備則領有南部的武陵、長沙、桂陽、零陵四郡。

諸葛亮隨劉備參與了平定荊南的戰役，戰事結束後，任軍師中郎將，駐守於臨丞，治理武陵、長沙、零陵三郡。剩下的

桂陽郡，由趙雲出任太守治理此地。當時前太守趙範為了接近籠絡趙雲，想把國色天香的寡嫂嫁給他，但趙雲以既為同姓，趙範兄嫂便如己嫂為由，拒絕了此一提議。

最初荊南四郡平定時，劉備還遵守早先劉表託孤的約定，視劉琦為荊州牧。等到209年劉琦死後，劉備終於自任荊州牧，改稱油江口為公安，駐守於此。

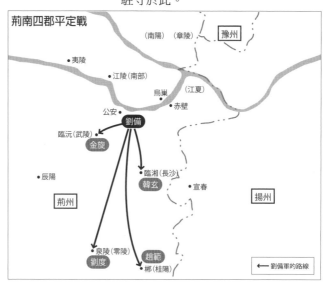

荊南四郡平定戰

（南陽）（章陵） 豫州
●夷陵
●江陵（南部）
烏巢 （江夏）
公安 ●赤壁
劉備
臨沅（武陵）●
金旋
●辰陽
臨湘（長沙）
韓玄 ●宣春 揚州
荊州
泉陵（零陵） 趙範
劉度 郴（桂陽）
← 劉備軍的路線

①譯注：根據《蜀書·先主傳》引注的《三輔決錄注》所述，金旋「為備所攻劫死」。其餘三郡則望風而降。

119

潼關之戰

關中十部齊攻操
卻受離間悉敗逃

教戰年 211年

戰　場 潼關

參戰者 曹操 vs 馬超、韓遂

孟德力行為政事

　　曹操雖然於「赤壁之戰」元氣大傷，於河北構築巨大勢力的事實依然不變，但即便是曹操，心中蒙受戰敗的傷痛，卻不是輕易可以抹滅的。

　　「赤壁之戰」後的三年間，曹操不曾親自領兵出征討敵，這點從他致力充實內政一事，亦可明顯看出端倪。他又同時在鄴都興建銅雀臺，明定此地為未來的根據地，並擢拔其子曹丕為五官中郎將，為日後行將篡奪王朝之事，奔波不休。

專欄

銅雀臺

　　曹操建於鄴城的宮殿，外觀宏美壯麗，由銅雀臺、金鳳臺、冰井臺構成，三臺之間有橋樑相連。相傳曹操曾在此觀舞賞樂、吟詩詠賦。曹操父子帶領形塑的建安文學一代風華，便是孕育於此。根據《三國演義》的說法，諸葛亮在周瑜面前，揭露曹操攻打東吳的真正目的，便是要得到孫策、周瑜的夫人大橋、小橋，到銅雀臺來與他作伴。

出兵關中討馬超

　　公元211年，恢復元氣的曹操，開始將目光投向關西一帶，著手攻打關中。當時有馬超、韓遂等號稱「關中十部」的豪強割據於此，勢力相當強盛。而曹操心中的顧忌，就在於唯恐這些驍雄與孫權、劉備聯手與其為敵。

　　值此同時，張魯的五斗米教方於漢中形成一股獨立勢力。曹操著眼於此，便以征討張魯為名義，任命鍾繇為司隸校尉、夏侯淵為征西將軍，率兵攻打漢中。對此大感驚訝的，莫過於勢力範圍在此地的馬超、韓遂等強豪，因為他們很快便了解曹操遠征的真正目的，是要消滅他們。關中十將於是齊聚在關中以東的潼關，好整以暇等待曹操來犯。史載其兵力多達十萬，但根據《魏書‧武帝紀》的記述，每有一將前來集結，曹操就面帶喜色。原來與其逐一對抗關東諸將，不如趁各部齊聚之時，更可一網打盡。然而關中軍閥激烈抵抗，顛覆了曹操的預期。根據《魏書‧許褚

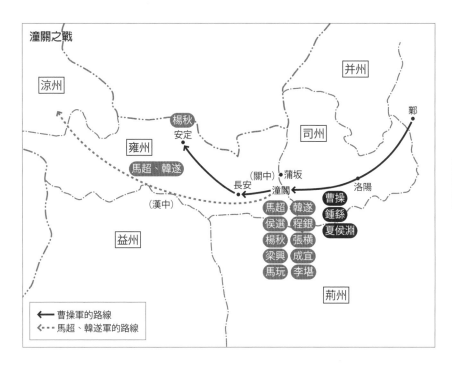

潼關之戰

并州

涼州

楊秋
安定

雍州

司州

馬超、韓遂

（關中）蒲坂

鄴

長安
潼關

洛陽

（漢中）

曹操
鍾繇

益州

馬超 韓遂
侯選 程銀
楊秋 張橫
梁興 成宜
馬玩 李堪

夏侯淵

荊州

← 曹操軍的路線
←--- 馬超、韓遂軍的路線

傳》的記載，曹操渡過黃河之時，讓士兵先行，身邊僅有許褚及虎士百人隨侍斷後。當時馬超率步騎萬餘人來急攻，一時箭如雨下。曹操命船夫掌舵，本想與許褚乘船逃走，船夫卻中箭身亡，許褚以左手舉鞍為盾，力保曹操免於箭雨所傷，右手操縱船櫓強渡，歷經艱險才逃離生天。

為了使形勢扭轉有利於對抗馬超，曹操採納謀士賈詡的「離間之計」，欲使馬超、韓遂二人失和。曹操利用與韓遂本為舊識的關係，於休兵之際，令雙方士兵駐足原地，請韓遂出馬上前，與其交馬語（兩者馬首交錯，騎於馬上談話），盡情演出把手言歡、狀似親暱的模樣。他又修書一封給韓遂，故意在信中塗改，使馬

超看似另有含義，疑心韓遂與曹操勾結。不久馬超果然正中下懷，開始懷疑韓遂，最終導致內部分裂。如此一來，再也無法凝聚戰力，一經曹軍攻擊，便往涼州方向敗逃。當時楊秋遭到追擊，於逃往安定後出降。後來馬超任職衛尉（保護獻帝的近衛隊長）的父親馬騰與親族，都遭到曹操夷滅。馬超對曹操恨之入骨，於是投靠漢中的張魯，後來又向攻打成都的劉備投降，自此與關羽、張飛等躋身蜀國猛將之列，馳名於世。

三國演義說法

潼關之戰

「馬超得知父親馬騰，與馬鐵、馬休二弟盡皆遇害，便起西涼軍馬，合韓遂、龐德、馬岱，共起二十萬大兵，殺奔長安而來。鍾繇據守之長安，乃西漢建都之處，城郭堅固，急切攻打不下。龐德便進一計，欲以此攻破長安，於是教各部退兵。時長安軍民出城打柴取水，放人出入。至第五日，人報馬超兵又到，軍民競奔入城。龐德便乘混亂時，暗中掩入城內。約近半夜，城門裡忽有火起，自是龐德所為，又斬關斷鎖，放馬超諸將入城。鍾繇棄長安城而走，退往潼關據守。曹操知失了長安，就此打消南征，并吩咐曹洪、徐晃急馳潼關，只是堅守關隘，十日內不得出戰。卻說馬超領軍來圍城，連日辱罵搦戰，曹洪強忍怒氣，第九日再也耐不住，大膽殺下關來，馬超、龐德乘機殺至，曹軍折失兵馬大半。曹操自領曹仁、夏侯淵驅兵前來，與西涼軍馬交戰。怎奈西涼兵勇猛，曹軍毫無招架之力，兵馬慘遭痛擊，全軍大潰，曹操也被馬超一路追趕，狼狽逃走。曹操便教一軍暗渡蒲阪津，截斷敵兵退路，又親自領兵渡渭河，兵分兩路討敵。先發精兵渡過渭河北岸，創立營寨，曹操自引親隨護衛軍將百人，坐於南岸監看。正值此時，忽有人報白袍將軍來到，眾認得是馬超，河邊士兵無不恐懼，爭先上船。待馬超離此近百餘步，許褚負起曹操一躍上船。隨行將士盡皆下水，扳住船邊，爭欲上船逃命。曹操所乘之船將翻覆，許褚便掣刀亂砍，船傍之手盡斷，方將船往下游棹去。時箭矢如雨急下，船中數十人皆被射倒。許褚將兩腿夾舵搖撼，一手使篙撐船，一手舉鞍遮護，最終守得曹操回寨。有渭南縣令丁斐，見曹操正危急，遂將寨內牛隻馬匹，盡驅於外。西涼兵見之，都回身爭取牛馬，無心追趕，曹操因此安然得脫。後來曹操於岸邊以凍土築城，再三反擊，但攻勢屢被馬超所阻，急切難下。卻因賈詡反間之計奏功，馬超乃與韓遂失和，最終砍下韓遂左手，雙方激烈爭鬥之餘，馬超等往西北落荒逃去。曹操遂得收復長安，自此威震中外。」以上情節摘要自《三國演義》第58、59回。其中許褚奮戰的事蹟一如正史所載，龐德的計謀則未見於正史。

濡須口之戰

甘寧自領百游兵
夜襲曹營奪戰志

教戰年 212～213年

戰場 濡須口

參戰者 孫權、甘寧 vs 曹操

曹操南征發大軍

「赤壁之戰」後，周瑜攻打曹仁堅守的江陵城，孫權則北進中原，興兵合肥與濡須口，與曹軍展開連年攻防，一償亡兄孫策的遺願。

公元212年（《吳書·吳主傳》記載為此年，《魏書·武帝紀》則記為213年），曹操開始攻打吳軍建有城砦的濡須。面對曹操麾下的四十萬兵馬，相對地孫權只有七萬。但即便吳軍處於寡兵的弱勢，孫權仍戰勝了曹軍。當時甘寧任前部督，奉命對敵軍先鋒營發起夜襲。甘寧精選麾下勇士百餘名，交杯壯氣訣別，於夜半銜枚襲擊曹營，四下游刺斬獲數十首級。曹軍為之驚動，戰志因此銳減。此後對峙一月有餘，曹操感嘆孫權軍井然有序、一絲不亂，便引兵退走。

冀城之戰

錦馬超再次舉兵
奪冀城復失敗走

教戰年 213年

戰場 冀城

參戰者 韋康、楊阜 vs 馬超

馬孟起攻陷冀城

正當曹操與孫權對峙於濡須口之際，馬超率領涼州一帶的戎羌，再次於涼州舉兵。隸屬曹操轄下的涼州刺史韋康，與楊阜堅持抵抗約莫半年，然而賴以為援的夏侯淵未及相救，反倒是統領漢中的張魯軍援馬超，超過萬人的兵力齊攻冀城之下，只得出降。馬超殺害韋康，將城中兵馬併入旗下，成功占領冀州後，自封征西將軍，兼任并州牧，統轄涼州軍事。後來逃出冀城的楊阜，又於鹵城舉兵，馬超率兵出城與其交戰，韋康舊部梁寬、趙衢諸將，乘機奪回冀城。失去據點的馬超進退失據，便逃往漢中投靠了張魯。不久即領會張魯不足以成就大事，於是作書一封，暗地送給圍攻劉璋於成都的劉備，表達歸附的心意。

成都之戰

張松諸賢棄劉璋
劉備依計得益州

教戰年 211～214年

戰　場 成都

參戰者 劉備 vs 劉璋

張松請備入益州

曹操於潼關收服強豪韓遂、擊退馬超，平定關中一帶後，毗鄰的益州牧劉璋從此終日惶惶。因為眼下已經可以預見到曹操將把矛頭指向益州。然而益州已有二十年不曾經歷戰火洗禮，兵士戰志低迷，可以想見勢難抵抗身經百戰的曹軍。計窮之下，只好求助當時統治荊南的劉備。而著手謀劃此事者，正是劉璋的近臣別駕從事張松與軍議校尉法正。對於同樣被益州百姓見棄的庸主劉璋，二人早已不存厚望，便想奉迎名聞天下、有雄主之風的劉備前來益州。

公元211年曹操出兵討伐漢中的張魯，張松即刻建議劉璋，必須趁曹操尚未奪取漢中之前，招來劉備討伐張魯。劉璋同意此一建言，於是讓法正出使荊州。

事先早與張松商討議定的法正，向劉備獻計說道：「益州兵強富饒，何不以此為統一天下大業之基？將軍可以張松為內應，領兵進軍益州。」劉備也深以為然，於是溯長江入益州，與劉璋會見於涪縣。將荊州委由諸葛亮、關羽等鎮守，自己則與龐統等引兵數萬，同往益州。劉璋被一連串的密謀蒙在鼓裡，竟愚蠢到親自相迎與會。當時張松還力勸劉備，趁宴席之際襲取劉璋（語出《蜀書・先主傳》。《蜀書・龐統傳》則指龐統如此進言），但劉備以時機尚早為由，並未下手。

劉備起兵向成都

劉備與劉璋會晤，受託討伐漢中的張魯，本該立即領兵三萬餘人前去討伐。

然而212年曹操南下進兵濡須，劉備便接獲東吳孫權請援的急報。既然情勢緊急，自當回師救援防守荊州的關羽，再則孫劉結有盟約，也不能斷然拒絕。於是劉備向劉璋商借軍資與一萬兵馬，打算就此前去救援。劉璋憂心坐擁大軍的劉備將危及益州，只承諾給予四千兵馬，軍資也減半。劉備為此大怒，加上與張松的密謀洩漏，最終決定攻打成都。

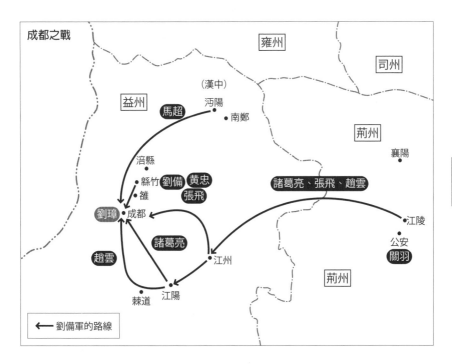

劉備先擒斬劉璋軍都督楊懷，再命黃忠為先鋒，往成都進兵。劉璋派劉、冷苞、張任、鄧賢諸將迎戰，悉數遭到擊破，敗逃縣竹。此後，劉備逐一攻下了周遭各縣，揮軍南下。但就在縣竹關收降李嚴，進逼至雒城時，遭到意想不到的抵抗，陷入了苦戰。劉璋之子劉循，與名將張任奮勇抗戰，劉備耗費年餘的時間才攻陷此城，更不幸的是軍師龐統也在陣前交兵時，身中流箭戰死。

劉璋畏超自請降

經過長年的攻防，劉備終於在214年夏天攻下雒城，由荊州趕來的諸葛亮、張飛、趙雲，也率領數萬兵馬三路出擊，平定益州各縣，同時往成都會師。張飛與諸葛亮溯流而上，繼而攻下江州，原本要處斬擒獲的巴郡太守嚴顏，卻見嚴顏從容不改顏色，敬佩之餘予以釋放，並以賓客之禮相待（《蜀書・張飛傳》）。卻說數十日後，劉備軍展開了成都攻防戰。本以為又將是一場漫長的惡戰，不料劉璋得知以勇猛知名的馬超投入劉備麾下後，驚恐之餘竟自行請降。根據《蜀書・劉璋傳》的記載，縱使城內尚有三萬守軍，儲存的糧秣一年有餘，士卒更是戰志高昂，無不視死如歸，劉璋依然開城出降，原因就在於不願見到士兵無謂犧牲。劉備於是將劉璋遷往公安，並將財物印綬悉數送返。日後劉備又任命劉璋為益

州牧，駐紮於秭歸。由於成都開城獻降，劉備最終得以一償心願，平定益州。諸葛亮在隆中對提出的三分天下大計，終於因此達成。

劉備與劉璋狀似相談甚歡的壁畫

略陽之戰

韓遂自詡擁精兵
夏侯用計遂破走

教戰年 214年

戰 場 略陽、興國

參戰者 夏侯淵 vs 韓遂

夏侯淵謀定略陽

　　公元214年夏侯淵為了平定涼州，長驅直入韓遂布防的略陽。然而據守略陽城的韓遂兵馬盡皆精銳，城池又固若金湯，一時難以攻下。夏侯淵便心生一計，他先襲擊略陽四周的羌族部落，斬獲許多羌人。原來韓遂軍主力多為羌族，如此一來便可動搖韓遂旗下士兵的意志。韓遂的人馬果然中計，為了拯救族人而出城對陣，卻悉數遭到擊破，韓遂只得棄城而走，最終由興國出奔，往西敗逃。攻下略陽的夏侯淵，不但擊破氐族的王千萬，更逐一收服周遭異族，取得牛馬糧秣，進而平定整個關中。夏侯淵也因此功進陞官爵，得以假節（持有符節）。

從「成都之戰」看龐統之死

龐統死於劉備進兵成都途中一事，確為史實，不過正史的記載，也僅止於「為流矢所中」寥寥數字。《三國演義》則杜撰了以下戲劇化的情節。

「劉備同軍師龐統起兵攻打成都，進取雒城卻遲遲不下。龐統便獻計，由其自領一軍，以魏延為先鋒，取南小路而進；劉備亦領一軍，以黃忠作先鋒，從山北大路而進。然劉備見孔明來書，提及天象所示，『主將帥身上多凶少吉』，心中卻生疑慮，便以熟於弓馬為由，提議自己取南小路前進。龐統并不在意，但曰：『壯士臨陣，不死帶傷，請主公無須憂心。』又曰：『孔明不欲令統獨成大功，故作此言疑主公之心。』於是傳下號令，按時起兵。臨行之際，龐統坐下馬不知為何驚嚇，把龐統掀下馬來。劉備心生憐憫，便將所騎白馬，送與龐統乘騎，方令其進兵。

雒城守將張任得報，聞知劉備前來攻城，便引三千軍，先來抄小路埋伏。但見一將乘白馬，張任尋思必是劉備，便令萬箭齊發。可憐龐統竟被誤為劉備，死於亂箭之下。值死前夕，龐統心中疑惑騷亂，便找來周詳該地之軍士，尋問其地名，軍士卻道：『此處地名落鳳坡。』當下驚醒此名不利於己，然霎時間蝗箭已至。死時年僅三十六歲。卻說孔明在荊州見正西上空一星，其大如斗，從天墜下，失聲大哭曰：『龐士元命必休矣！』」

上文所述便是《三國演義》第63回的劇情。至於當時就已經存在落鳳坡一事，自然並非史實。

陽平關之戰

曹操領兵破張魯 計取陽平降漢中

教戰年 215年

戰場 陽平關

參戰者 曹操 vs 張魯

漢中攻防群競起

曹操於潼關擊破馬超、韓遂後，不久便出現劉備行將攻打漢中的跡象。事實上，曹操一直唯恐漢中被劉備捷足先登。因為漢中北方有險峻的秦嶺可以倚據，南方有物產富饒的四川平原相連，中央有通往長江的漢水流經，為一天然要塞。可以預見此地一旦被先行占領，勢必極難攻取。更何況開創漢朝的劉邦，又曾經以漢中王之名統治該地，以此做為起點，最後貴為漢朝天子，自然令後人緬懷。以皇室青冑自詡的劉備，也必然覬覦此地無疑。因此曹操早已打定主意，必得趁劉備發兵攻打之前，先奪下漢中不可。

當時漢中是由一自稱五斗米道的新興教派所統治，它在張陵創建之時，只是一個單純的宗教團體，其子張衡（《典略》作張脩，裴松之認為正確的記載應為張衡）在漢中攻打各郡縣，逐步擴大教派勢力，繼承人張魯掌握實權後，又不斷與劉璋爆發軍事衝突，加深兩者之間的對立。張魯自稱師君，將劉璋派來赴任的縣令長官悉數趕走，改以自己的信眾出任，呈現獨立勢力的局面一時。

曹操進取陽平關

公元215年3月，曹操決定攻打張魯統治的漢中，親自率領十萬大軍西進，抵達陳倉。途中一度遭遇氐族的襲擊，由張郃、朱靈諸將擊破。隨後曹操於4月出散關抵達河池，氐人再次集結萬餘人的兵力，倚仗地形的險阻，展現抗戰的決心，但曹操仍毅然挑戰，擊破這支武力。7月曹軍進兵陽平關，其間又平定了武都郡，並擊敗韓遂。但由於張魯胞弟張衛及麾將楊昂、楊任等激烈抵抗，曹軍陷入苦戰。曹操於是心生一計，佯裝屢攻不下引軍撤走，趁敵軍鬆懈防備時展開奇襲。曹操命解標、高祚埋伏於山中發起夜戰，斬殺守將楊任，繼而圍攻張衛，張魯軍因而土崩瓦解、全線潰散。

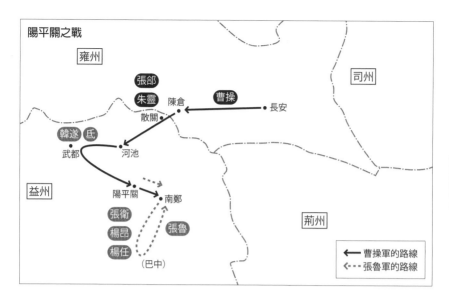

張魯捨地自請降

喪失戰志的張魯本欲舉軍歸降，謀士閻圃勸諫道：「與其迫於情勢出降，不如展現抗戰的態勢再行歸順，曹操必然會論功重賞。」張魯採納此議，於是捨棄南鄭，暫時逃往巴中安身。當時張魯不顧部下的反對，視財寶貨物為國家所有，堅持封入庫藏才離去。但是曹軍進入南鄭後，曹操果然一如張魯部將所慮，悉數取走張魯封藏於倉廩的財寶，舉行慶功宴大肆犒賞將士。不久張魯接受曹操的勸降，帶著族人向曹操請罪，曹操最終因此取得漢中。後來果然一如閻圃的預期，曹操以賓客之禮厚待張魯，賜予萬戶的封地，並任命張魯為鎮南將軍，敕封為閬中侯。張魯的五個兒子及閻圃不但盡皆列侯，曹操又讓其子曹宇（字彭祖）娶張魯之女為妻，可謂禮遇備至。張魯死後，諡號原侯，由其子張富繼承爵位。

曾經是戰略要地的陽平關遺址

合肥、濡須口之戰

張遼八百敢死隊
擊破孫權十萬軍

教戰年 214～217年

戰 場 合肥、濡須口

參戰者 曹操、張遼 vs 孫權、甘寧

孫權領兵襲合肥

公元214年，孫權趁曹操將主力投入漢中戰場之際，展開入侵合肥的行動。先派遣魯肅、甘寧、呂蒙攻下濡須口西南方的皖城，隔年215年孫權又自領十萬大軍進兵合肥。當時駐屯合肥的曹軍主力已經遠征，僅有張遼帶領樂進、李典等七千守兵駐防，對於孫權而言，可謂千載難逢的良機。然而即便如此，卻因魏國猛將張遼的驍勇善戰，力挫孫權的銳氣。根據《魏書·張遼傳》所述，曹操早先曾留下一封密函，上有「賊至乃發」（賊人來犯時才開封）數字。密函指示如果孫權來攻，由張遼、李典二將出戰，樂進留守護軍，不得交兵。張遼乍見此書，便領會必須趁孫權軍形成包圍之前，率先發起逆襲，折殺其強盛氣勢，爾後才能堅守，因此決定出戰。先徵召八百名願意同赴戰場的勇士，組成敢死隊後，宰殺牛隻分饗士兵，翌日晨曦微露時，率奇兵突襲孫權營寨，孫權軍因此驚恐大亂。當時張遼一度衝殺至孫權的旗下，孫權大驚失色，眾人都不知所措。隨後張遼被重整旗鼓的孫權軍逆勢追討，最終安然脫身，返回城中固守。另一方面，孫權雖然包圍合肥十餘日，卻無法攻下此城，只得引軍而還。就在孫權撤退之際，張遼又發兵追擊，孫權險些喪命，所幸凌統諸將竭力死戰，才倖免於難平安歸來。《獻帝春秋》還記載張遼在戰場上遇見一紫髯將軍，卻不知就是孫權本人，眼睜睜地看著對方逃脫。

又根據《江表傳》所述，孫權騎馬來到津橋時，橋的南段已經拆除，大約有丈餘長（2.3公尺）的缺口沒有橋板。當時近臣谷利請孫權抓緊馬鞍，放鬆韁繩，從後方揮鞭猛擊馬臀，使孫權坐騎騰躍而起，孫權才得以跳過斷橋。後來谷利因此功受封為都亭侯。

曹操屢戰伐孫權

公元216年冬天，曹操親率大軍征討孫權。217年春正月，曹軍進兵抵達了居巢後，開始攻擊濡須口的孫

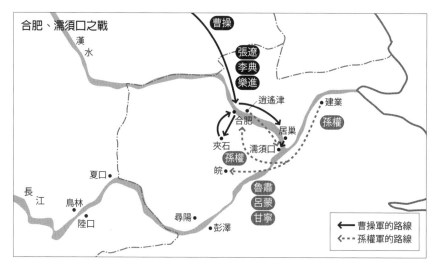

合肥、濡須口之戰

漢水

曹操

張遼
李典
樂進

逍遙津

建業

合肥

孫權

居巢

夾石

濡須口

孫權

皖

夏口

長江

烏林

陸口

尋陽

彭澤

魯肅
呂蒙
甘寧

⟵ 曹操軍的路線
⟵--- 孫權軍的路線

權。孫權雖然築城抗擊，曹操的攻勢卻未見稍緩，最後孫權不再抵抗，派遣使者向曹操請和，曹操首肯受降，孫權軍才安然退走。曹操命夏侯惇、曹仁、張遼諸將駐屯居巢後，也同樣率軍還師。

三國演義說法

張遼威震逍遙津的一幕

「孫權引十萬軍馬，令呂蒙、甘寧為前隊，自與凌統居中，望合淝殺來。途中與樂進相迎，甘寧出馬與樂進交鋒，樂進詐敗而走，引孫權軍趕去。孫權催兵行至逍遙津北，張遼忽引兩千餘騎，迎面殺到。孫權大驚，縱馬奔上小師橋，卻見橋南已拆丈餘，於是收回馬來有三丈餘遠，然後縱轡加鞭，坐下馬便一跳飛過橋南。時凌統捨身死戰，抵擋張遼猛攻，孫權方得輾轉逃脫。這一戰殺得江南人人害怕，聞張遼大名，連小兒也不敢夜啼。」以上便是《三國演義》第67回描寫的情節，內容所述大致與正史相同。不過最後提到小兒不敢夜啼一事，只是為了更增添張遼如何驍勇所虛構的說法。

下辨之戰

劉備出兵奪漢中
曹洪阻擊退蜀軍

教戰年 217～218年

戰 場 下辨

參戰者 曹洪 vs 法正、張飛、馬超、吳蘭

漢中爭衡良機至

曹操通過「陽平關之戰」率先占領了漢中，劉備為此意志消沉，然而到了217年，謀臣法正卻力勸劉備奪回漢中。原來得知曹操匆忙還師許都後，法正便嗅覺出魏國內部可能發生了緊急情事。曹操既然不在漢中，便是攻打漢中的天賜良機。法正認為若取得漢中，既可擴大農地充實糧秣，亦可伺機向東攻打關中。進可擊破曹操，奉戴天子號令天下，即便不能破曹，亦可蠶食幽、涼二州，開拓疆土。劉備對此議大為讚許，於是起兵進軍漢中。

起先劉備率領張飛、馬超各部進兵漢中，又命張飛、馬超、吳蘭進入武都郡的下辨，曹操遂派遣曹洪領兵前去抵禦[1]。當時張飛等移兵下辨西北的固山，虛張聲勢欲以此欺敵，但曹洪並未理會，逕自進兵下辨。到了218年，留駐下辨的吳蘭形同孤軍，曹洪於是率領各部發動猛攻，吳蘭奮力抵抗，最終不敵潰敗[2]。張飛、馬超得知吳蘭兵敗，也相繼退走漢中，下辨因此被曹軍占領。

根據《魏書·武帝紀》所述，後來吳蘭被陰平的氐族人強端捕獲處斬。

下辨之戰

（關中）

雍州　　曹洪、曹休　　長安

固山　下辨　　敗闢

　　　（漢中）

吳蘭　　陽平關

馬超

　　　　　南鄭　　　　荊州

白水　　張飛

白水關

益州

葭萌　劉備、法正、黃忠

成都　諸葛亮

← 曹軍的路線

◄‥‥ 劉備軍的路線

①譯注：原文提到劉備率領諸將進兵漢中，駐紮於陽平關之說有誤。根據《蜀書·先主傳》的記載，劉備是在下辨之戰失利後，於218年駐紮陽平關與張郃、夏侯淵相抗。原文又提到曹操授予曹洪「五萬」兵馬抵禦劉備，而此一數字僅見於《三國演義》，正史並無此一記載，故請恕刪減這兩段文字。

②譯注：根據《蜀書·先主傳》的記載，與吳蘭同時進駐武都的雷銅，也被曹軍殲滅。

定軍山之戰

劉備鏖戰困張郃
黃忠破斬夏侯淵

教戰年	219年
戰 場	定軍山
參戰者	劉備、黃忠 vs 張郃、夏侯淵

劉備揮師渡沔水

駐屯於下辨的蜀將吳蘭，遭到魏將曹洪擊破後，劉備率主力部隊佈陣於陽平關前，曹軍因此陷入苦戰。經過一年後，亦即219年正月，情勢有了新的發展。劉備軍由陽平關前開拔，渡過沔水沿著山勢前進，於定軍山南布下堅固的營地。

曹操有如受到劉備動向吸引般，同樣發兵長安，往漢中移動。夏侯淵也由陽平出關，將營寨移往定軍山，雙方開始展開激烈的陣地爭奪戰。其間劉備不斷地放火燒毀圍繞在夏侯淵軍營四周的拒鹿角（防禦工事）。

當時夏侯淵在漢中南圍、張郃在漢中東圍分兵固守。劉備先全力攻打張郃，使其陷入困境，夏侯淵分出半數兵力救援張郃，以致於自身戰力不足，結果遭到劉備乘機襲取。劉備命黃忠率兵登上高處，戰鼓震天漫山喧囂，先聲奪人後再命其急攻，一舉擊破夏侯淵的部隊。

黃忠不但襲殺了夏侯淵，曹操所任命的益州刺史趙顒也被斬殺於亂陣之中。曹軍失去統帥，士卒戰志低迷，夏侯淵的司馬郭淮便推舉張郃出任主帥。張郃統兵之後，立即安撫軍心，曹軍才得以安然退避。經過這場戰役，劉備奪取漢中的里程，又向前推進一步。

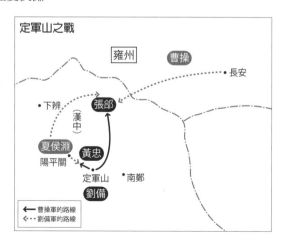

定軍山之戰

雍州　曹操　長安

下辨　張郃

（漢中）

夏侯淵　黃忠

陽平關

定軍山　南鄭

劉備

← 曹操軍的路線
←--- 劉備軍的路線

定軍山之戰故址巡禮

黃忠與夏侯淵單打獨鬥的立體畫
不可錯過

背倚定軍山的諸葛亮
墓、武侯墓

為了爭奪漢中，劉備與曹操之間曾爆發激烈的戰事。主要的戰區就在於此處定軍山的周圍。定軍山是一座矗立在勉縣西方，由十二處山峰構成的狹長山勢，最高峰僅有833公尺，群山相連的景觀相當閑靜怡人。舉凡漢中之戰、陽平關之戰、下辨之戰、陳倉之戰及濡須口之戰[①]，都陸續發生在此山周緣，其中又以「定軍山之戰」的戰況最為激烈。當然也不免讓人想起《三國演義》中蜀國老將黃忠單騎斬夏侯、趙雲死戰救黃忠等膾炙人口的劇幕。此外定軍山一帶，還有相傳為諸葛亮墓的武侯墓、諸葛亮讀書臺、古陽平關、褒斜道石門等環繞三國志話題的史蹟。

交通 前往漢中武侯祠，須由勉縣搭車約20分鐘。

定軍山諸峰相連，有游龍戲珠的美稱

①譯注：濡須口之戰其實並非發生在定軍山周圍，但尊重原作不予變更，特此加注示明。

漢中之戰

曹操傳令言雞肋
謎留後世退漢中

教戰年 219年

戰　場 漢中

參戰者 劉備 vs 曹操

曹操掌符軍劉備

　　曹操得知據守漢中東圍的張郃敗走後，親自領兵由斜谷入漢中，與據守漢中的劉備對峙。當時劉備卻說道：「曹公雖來，無能為也。」從這則見載於《蜀書·先主傳》的記述中，或可窺見當時劉備捍衛漢中的自信。果然一如所料，由於劉備軍的堅守，經過兩個月的交戰，曹軍不過徒增傷亡而已。最終雙方均無法掌握致勝的契機，對峙數月之後，曹操只好由漢中退走。不過當時曹操遷徙漢中百姓至魏國，在戰略上倒是具有重大的意義。且在撤退前夕，曹操卻留下「雞肋」這個謎樣的話語。也許是因為無數魏國百姓經歷連年戰火後，大多逃往烽煙鮮見的河南，對於飽受人口減少此一困擾的魏國而言，雞肋一詞暗示著增添人口的重要性，更甚於開疆闢土。曹操心中的盤算，或許就在於漢中一旦人煙盡散，正有如雞肋般形同空殼。

雞肋之謎幾人知

　　根據《三國演義》所述，曹操不經意地沉吟自語，道出了「雞肋」之嘆①。《魏書·武帝紀》引用自《九州春秋》的注解，則記載曹操在退兵前，以「雞肋」做為營區通行口令。近臣隨將均不解其意，只是滿腹狐疑。

　　唯獨主簿楊修一人，立即打點行裝準備班師回朝。眾人皆感驚訝，便問楊修為何整裝，楊修推測曹操的心意，便答稱：「雞肋（雞排的軟肋骨）丟棄很可惜，吃起來卻沒味道。好比漢中，沒必要費盡心力來取得。」事實上，不久曹操果真開始撤兵，但真正的含義至今依然不詳。

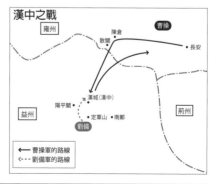

漢中之戰

← 曹操軍的路線
←--- 劉備軍的路線

①譯注：本段文字有正史演義混為一談之嫌。原文所指雞肋之嘆來自演義，下文則悉數採用《魏書·武帝紀》引用自《九州春秋》的注解，因此私下補上正史的敘述做為對照。

樊城之戰

堰江淘浪困樊城
雲長疏心殞落潮

教戰年 219年

戰 場 樊城

參戰者 曹仁 vs 關羽

洪流為謀降于禁

　　公元219年秋，劉備接受群臣推舉自立為漢中王，任命當時布防於江陵的關羽為前將軍，授予符節黃鉞。同年關羽開始攻擊曹操堂弟曹仁據守的樊城。似乎欲乘「漢中之戰」得勝的餘威，一舉對魏國發起新一波攻勢。而樊城與漢水對岸的襄城，正是荊州的要衝。

　　關羽不久便包圍曹仁死守的樊城。曹操在長安得知曹仁軍情危急，即刻命令于禁、龐德領兵火速馳援。于禁抵達樊城後，便在關羽背後紮營下寨，伺機發兵救援，不想偶然連日豪雨卻水淹樊城，更淹沒于禁的七個軍團。于禁遭到關羽軍從船上猛攻，束手無策之下只得歸降。龐德最後也淪為階下囚，但最終臨難不屈而死。如此情勢之下，任誰都以為樊城宛若陸中孤島，將有滅頂之憂，城池陷落也只是遲早的問題。樊城一旦失

陷，關羽必乘勢北上，攻打曹操的根據地許都，奪取獻帝自行擁戴。如此一來，曹操統一天下的美夢將化為泡影。情勢艱危使得曹操罕見地畏縮不前，一度想要遷都讓獻帝避難①。

呂蒙背襲美髯公

　　然而局勢卻峰迴路轉有了轉折。原本與劉備結有盟約的孫權，卻背叛劉備與曹操結盟，從背後偷襲關羽。當時關羽絲毫不知此事起因，正是自己親手所造。原來關羽個性剛強、驕矜自負、恥為人下，陳壽在正史中也記載他「剛而自矜」。

　　早先為了籠絡鎮守荊州的關羽，孫權本想讓其子迎娶關羽之女，於是遣使向關羽提親，不料關羽卻痛罵來使拒絕了親事，甚至辱罵使者「吾虎女安肯嫁犬子乎」②。孫權為此大怒，一反原本與劉備之間的和睦策略，開始傾向與曹操結盟。再則當時

①譯注：見《魏書·蔣濟》傳。
②譯注：此言實則出自《演義》而非正史，尊重原作不予變更，特此加注說明。

136

主張與劉備維持友好關係的魯肅已經身故，改由反對與劉備同盟的呂蒙掌握實權，也是政策轉向的原因。呂蒙向孫權獻計說道：「關羽留下許多守兵於公安南郡防備，是因為憂心我從背後襲擊的緣故。如果我以養病為由，從前線返回建業，關羽必然會動員所有守備部隊前往襄陽。屆時趁關羽駐地空虛，一舉出兵襲擊，應可輕易攻下南郡，甚至可以擒獲關羽。」果然關羽正中呂蒙下懷，大意輕敵自掘墳墓。

樊城之戰

- 漢水
- 守荊・庚陵
- 上庸
- 新野
- 房陵
- 汝南
- 樊城 曹仁
- 襄城
- 長江
- 關羽
- 麥城
- 江陵 麋芳
- 荊州
- 公安
- 士仁
- 呂蒙

← 關羽軍的路線
◄-- 曹操軍的路線
◄-- 呂蒙軍的路線

戰」，劉備不僅失去關羽，最終更痛失了荊州。

關羽見擒終授首

　　呂蒙隨後暗中率兵返回荊州，輕而易舉地收降奉關羽之命防守公安、江陵的士仁與麋芳。素來受到關羽輕視，為此懷恨在心，也是二人輕易倒戈的原因。關羽得知根據地江陵失陷的消息後，從樊城倉皇退兵趕往江陵，來到距離江陵不遠的麥城時，吳軍遣使前來勸降。關羽假意應允，卻乘機逃出城外。途中士兵紛紛解散，身邊僅剩十餘騎跟隨。最後道路阻絕，被埋伏的吳將朱然、潘璋所捕獲，與其子關平同遭斬首。關羽死後，孫權占領了荊州，並將關羽的首級送給曹操。經過了這場「樊城之

曾經是樊城所在的襄樊街道。今日漢江南方還遺存劉備駐屯過的襄陽城

成都武侯祠巡禮

祭祀蜀漢丞相諸葛亮的祠堂中，以位於成都的武侯祠最為知名。穿過入口的大門後，有一道向東西延伸的長廊相連。在此可以瞻仰趙雲、姜維、黃忠、馬良等蜀國名將的塑像。往前走，可見到祭祀諸葛亮主公劉備的漢昭烈廟、劉備殿。諸葛亮殿則位於此殿後方，特徵在於建物高度較劉備殿低，呈君臣之禮的結構。諸葛亮的兩側還立有其子諸葛瞻、諸葛尚的塑像。此外、沿著連接武侯祠西側的紅牆一路走去，還可來到劉備入土的惠陵。

交通 由成都市政府搭車10分鐘可達。

兩頰豐滿的孔明塑像

莊嚴的四合院建築前後相連

祭祀劉備的漢昭烈廟入口

張力十足的張飛塑像

位於諸葛亮殿西側的劉備陵墓、惠陵

被奉為財神的關羽像

漢昭烈廟中的劉備像

關帝廟巡禮

關公身旁有其子關平與虛構的人物周倉隨侍

當陽關陵的四周相當寂靜

關羽起初被百姓奉為武聖關公，後來關羽出身地的鹽商為了發財，能夠財源廣進，也來祈求關羽加持，曾幾何時也被民眾奉為財神。除了整個中國，全世界只要有華人居住的地方，都會祭拜關公。其中規模最大的，應該是祭祀關羽首級的洛陽關林廟。相傳曹操唯恐遭到梟首的關羽陰魂不散，於是將孫權送來的關羽首級隆重厚葬於此地。墳高10公尺，方圓遼闊周長380公尺，悄然矗立在三殿後方繁茂蒼鬱的林木中。至於其軀體，相傳埋葬在當陽的關陵。

交通 前往關林廟，由洛陽火車站搭車50分鐘，或搭乘58路公交，在終點關林廟站下車。前往關陵，由當陽火車站乘車5分鐘可達。

讓人感受到依稀傳來怨懟之聲的關公像

荊州關廟中的關公像

通往關林的小道

倚建在關羽故居遺址上的關廟

關陵內的關公像

夷陵之戰

讎心猛燃圖荊州
先主雄征卻無謀

教戰年	221～222年
戰場	夷陵
參戰者	孫權 vs 劉備

玄德揮劍向孫吳

公元220年正月，亂世梟雄曹操去世。4月曹丕繼位，假受禪於獻帝之名，行篡漢建魏之實。當時消息傳來成都，卻誤傳為曹丕弒殺獻帝自立為魏帝。劉備信以為真，追諡獻帝為孝愍皇帝，並舉行了喪禮。221年劉備雖然自稱皇帝，卻因為情同手足追隨相伴的關羽於219年末遭到孫權殺害，荊州也被奪走，而終日鬱悶不樂。因此劉備建立蜀國後的首要大事，便是討伐孫吳以解心頭之恨。對於劉備而言，為了做為收復中原的跳

小三峽深邃的景致

板，也為了親近許多自荊州投效歸附於己的臣子們，取回荊州勢在必行。然而以諸葛亮為首，包括趙雲、秦宓等文官武將，都反對奪取荊州的行動。其最大的理由，就在於首要敵人並非東吳，而是篡奪漢朝的魏國。但劉備並未聽從大臣們的懇諫，建國之初便聲言要攻打孫吳。

叛將竟取益德首

同年6月，駐紮閬中的張飛先行領兵前往江州，等待與劉備會合，不久卻被部下張達、范彊暗殺。按演義所述，犯上的暴行起因自張飛向部將提出無理的要求[1]。或許是為了抹滅失去關羽、張飛二人的傷痛，劉備毅然於7月親自統率各軍團，大軍開拔討伐孫權。蜀軍以吳班、馮習為先鋒，劉備自領四萬兵馬，向孫權勢力範圍的荊州進軍。反對征吳的趙雲，被留置在江州守備，秦宓則打入大牢，身陷囹圄。同時劉備又命馬良

---

[1]譯注：正史並未詳載張飛為何而死，作者或許也是受到《三國演義》的影響而做此推論，因此追加「按演義所述」數字。

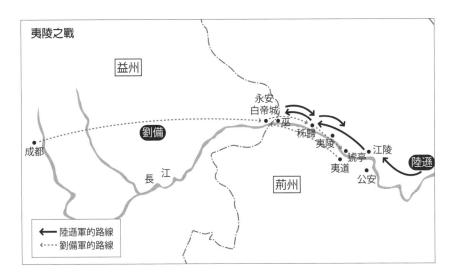

夷陵之戰

益州

永安
白帝城
巫
秭歸
夷陵
虎亭
夷道
江陵
公安
陸遜

成都

劉備

長 江

荊州

→ 陸遜軍的路線
←--- 劉備軍的路線

前往荊南，與當地異族勢力武陵蠻的酋長沙摩柯呼應，約定從背後夾擊東吳。

劉備順江勢破竹

　　面對此一局勢，孫權心生懼意，便派遣諸葛亮的兄長諸葛瑾出使求和，然而盛怒的劉備全然充耳不聞。孫權無計可施，不顧群臣的反對，向曹丕俯首稱臣，以表恭順，曹丕遂敕封孫權為吳王。孫權排除魏國入侵的顧慮後，做了最壞的打算，至此終於決心與蜀軍抗戰到底，繼呂蒙之後，再次布達大都督的人事命令，委任陸遜全權統兵。陸遜指揮朱然、潘璋、韓當、徐盛、宋謙諸將與五萬兵馬，準備萬全後，全軍挺進迎擊。

　　交兵之初，蜀軍戰志昂揚，加以

吳軍的防衛體系尚未建立完成，劉備軍因此得以順長江東進，戰陣無阻長驅吳境。吳班、馮習所率前鋒，擊破布防於巫縣與秭歸的吳將李異、劉阿，劉備遂進駐秭歸，命陳式於夷陵結營。武陵、五谿諸蠻見劉備由巫縣至夷陵部署數千兵馬，也自行請兵來援。值此同時，陸遜見蜀軍士氣高昂，決定以逸待勞堅守久抗。當時劉備任命馮習為大督，馮習任命張南作先鋒[2]，又讓吳班率領數千人向吳軍叫陣挑釁，陸遜卻識破這誘敵之計，必是劉備讓吳班來佯攻，好從旁伏擊出戰的吳軍，遂節制眾將不得妄戰。陸遜在寫給孫權的信中，也壯氣自詡道：「微臣最初存有戒心，唯恐蜀軍水陸並驅來犯我境。如今蜀人棄水軍而遷就陸戰，若情勢長此不變，我軍當有勝算，願尊主高枕毋念。」儘管

②譯注：馮習任命張南為先鋒之敘述，有別於正史所述，特此加注示明。

東吳將領對於陸遜消極抗戰的態度，多半憤懣不平，陸遜依然勸誡諸將，不可擅自應戰。吳蜀兩軍就這樣夾著長江兩岸，持續對峙。

陸遜見機易攻守

就在兩軍夾江觀勢、相持不下逾半年之久的隔年6月，陸遜得知劉備軍主力分據夷道、猇亭、夷陵三處，沿長江南岸連營相結400里（約160公里）之後，開始轉守為攻。起初陸遜只攻擊一處營地，由當時蜀軍的應變，獲知破敵之法，進而命士兵引燃茅束，突襲蜀軍火燒40餘處營地，全面發起總攻擊。時值盛暑悶熱異常，汗瀝氣燥而易疲，加以勞師遠征，蜀兵厭戰氣氛高漲。如此情勢下，蜀軍突然遭到襲擊，路狹不及走脫，營屯瞬間大亂，葬身火窟投江溺水者，接踵相繼。不過一夜總攻，蜀軍便土崩瓦解。馬良、馮習、張南、程畿等蜀中大將與數萬兵卒，均命喪於此役。

舉凡上文所述，皆歷歷見載於《吳書・陸遜傳》中，〈吳主傳〉還

白帝城附近的長江一景

記載宋謙等率兵攻下蜀軍五處營地後，又於半年間攻陷蜀人築造的五十餘處鹿砦。劉備大敗，趁夜色狼狽逃脫，企圖在馬鞍山重整旗鼓，卻又遭到吳軍猛攻，倉皇失色輾轉西走。根據正史記載，蜀軍甚至在途中焚燒成堆的銅鑄鎧甲，阻撓東吳追兵。遭逢慘敗的蜀軍糧秣器具盡失，屍骸漂流江面，流水也為之堵塞。劉備最終逃入白帝城，雖然一息尚存，卻因意志消沉，不及返回成都便染患重病，於223年4月長辭人世。

根據《吳歷》所述，孫權擊破蜀軍後，將斬獲的印綬、首級與攻占的領土，悉數進獻魏國，並上書表彰此戰有功的將士，向曹丕懇賜官爵封賞。曹丕則回贈黷子裘（黃鼠毛皮）、光明鎧、騑馬、親筆著作的《典論》及詩賦給予孫權。《異同雜語》的作者孫盛對孫權向魏國稱藩一事如此評判：「身為鼎足天下的一國之君，又怎可屈辱志節，俯首稱臣呢（⋯⋯列國之君三分天下，而可二三其節，或臣或否乎）？」

專欄

潘璋

吳將潘璋與朱然因截斷麥城通往益州的退路，以此捕獲關羽而為人所知。對於《三國演義》的蜀國迷而言，可說是惡名昭彰的人物之一。《三國演義》描述關興日後在山中一座莊舍巧遇潘璋，當場斬殺了仇敵。不過正史並無此一記載。

事實上，孫權登上帝位後，潘璋還晉陞陞右將軍，一直活到公元234年。

彝陵（夷陵）之戰

「劉備自桃園便與關羽結義，關羽不幸遇害後，劉備心中怨恨，誓言非討吳不可。趙雲雖忠言直諫，劉備但曰：『孫權害了朕弟，唯啖其肉而滅其族，方雪朕恨。』遂不聽趙雲之諫。正當整兵操演，準備發兵討吳之時，三弟張飛又遭部將襲殺。昔日與關張二人結義，誓言生死與共，不料俱死於非命，今事已至此，再無人能阻劉備興兵。

遂以黃忠為前部先鋒，馮習、張南為副將，傅彤、張翼為中軍護尉，張融、廖淳作後軍，并五谿蠻將沙摩柯等，水陸兵共七十五萬，於章武元年（221年）七月出師討吳。

孫權命孫桓、朱然為左右都督，點水陸軍五萬，迎拒蜀兵。孫桓時年二十五歲，劉備見孫桓小輩領兵相抗，怒命關興、張苞同往，齊力討破孫桓。夜裡蜀軍又來吳營劫寨，朱然軍被伏兵夾擊，吳兵大亂四下奔走。孫權大驚，急命韓當為正將，周泰為副將，潘璋為先鋒，凌統作後軍，甘寧為救應，起兵十萬以拒敵。蜀軍先斬吳將夏恂、周平，又射殺了甘寧，於是劉備長驅東進，攻下猇亭。

時麋芳（糜芳）、傅士仁（士仁）叛投吳營，見蜀軍猛攻情勢危殆，又思投蜀保命。便找上殺害關羽之馬忠，割了首級來見劉備請罪，劉備如何饒得，親自刀剮手刃了二人。

正值孫權大驚失措之時，得蒙闞澤舉薦，召來鎮西將軍陸遜。陸遜拜為大都督後，命諸將把守險要，不得妄動。時劉備自猇亭布列軍馬，直至川口，接連七百里，前後四十營寨，吳軍只守不出，兩軍相持交兵不得，轉眼已由春歷夏。時天氣炎熱，蜀軍屯於赤火之中，取水深為不便，先鋒馮習奏報上情，劉備遂命各營，移至山林茂盛之地，近溪傍澗，以避盛暑。陸遜見蜀軍移營，知良機已至，便教各部起兵。命士兵手執茅草一把，往蜀軍各營一齊舉火。夜裡東南風起，火勢轉眼盛大，滿山遍野火光不斷，蜀兵盡皆燒絕。命喪火者不知其數，死屍重疊，塞江而下，流水為之殷紅。

劉備得關興、張苞力保，途中又遇趙雲相救，終於得脫逃入白帝城。」以上便是摘要自《三國演義》81至84回所描述的情節。文中提到蜀軍總數七十五萬，事實上劉備僅率兵四萬。此外正史記載劉備沿長江連營四百里，《三國演義》則改寫為七百里，凡此都是相當誇大的虛構陳述。

三國雄主競登基，分庭抗禮自稱帝

曹丕篡漢稱帝

曹操平定天下後，於213年進爵魏公，216年又受封魏王，不斷提升自己的地位，卻始終不願改元稱帝。臣子上書指陳，曹操掌握天下，十有其九，仍服侍漢室，似乎有違天命，曹操卻以「我願為周文王」回應，表明自己無意稱帝的心跡[1]。然而言下之意，卻也等同宣告下一代的曹氏將創建魏國王朝。曹操死後，繼任的曹丕領會其意，便在曹操辭世的當年，脅迫漢獻帝以禪讓之名退位，演出篡奪帝位的劇幕。

對於禪讓退位一事，獻帝在最後的詔書中寫道：「天命豈能常有，只歸有德之人。幸賴武王（曹操）神明威武，拯濟天下危難，保我宗廟安定。」[2]

然而獻帝交出天子印璽之時，其內心想必是憤懣不已的。

劉備自稱蜀帝

公元220年魏文帝即位稱帝不久，獻帝遭到殺害的誤報，不知為何就傳到劉備的耳中。劉備即刻發喪，追諡獻帝為孝愍皇帝。隨後眾臣以天降瑞兆為由，上奏劉備勸進即位。劉備遂以「曹丕竊占神器（指帝位），弒主君滅漢祚，我將躬行天意懲凶，扶立傾廢社稷」等昭告臣民，拜領皇帝印綬。

孫權自稱吳帝

看著曹丕與劉備相繼登基為皇，孫權也曾經一度想要稱帝。根據《魏略》所述，當時孫權找來善解星象之人，判斷自己的運途。儘管詳細內容並未記載，但占星者似乎告訴孫權官位尚低，如果就此稱帝，恐怕威望難以服眾。根據《吳書‧吳主傳》的記載，直到九年後的公元229年，因公卿百官齊聲勸進，又有黃龍、鳳凰等瑞兆現世，孫權終於登基稱帝。以孫登為太子，魔將眾吏皆進爵受封。

①譯注：見《魏書‧武帝紀》建安二十四年冬記事的《魏略》及《魏氏春秋》引注。語出曹操與陳群、桓階、夏侯惇等人的對話。

②譯注：見《魏書‧文帝紀》。原文摘要如下。「……天命不于常，惟歸有德……賴武王神武，拯茲難於四方……以保綏我宗廟……」。

第 **5** 章

諸葛亮的遠征

諸葛亮

五丈原之戰

蜀國丞相諸葛亮陣歿。魏將司馬懿壯言「伐蜀之機已至」，便待起兵攻討。根據《三國演義》所述，正當此時，本應死去的諸葛丞相突然現身，司馬懿大驚失色，倉皇敗走。這就是「死諸葛能走生仲達」知名的一幕光景。

諸葛亮的遠征：序章

　　劉備本想討伐東吳，藉機奪回荊州，然而最終卻無法實現夢想。非但如此，還導致數萬將士戰死。逃入白帝城的劉備，從此一病不起，再也沒能回到成都。臨終之前，他將蜀國與後主劉禪的命運託付諸葛亮，隨即與世長辭。諸葛亮受託輔孤，為恢復蜀漢疲弊的國力而奔走，同時安撫南中的少數民族，一旦解除後顧之憂，便又起兵討伐魏國，復興漢室。然而數度北伐卻成效不彰，最終諸葛亮也病逝於五丈原。

諸葛亮的南征

　　蜀軍在「夷陵之戰」一役，因吳國新起之秀陸遜奇襲潰不成軍。值此同時，棲息於時稱南中的少數民族酋長，見蜀軍戰力殘破，便乘機興兵相繼作亂。由於蜀國在「夷陵之戰」蒙受的損失過於巨大，一時無法鎮壓亂事，經過艱困的抗戰堅守，才使得夷亂免於擴大。諸葛亮為了恢復疲弊的國力，並未立即征討，只是專注於擴大農業生產，獎勵興盛產業，制訂履行鹽鐵專賣等政策，藉此改善蜀國的經濟窘況。

　　公元225年3月，經過三年的努力，諸葛亮認為蜀國已經恢復元氣，決定出兵平定南中。諸葛亮親率大軍南下，於邛都（越巂郡治所）攻破蠻夷，首領高定敗死，又於昆明俘虜孟獲。經過數次虜獲又釋放的過程①，使孟獲心悅誠服，至此南中總算平定。諸葛亮委請當地的蠻族渠帥（即酋長）治理平定後的南中，隨即凱旋回到成都。此後通過南中的經營，不僅取得金、銀、銅、鐵、虎魄（琥珀）、鹽、漆、耕牛、戰馬等軍事物資②，更得到時稱青羌的異族戰力，逐步強化蜀國的軍事力量。

諸葛亮的北伐

　　諸葛亮平定南中，免除了後顧之憂，繼而強化軍備之後，為了復興漢室，開始全力向魏國發起攻勢。臨行之前，諸葛亮向後主劉禪上書「前出師表」慨陳：「陳亮言。先帝創業未半而中道崩殂，今天下三分，益州疲敝，此誠危急

---

①譯注：《蜀書·諸葛亮傳》引注的《漢晉春秋》提到七縱七擒的事略，《華陽國志·南中志》也有此一說。

②譯注：關於南中物資的記載，可參見《蜀書》〈李恢傳〉、〈張嶷傳〉，前者還提到李恢繳獲犀革（犀牛皮）這樣的戰利品。《南陽國志》則有諸葛亮到蜀郡臨邛縣視察火井（天然氣）、永昌郡產光珠、虎魄、翡翠等記述。

存亡之秋也。」文中自陳備受先主的禮遇之恩、訓勉後主慎於用人，並且表明自己不屈不撓的決心與信念。

首次北伐之際，諸葛亮命視為愛徒的馬謖領軍，駐守於連接關中、涼州的要地街亭，馬謖卻違背諸葛亮的指示，居高臨下據山為營，被魏將張郃截斷水源而慘敗。「揮淚斬馬謖」的典故便是來自於此。後來蜀軍又在陳倉、武都、陰平、祁山等地與魏軍交手，但並無值得一書的戰果，徒令國力疲弊而已。

▋巨星殞落五丈原

與魏國交兵的前四次北伐，多半在諸葛亮希望速戰速決，最後卻迫於糧秣不繼，不得不撤軍的情勢下告終。因此公元234年2月展開第五次北伐時，諸葛亮便著眼於長駐久戰，將大批糧秣集中運往斜谷口，並在五丈原一帶屯墾，致力於確保糧食無虞，以萬全的準備向魏軍挑戰。然而當時蜀軍僅有十萬，司馬懿則有三十萬魏國大軍，即使糧食供給得以確保，一旦正面交鋒，戰情想必有利於兵強勢眾的一方。是以諸葛亮數度向司馬懿挑釁，試圖誘使敵兵出動，掌握可乘之機予以突破，除此以外別無他法。然而面對急於交戰的諸葛亮，兵力上擁有壓倒性優勢的司馬懿，卻擺出長期抗戰的態勢，不願應戰，戰局遂陷入膠著狀態。就在這樣的過程下，諸葛亮最終逝去。據說係因積勞成疾所致。此時的蜀軍拋下堅決抗戰到底的魏延，遵從諸葛亮的遺命，悄然撤離戰場。司馬懿見蜀軍退走，立即發兵追擊，此時蜀將楊儀卻讓軍旗轉向，擂動戰鼓催兵反擊，司馬懿唯恐又中諸葛亮的奇計，慌忙引兵退走③。據說當時人們目睹這幅光景，遂有「死孔明嚇走活仲達」這句諺語流傳於後世。

相傳孔明去世時，有一赤色星芒劃過天際落入西南方。

③譯注：語出《蜀書·諸葛亮傳》引注的《漢晉春秋》。

公元	大事紀
222年	孫權未送人質入魏，魏國視為叛行，發兵攻吳（曹丕南征）。吳蜀修復邦誼。
223年	劉備病逝於永安宮。劉禪即位。蜀國派鄧芝出使東吳，敦睦邦交。曹仁去世。
224年	曹丕發兵攻吳，中徐盛奇計敗退（廣陵之戰）。
225年	南中之亂。司馬懿任撫軍大將軍，駐紮許昌。諸葛亮征討南中，平定四郡（南蠻平定戰）。曹丕再次興兵征吳，長江因大寒結凍，舟船無法入江，因此還師。
226年	曹丕去世，曹叡繼位。任曹休為大司馬，曹真為大將軍，司馬懿為驃騎將軍。
228年	諸葛亮展開北伐，因馬謖無謀失去街亭，被迫撤軍（街亭之戰）。曹休中周魴奇計，自石亭敗退（石亭之戰）。諸葛亮圍陳倉，因郝昭堅守敗退（陳倉之戰）。
229年	諸葛亮命陳式平定武都、陰平二郡（武都、陰平之戰）。趙雲去世。孫權即位稱帝，遷都建業。
230年	魏國於合肥興建新城。曹真任大司馬，司馬懿任大將軍。曹真、司馬懿、張郃分兵入侵蜀國（赤阪、成固之戰）。蜀將魏延擊破魏將郭淮。
231年	諸葛亮三度北伐，攻打祁山（祁山之戰）。曹真、張郃去世。
232年	孫登移居建業。曹植、曹洪、孫慮去世。
233年	孫權授王號、九錫予公孫淵，遣張彌、許晏、賀達等出使遼東，遭公孫淵襲斬，首級送往魏國。
234年	獻帝去世。諸葛亮與司馬懿對峙，病逝於五丈原（五丈原之戰）。魏延疑有反意，遭誅殺。吳軍攻魏，聞曹叡親征，遂撤兵（合肥、新城之戰）。

殘存於五丈原高地的史蹟

諸葛亮墓，武侯墓

150

主要戰役與群雄勢力圖

諸葛亮南征獲勝，一舉解除後顧之憂後，數度發兵討伐魏國。但國力顯然有天壤之別，難以獲得顯著戰果。最終諸葛病逝五丈原，忠勇竟成不歸人。

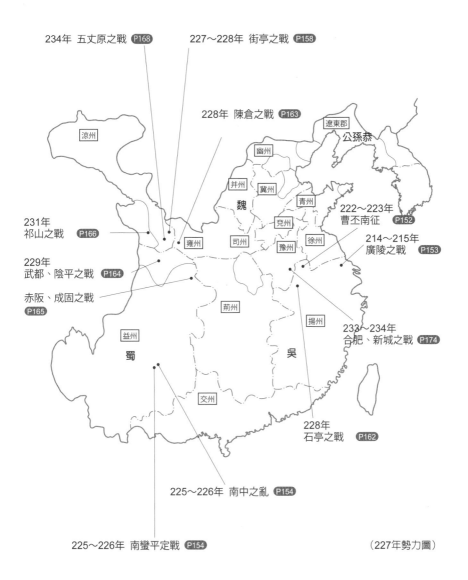

234年 五丈原之戰 P168

227～228年 街亭之戰 P158

228年 陳倉之戰 P163

遼東郡
公孫恭

涼州

幽州

并州 冀州

魏 青州

兗州

222～223年 曹丕南征 P152

214～215年 廣陵之戰 P153

231年 祁山之戰 P166

雍州

司州

豫州 徐州

229年 武都、陰平之戰 P164

赤阪、成固之戰 P165

荊州

揚州

233～234年 合肥、新城之戰 P174

益州

蜀

吳

交州

228年 石亭之戰 P162

225～226年 南中之亂 P154

225～226年 南蠻平定戰 P154

（227年勢力圖）

151

曹丕南征

魏軍伐吳分三路
強攻未克步歸途

教戰年 222～223年

戰 場 洞口（洞浦）、濡須口、南郡（江陵）

參戰者 呂範、朱桓、朱然 vs 曹休、曹仁、夏侯尚

曹丕南下討孫權

在奪回荊州的強烈意志驅使下，劉備軍蜂擁進犯吳境，爆發「夷陵之戰」。當時孫權欲謀求本國安定，向魏帝曹丕稱臣，因此拜領吳王的稱號，一時維繫住三國的勢力均衡，但等到與蜀國的戰事落幕，均勢又隨著岌岌可危。原來曹丕向孫權下達詔書，要求遣送太子孫登入魏，以表恭順之心。孫權卻顧左右而言他，迴避曹丕的旨意，毫無送子為質的跡象，曹丕一怒之下，遂於公元229年9月，起兵南征孫吳。

曹丕令大軍兵分三路，攻打洞口、濡須口與南郡。先命曹休為征夷大將軍，賜予黃鉞，令張遼、臧霸同行，攻打長江下游的洞口[①]。吳軍以呂範為統帥迎戰，徐盛、全琮諸將隨同協防。兩軍對陣不久，天候便趨於惡劣，吳軍因強風猛襲，士卒紛紛落水，數千人溺死長江。加以臧霸率領萬名敢死隊來攻（徐陵），又有多達數千士兵戰亡被俘，吳軍初嘗敗績。所幸徐盛、全琮抗擊，追斬魏將尹盧，才遏阻了魏軍的進攻。

朱桓奮戰敗曹仁

然而緊接而來的濡須口戰役，來犯的魏軍卻反遭吳軍大破。223年3月，大將軍曹仁率領其子曹泰、諸葛虔來攻，進逼洞口上游的濡須口。曹仁見防禦濡須的朱桓守備堅強，便以佯動攻勢誘使朱桓分散兵力於兩地，乘機派曹泰、常雕、王雙率領大軍進襲。然而朱桓鎮定以對，安撫並團結人心惶惶的將士，故意示弱引誘敵軍

曹丕南征

魏

張遼
曹休

樊城
襄陽

壽春
合肥

曹仁

建業
濡須城
洞口
濡須口
丹陽

夏侯尚

朱桓

呂範、全琮、徐盛

江陵
烏林

朱然

赤壁

長 江

諸葛瑾

吳

←···曹丕軍的路線
←— 吳軍的路線

---

①譯注：《魏書‧曹休傳》記為洞浦，乍見似乎是同地異名。而洞口或作洞口浦，洞浦應為略稱。

②譯注：根據《吳書‧吳主傳》的記載，朱桓遣將軍嚴圭擊破常雕。

分撥兵力，創造逆轉的契機。最終燒毀曹泰的營寨，斬殺常雕②，並俘獲王雙遣送武昌。或許是對此次慘敗深以為恥的緣故，魏國大將軍曹仁隨即發病，於當月去世。攻打江陵的征夷大將軍夏侯尚，帳下雖有張郃、徐晃、曹真等猛將，也無法擊破吳軍③，最終引兵而還。起初夏侯尚、曹真來襲時，據守於江陵城的吳將朱然，因

士兵多患有浮腫病④，能戰者僅有五千。夏侯尚搭建高櫓，箭勢傾盆宛如雨下，朱然依舊堅忍抗戰。相持之間，疫情也蔓延至曹真軍中，加上春水方生長江水漲，諸葛瑾也率水軍前來援擊，魏軍不得不撤退。由於對洞口、濡須、江陵發起的三路攻勢，均無法擊破東吳戰線，南征最終以失敗告終，魏軍只能悵然空手而還。

廣陵之戰

十萬旌戎湧濤南
江寒水凍捐舟返

教戰年 224～225年

戰場 廣陵

參戰者 曹丕 vs 孫權

揮師直討江東境

公元224年9月，自首次南征一年半之後，曹丕為了再次伐吳而起兵南下，命司馬懿留守許昌，自領大軍進兵離吳都建業相去不遠的廣陵。由於廣陵的守備薄弱，吳將徐盛為了度過劫難，緊急搭建了疑城。一夜之間，利用木材做為城廓的骨架，再披上蘆

葦草席，彩繪為假城樓。曹丕遙望此城也為之受騙，眼看無法攻陷，便放棄攻打的念頭。又逢長江水漲，魏軍遂引軍而還。翌年225年10月曹丕又率領十萬大軍出兵廣陵，旌旗如林遍及數百里，聲勢浩大席捲而來，意圖渡過長江征討東吳，不料當時天候劇寒，江面為之凍結，舟船不得行進，只好又引軍退走。

---

③譯注：正史對此役記載頗為混淆。根據《魏書‧夏侯尚傳》記載，夏侯尚領諸將與曹真合圍江陵，與諸葛瑾對峙長江，夏侯尚出動油船，暗中從下游渡江，燒毀吳軍舟船，水路並進擊破諸葛瑾。正攻城之際，卻因疫情大流行，奉召返回魏國。《魏書‧曹真傳》雖記載曹真擊破吳軍的牛渚屯，但應屬誤植，因牛渚在濡須口附近，屬於曹仁的戰區，那麼曹真擊破的據點究竟為何？《魏書‧文帝紀》引注的《魏書》提到張郃將船首尾相連渡江，直攻江面上的南渚，《吳書》〈吳主傳〉〈諸葛瑾傳〉都提到曹真分據江陵中洲，《魏書‧張郃傳》也記載張郃渡江，「取洲上屯塢」，兩者似乎都與「江陵中洲」有關。所謂中洲，即今日的百里洲，是一處長江中的沙洲，位於江陵西方。綜合上文，或可推測夏侯尚油船從江陵東側的長江下游暗中溯江而上，回頭火攻江陵南側的諸葛瑾水軍，主要是為了確保東圍且伺機進取南圍，切斷諸葛瑾部與江陵城的聯繫，加上曹真、張郃攻占江陵西側的中洲，再聯合江陵城東北兩側的魏軍步騎兵圍，對江陵三面包夾，倘若諸葛瑾敗退，江陵城勢將被包圍得水洩不通。由此推測牛渚屯、南渚之說，可能是中洲的混淆。不論如何，以上均做為兩國對此役各自表述的對照。

④譯注：城池遭到圍困，糧食短缺所造成，同樣可見於飢荒時期，今名營養不良性水腫。此病的患者因長期營養不良，缺少蛋白質來排出鹽分與水分，因此多有水腫的現象，嚴重者衰竭致死。《新唐書》記載唐太宗圍王世充於洛陽數月，「民病腫股弱」；《資治通鑑》則記載南朝梁武帝蕭衍起義，圍攻郢州城兩百多日後，「疾疫流腫，死者什七八」。這也讓人想起另一種好發於古代航海者的疾病壞血病，同樣都是營養不良所引起。飽受圍城之難者，除了水腫以外，必然也深受壞血病所苦，足見以糧食做為戰爭攻防重點的可畏。

蜀漢疲弊正逢難
西南夷土亂頻傳

教 戰 年 223年～
戰　　場 南中
參 戰 者 楊洪 vs 黃元、雍闓、高定

叛軍紛起南中地

諸葛亮受託於劉備死後佐政輔國，一肩扛起蜀漢的未來，於是遵從劉備生前遺願，以討伐篡漢自立的魏國，復興漢室為己任。卻因國力過於疲弊，難以實現大計。值此衰微之際，南中各地亂事紛起。漢嘉太守黃元向來不被諸葛亮稱善，唯恐劉備一死，自己將大難臨頭，於是焚燒臨邛城，意圖叛亂。當時諸葛亮前往永安探視劉備病情，不在國內，黃元遂乘機叛變。所幸楊洪隨即派遣親兵討伐，終於平定亂事。然而隨後不久，益州郡[1]的雍闓便殺害太守正昂，興兵作亂，而且煽動西南夷的渠帥孟獲，向永昌郡進兵。緊接著高定也在越嶲郡舉兵，南中各地的亂事遂此起彼落、應聲而起。

南蠻綏鎮竟全功
物產勃興逐邦雄

教 戰 年 225～226年[2]
戰　　場 越嶲郡
參 戰 者 諸葛亮 vs 孟獲、高定、雍闓

武侯富國振農經

面對南中作亂，諸葛亮本可出兵討伐，奈何國力疲弊，戰力不足以平定亂事。因此諸葛亮先在各地興修水利，經務農事廣殖禾穀，勵增稅收充盈府庫，並實施鹽鐵專賣制度，全面致力於充實內政，以求恢復國力。為免除南征的後顧之憂，自然必須與東吳修復邦交。

於是諸葛亮讓長袖善舞的鄧芝出使，闡述吳蜀結盟的必要性。「夷陵之戰」初期遭受蜀軍意想不到的猛烈攻勢，讓孫權餘悸猶存，也深切地體會到，憑藉東吳一己之力，難以討滅蜀國，與其和蜀國敵對，不如吳蜀

---

①譯注：蜀漢建國後改稱建寧郡。
②譯注：《蜀書‧後主傳》記載諸葛亮於建興三年（225年）三月征南中，十二月凱旋成都。〈李恢傳〉則提到「後軍還，南夷復叛，殺害守將」，李恢於是與叟、濮等夷族交兵。〈張嶷傳〉則提到「叟夷反，殺太守龔祿、焦璜」，此兩者所述或指同一事，其發生年應當在225年底或226年初，儘管張嶷任越嶲太守十五年任內，初期尚有其他如冬逢、隗渠始降復叛的零星亂事，然而大舉叛亂平定於226年之說，應屬合理推估。

協同一致合力抗魏，等到消滅魏國之後，由吳蜀共分天下為宜。因此「夷陵之戰」東吳雖然獲勝，但孫權隨即向當時留駐在白帝城的劉備請和，並派鄭泉出使，重提吳蜀結盟。儘管當時劉備拒絕此議，復交之談因此告吹，但劉備死後，不久諸葛亮便遣使來吳，恢復了邦交。

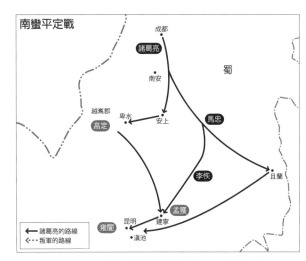

南蠻平定戰

成都
諸葛亮
南安
蜀
越嶲郡
卑水
馬忠
高定
安上
李恢
且蘭
孟獲
雍闓
昆明　建寧
滇池

← 諸葛亮的路線
←-- 叛軍的路線

征鼓雲揚震南中

吳蜀之間既已結盟，遂免除東吳襲擾後方的顧忌，為了壓制孟獲、高定、雍闓等南人的叛軍勢力，諸葛亮便自領蜀軍開拔，進兵南中。

公元225年3月，馬忠由東路挺進，李恢揮師指向建寧，諸葛亮則自往越嶲郡討伐高定。馬忠輕易討平朱褒，李恢也在昆明擊破倍於己軍的南夷亂兵。諸葛亮所率主力通過安上，往高定所在的卑水推進，渡過瀘水進入越嶲郡內，但雍闓卻在交戰之前，因萌生降意引發內訌，遭高定部下所殺。諸葛亮擊斬高定之後，南下追討早先收編雍闓殘兵逃走的孟獲。繼而在昆明與馬忠、李恢會師，大軍全面進擊，最終生擒孟獲。除了《三國演義》之外，《漢晉春秋》也記載了當時諸葛亮七擒七縱孟獲的事略。

諸葛亮平定南中後，直接任用夷人的渠帥治理當地。《三國演義》提到孟獲經過此役後，以南蠻王之名繼續統治該地，《華陽國志》則記載他日後官運亨通，被召入成都出任御史中丞③。〈南中志〉又提到南征凱旋的諸葛亮，不僅平定亂事，並獲得「所當無前、號為飛軍」的萬人夷族戰力，及牛馬、金銀銅錫等礦產，隨後種種物資均悉數運往成都。對於振興蜀國經濟，做出了重大的貢獻。

起初諸葛亮欲親自率兵南征時，曾有大臣勸諫反對④，但是諸葛亮不為所動，最後仍毅然帶領蜀軍親征南中。今日有識者便指出，諸葛亮心知自己經營方略的閱歷頗豐，調兵遣將的實戰經驗卻相對不足，由此可以想見他想通過南征一事，來消除眾人疑慮的企圖是很強烈的。

③譯注：御史中丞為御史大夫副手，負責彈劾糾舉。以今日而言，相當於臺灣的副監察院長、大陸的檢察院副院長。
④譯注：《蜀書·王連傳》記載諸葛亮早在223年就有南征之意，因王連屢次懇切勸阻，才拖延至225年出兵南中，《三國演義》也取材正史的說法。

平定南蠻

　　「建興三年（225年）蠻王孟獲大起蠻兵十萬，侵掠蜀境。孔明遂以趙雲、魏延為大將，王平、張翼為副將，關索為前部先鋒，共起川兵五十萬，發兵征南。建寧太守雍闓、越嶲郡太守高定、牂牁郡太守朱褒，皆與孟獲共謀，孔明便使離間計，悉數平定三路人馬，提兵深入南蠻之境。時天子（劉禪）遣馬謖為使來到，孔明試問平蠻之策，馬謖指陳『欲服蠻兵，攻心為上』，孔明頷首稱善。且說蠻王孟獲命金環三結、董荼那、阿會喃等三洞元帥，各引五萬蠻兵出戰，金環三結元帥卻讓趙雲梟了首級，董荼那被張嶷生擒，阿會喃也被張翼活捉。孔明撫諭受縛的董荼那、阿會喃勿得助惡，便令二人各自歸洞。孟獲得報，三洞元帥俱被孔明破敗，遂起蠻兵全軍殺來。只見孟獲兵勢雄盛，數百南蠻騎將左右擺開，孟獲頭頂嵌寶紫金冠，身披纓絡紅戰袍，腰繫碾玉獅子帶，腳穿鷹嘴抹綠靴，騎一匹捲毛赤兔馬，好不威風。王平、關索、趙雲、魏延早授得孔明計策，三路夾攻伏兵盡出，孟獲抵擋不住，被魏延生擒活捉。孔明責問孟獲欲使歸順，見不能心服，便去其縛放了孟獲。

　　孟獲渡了瀘水下住寨柵，會集各洞酋長，陸續招聚四散的蠻兵，又得十餘萬捲土重來。早先被放回的董荼那、阿會喃，懼怕孟獲不敢違逆，也引洞兵前去。卻說馬岱領本部三千軍，欲渡瀘水直攻蠻洞，不想半渡便倒，兵馬皆死。方知天炎暑熱，毒聚瀘水，以致如此。便待夜靜水冷，毒氣不起之時，逕取孟獲大寨。董荼那因受孔明活命之恩，尋思當于此時報效，便生擒孟獲，來軍中獻給孔明。孟獲但言今日見擒，並非孔明之能，乃手下之人自相殘害所致，便又獲放歸寨。

　　孟獲三戰孔明，差親弟孟優假意往投蜀軍，名為奉獻進貢，實為裡應外合之計，欲與孟獲夾攻孔明，馬謖遂將計就計，孟獲再次受擒。四戰卻中孔明妙計，落入陷坑；五戰欲逆勢反擊，往投禿龍洞主朵思大王安身，蜀軍隨後追至，卻受毒泉所困，因山神前來指引，孔明等渡過劫難，孟獲遂又成擒。兩軍六度交兵，木鹿大王驅使猛獸來戰，孔明早自蜀中帶來木刻巨獸，能口吐烈焰，鼻出黑煙，一戰便退蠻兵。最終七度頑抗，孔明一陣火攻，將刀箭不入的三萬藤甲軍，盡皆燒滅。孟獲雖殺出重圍，卻被馬岱活捉。但聞再次獲釋，孟獲也不禁垂淚，終向孔明拜

伏謝罪。」以上便是摘要自《三國演義》87至90回的南征經緯，無可諱言地，又是羅貫中虛構的情節。孟獲之名與七擒七縱之事，均未見載於正史《三國志》中，僅見於裴松之引作注解的《漢晉春秋》。

出師表

臣亮言：
先帝創業未半，
而中道崩殂。
今天下三分，益州疲弊，
此誠危急存亡之秋也。

這是諸葛亮討伐宿敵魏國，臨行之前向後主劉禪上書的開頭表述。全文似乎在惕勵後主，慨言先帝欲復興漢室，卻壯志未酬崩逝，當今天下雖呈鼎足之勢，蜀漢卻國弊民疲，面臨國家創建以來最大的危機。又寫到文臣辛勤政事而不懈，將士忠勇禦外而用命。曉諭後主內政可問郭攸之、費禕、董允，軍事可諮詢將軍向寵，但不可親近小人、疏遠賢臣。

諸葛亮接著寫到先帝三度造訪耕讀於南陽的自己，詢問天下大勢。歷時二十一載後，先帝於臨終之時，在病榻前將國家大事託付給自己。繼而強調南方既已無憂，兵馬軍需也已完備，正是討伐魏國的良機。最後以「……臣不勝受恩感激，今當遠離，臨表涕零，不知所言（微臣想起先帝劉備在世恩情，內心感激不已。如今即將離別遠行，望著眼前的奏表，不覺潸然淚下，自己說什麼都不清楚了）」結筆。

此外繼「前出師表」後，《三國演義》在二度北伐前又提到一份「後出師表」，然而正史《三國志》並無此一記載，僅見於裴松之引注的《漢晉春秋》，讓人頗覺事有蹊蹺。按表文「……喪趙雲……」等字所述，趙雲似已逝去，然而事實上當時趙雲應尚在人世，凡此有諸多疑點令人感到不解，難免引起後人質疑其真偽。

順道一提，以「先帝慮漢、賊不兩立，王業不偏安，故託臣以討賊也」開章明義的後出師表，被視為諸葛亮於228年二度北伐之際，上陳後主劉禪表明討魏決心的奏書，對於當時出征的必要性，有著深刻懇切的闡述。

武侯祠內的前出師表墨跡，相傳為岳飛親手所書

街亭之戰

馬謖失計捐街亭

教 戰 年　228年

戰　場　街亭

參 戰 者　張郃 vs 馬謖

臨陣上呈出師表
伐魏意堅天可鑑

　　諸葛亮與東吳結成同盟，結束南征解除後顧之憂，歷經兩年恢復國家元氣後，為了討滅曹魏收復中原，終於展開北伐之行。因為深信唯有占領魏國根據地所在的關中地帶，才有機會統一天下。出征前，向後主劉禪上呈「出師表」（請參看前頁），明示自己堅決的信念後，諸葛亮便意氣軒昂地領軍開拔。

武侯將兵出祁山

　　公元228年正月，諸葛亮命趙雲、鄧芝前往斜谷口，而斜谷口位於通往漢中最短路程的斜谷道途中，其用意在於以此做為疑兵，使魏軍以為蜀軍將由斜谷道攻打郿縣。趁佯攻部

隊牽制魏國大將軍曹真之時，諸葛亮親率主力，循著通往長安最迂迴的路徑，往渭水上游附近的祁山挺進。當時鄰近的南安、天水、安定郡得知消息，隨即叛魏響應蜀軍。包圍天水、攻打冀城時，並獲得日後成為蜀國大將軍的姜維，可謂重大的戰果。後來又遷徙（西縣）男女數千人返回蜀國。戰事初期攻無不克的諸葛亮，又派遣才氣縱橫的馬謖前往渭水北岸的要衝街亭，企圖守住這處要地。因為此地一旦被魏軍攻占，蜀軍將失去北進的據點。

馬謖違命敗軍還

　　諸葛亮由衷希望熟諳兵法的馬謖，能夠成為未來自己的繼承人，於是派他前往戰略要地街亭據守。英才早露的馬謖同副將王平領著兵馬，躊躇滿志地來到街亭後，卻違背諸葛亮

①譯注：大陸作家薩蘇曾經走訪今人考證位於陝西省秦安縣隴城鎮的街亭遺址，其地形開闊宛如扇形並不容易防守。他在《名著中的懸案》其中一節〈馬謖的街亭〉提出觀點，認為馬謖領軍由西向東而來，可能先見到街亭北側呈新月走向的南山正好位於整片扇形地的扇柄處，覺得形勢極好，可俯瞰敵軍，所以屬意在山上據守，但他再往東走出谷口，就會發現該處地形險要，更適合扼制魏軍。雖然書中並未提及此地為何，但一說應為地形險要的隴坻。又有一說認為蜀軍不及魏軍快速，馬謖不及抵達隴坻，只好退而求其次，選擇南山倉促應戰。然而不論如何，即便馬謖固守隴坻，於街亭以北的列柳城協防的高翔一旦被郭淮突破，馬謖軍還是有被郭淮迂迴包抄背後，前後遭到夾擊的疑慮。屆時諸葛亮後備部隊能否馳援接應，恐怕也是影響戰事勝負的因素。位於街亭以西的隴西太守游楚據城堅守，有別於其他三郡望風而降的舉動，某種程度牽制諸葛亮的進軍，使其在尚未確保後方安全的情況下，無法及早抽調兵力馳援，或許也是隱而不見的關鍵因素。用帥失宜、擇地不周、魏將用命、敵城未服，凡此環環相扣，都可做為檢視首度北伐失利的參考方向。

的指示。根據《三國演義》所述，馬謖奉兵法為金科玉律，認為居高臨下攻擊敵軍才是上策，因此未在山下要道上布防[1]；正史《魏書‧張郃傳》則記載馬謖倚仗南山（隴山之南）做為險阻，占據高山立下營寨[2]。張郃見蜀軍陣法失措，毫不猶豫地截斷水源，圍攻馬謖終至潰不成軍。

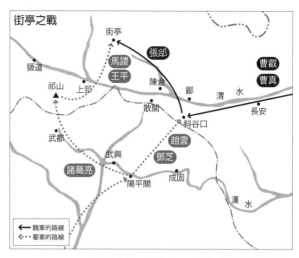

街亭之戰

起先副將王平數勸馬謖不可如此布署，但馬謖充耳不聞。按《三國演義》所述，王平自領一軍離開馬謖，在他處下寨以防萬一。正史則記載，馬謖戰敗後，王平帶領殘兵，井然有序地鳴鼓撤退，才免於全軍覆沒。據守在街亭北方（列柳城）的高翔[3]，隨後也被郭淮擊退。就連牽制魏軍於斜谷道的趙雲，得知主力部隊失利的消息後，也自行斷後撤軍。

天水、南安、安定三郡因此再次降魏，諸葛亮唯恐遭到孤立，不得不引軍撤回漢中。

首次北伐就在馬謖舉動失措的情況下，以戰敗收場。諸葛亮還師漢中後，為整肅綱紀，不得不強忍悲痛處斬馬謖。畢竟蜀漢吏士多出身自益州，倘若對馬謖手下留情，恐怕很難不招來益州派的指摘。諸葛亮對於胞弟般呵護有加的馬謖，必然十分惋惜其長才。「揮淚斬馬謖」一語的典故，就在這樣的背景下誕生了。然而從諸葛亮無視於劉備臨終前「馬謖不可大用」的忠告，最終自責「明不知人」的角度看來，恐怕這也是造成此一悲劇的重大原因。

順道一提，《漢晉春秋》的作者習鑿齒認為諸葛亮違背英明先主的訓誡，殺害賦予重任的馬謖，批判其御人用法的不智。甚至慨言諸葛亮不能兼併中原，也是想當然爾。

後來諸葛亮扛起敗戰的責任，向後主劉禪自請降職三等。劉禪體察諸葛亮的用心，只暫時降職二等，由丞相貶為右將軍，仍遂行丞相事。

專欄

王平

曹軍討伐張魯入侵漢中時，本來還是在曹操麾下隨行的一名武將，卻在此時投效了劉備。其事蹟始見於「街亭之戰」。由於收容殘兵安然歸建，因功晉升為參軍。雖然不太識字，但能通過口述，請人代為作書，而且旨意清楚條理分明。平時少談笑，經常端坐整日，有時會因為學識不足而輕視自己，顯得個性偏狹。凡此均見載於《蜀書‧王平傳》。

②譯注：原文提到馬謖重視兵法之說，應該是受到《演義》的影響，正史並無此等說法，因此加入《魏書‧張郃傳》的記載，兩相對照。
③譯注：《魏書‧郭淮傳》作高詳。

街亭之戰

「司馬懿引二十萬軍來攻蜀軍。孔明便派馬謖，死守要地街亭，授與二萬五千兵，再遣王平為副將，指示下寨必當要道之處，使魏兵急切不能偷過。二人引兵而去後，孔明恐二人有失，又分撥高翔、魏延、趙雲、鄧芝、姜維屯兵於街亭四周，以備不測。

馬謖到街亭看了地勢，卻違反孔明之意，欲在山上屯軍。王平規諫曰：『此山乃絕地也，若汲水之道被斷，萬事休矣。』馬謖充耳不聞，強詞奪理曰：『若魏兵斷我汲水之道，蜀兵豈不死戰？以一可當百也。』王平無奈，遂引兵五千，離山十里下寨。見蜀軍如此屯兵，司馬懿大喜，便催軍前行。命張郃引一軍，擋住王平來路，又令申耽、申儀引兩路圍山，先斷了汲水道路。

馬謖在山上看，只見魏兵漫山遍野，蜀兵見之，盡皆喪膽，馬謖招動令旗，軍將你我相推，無一人敢動。馬謖大怒，遂殺二將，眾軍驚懼，只得努力下山來衝魏陣，魏兵端然不動，蜀兵又退回山去。馬謖見事不諧，教軍守緊寨門，只等外應。入夜後山上無水，兵不得食，寨中喧嚷大亂，蜀兵自開大門，下山降魏。馬謖料守不住，只得殺下山來逃生，因魏延、王平來救，才得僥倖脫身。

馬謖回到漢中，自縛跪於帳前，孔明怒責馬謖違背其旨，失陷街亭，若不能明正軍律，難以服眾，遂揮淚叱左右推出斬之。須臾，武士獻馬謖首級于階下，孔明大哭不已。蔣琬問曰：『馬謖取亡于自愚，丞相何故哭耶？』孔明曰：『吾非為馬謖哭。吾思先帝在白帝城臨危之時，曾遺囑馬謖言過其實，不可大用，今乃深恨己之不辨愚賢，因此痛哭耳。』大小將士聞之，無不流涕。」以上便是摘述自《三國演義》第95、96回的情節，《蜀書·馬謖傳》也記載諸葛亮曾為馬謖之死流淚。

孔明於馬謖兵敗後演出空城計，是否眞有其事？

「王平差使者送來屯兵圖本，孔明見馬謖不從指令，據山下寨，拍案大驚，又叮嚀安營之法，正待差使前行，忽報馬來到，說街亭已為司馬懿所陷。孔明尋思，唯今之計只有退兵，遂命關興、張苞投武功山而行，如遇魏軍，只鼓譟吶喊，以為疑兵驚之，令張翼引軍去修理劍閣，以備歸路。又命心腹人，分路報與天水、南安、安定三郡官吏軍民，皆入漢中避難。分撥已定，孔明自引五千兵去西城縣搬運糧草，卻在此時，司馬懿引大軍十五萬，望西城蜂擁而來。時孔明身邊並無大將，只有一班文官，并城內二千五百軍。便思大敵城門以疑魏兵，力救危城於將傾。孔明即令眾將，旌旗盡皆藏匿，大開四門，每一門上用二十軍士，扮作百姓，灑掃街道，如魏兵到時，靜默自如，不可擅動。嚴令妄行出入，及高聲言語者，立斬。孔明乃披鶴氅，戴綸巾，引二小童攜琴一張，於敵樓前焚香操琴。司馬懿見此模樣，不禁大疑，唯恐城中有伏，便引兵盡皆退去。孔明見魏軍遠去，即下令西城百姓，隨軍入漢中，領官吏軍民相繼退走。

司馬懿不知是孔明計，盡如其意，望武功山小路而來。時關興、張苞伏兵於山谷中，忽而喊殺連天，鼓聲震地，魏軍不知蜀兵多少，心疑倉皇，只得盡棄輜重，逃回街亭。此時曹真知孔明退兵，急引兵追趕，卻為姜維、馬岱所阻。卻說趙雲、鄧芝，伏兵於箕谷道中，聞孔明領軍民皆往漢中避魏，趙雲亦親自斷後，徐徐退往漢中。魏兵數度進逼，因趙雲應變奮擊，軍資輜重不曾失去，遂得安然歸返。」以上便是摘自《三國演義》第96回的劇情簡要。

話說人們提到「空城計」，多半以為出自諸葛亮的計策。事實上根據《蜀書・趙雲傳》的記載，劉備與曹操爭奪漢中之時，趙雲曾被曹操大軍襲擊，臨機應變之下，用的便是此計。據說當時趙雲命人大開城門、偃旗息鼓，兵勢就地不動。曹軍懷疑城內有伏兵，便引兵退走。就在曹軍正待離去時，後方擂鼓震天，戎弩盡發①箭如飛蝗，曹軍驚駭奔逃，自相踐踏，許多士兵遂落入漢水而死。

---

①譯注：或指諸葛亮改良的連弩，時稱元戎，一次可發射十箭。見《蜀書・諸葛亮傳》引注的《魏氏春秋》。

石亭之戰

曹休十萬下江南
伯言用計敗曹軍

交戰年 228年

戰　場 石亭

參戰者 陸遜、朱桓、周魴 vs 曹休

陸遜三路擊曹休

　　諸葛亮首次北伐，將魏軍牽制於關中一帶，孫權見良機已至，便動員軍隊，想要奪回被魏國占領的淮南。淮南有淮水流經，向來為魚米之鄉，是中國少數的大穀倉，若能收復此地，為東吳帶來的利益甚大。孫權便派遣陸遜、朱桓、全琮、周魴諸將，進駐皖城前方的石亭。孫權並打算用計，引出魏國大司馬曹休前來。於是命鄱陽太守周魴假意降魏，向曹休七次投書，說明不得不降的原委，使曹休信以為真。曹休對周魴內應一事深信不疑，遂率領步騎共十萬大軍，進兵皖城。

　　大都督陸遜命朱桓、全琮率左右兩翼，自領中軍三路並進，同時攻打魏軍。輕易衝破曹休伏兵後，又乘勢追擊魏兵至夾石，一舉制敵獲得全勝。據說當時陣亡被俘者，上達萬人之譜，斬獲大量鎧甲器械、牛馬驢騾及車輛之外，還取得眾多軍需物資。根據《吳書‧陸遜傳》的記載，曹休艱難脫困返回魏國，對於自己中計戰敗一事，深以為恥，激憤之餘，背部生出癰疽（惡性腫瘤），因此死去。

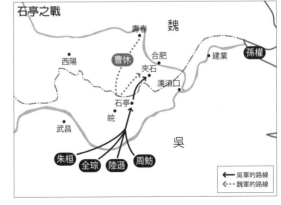

石亭之戰

魏
壽春
西陽
曹休
合肥
建業
孫權
夾石
濡須口
石亭
皖
武昌
吳
朱桓　全琮　陸遜　周魴

← 吳軍的路線
←⋯ 魏軍的路線

162

陳倉之戰

郝昭千人守孤城
凌越猛擊退蜀征

教戰年　228年

戰　場　陳倉

參戰者　郝昭 vs 諸葛亮

武侯二起北伐軍

諸葛亮得知魏軍於石亭為吳軍所敗後，乘機於公元228年12月，再次展開北伐（第二次北伐）。蜀軍並未取道第一次北伐行經的關山道，而往東改走箕谷道，由散關渡過渭水，攻打魏國西土的關口陳倉。然而魏將曹真早已料到諸葛亮會經由這條路線來進犯，預先讓雜號將軍郝昭與王生防守此地，修築城池。抵達陳倉圍攻的蜀軍多達數萬，郝昭軍僅有千餘人，處於壓倒性不利的情勢。諸葛亮讓郝昭的同鄉靳詳前去勸降，威名遠盛的郝昭，意志堅決不肯投降。諸葛亮於是發起攻勢，以雲梯登城，令衝車破門，郝昭毅然應戰，回射火箭抗擊，蜀軍人梯俱焚，又墜落石磨重壓，摧折衝車。諸葛亮搭建百餘尺高（20公尺左右）的井闌，從上方向城中放箭，又填平城壕攀登外牆，郝昭也築起一道內牆抵禦。諸葛亮再命人挖掘地道潛入城中，郝昭也挖掘橫溝阻絕地穴，以此相抗。

雙方如此攻防二十餘日後，魏國名將張郃由洛陽領三萬兵馬及武衛、虎賁使（禁衛部隊）馳援，費曜也自長安發兵來救。諸葛亮得知援兵將至，眼看軍糧又將告罄，不得不引兵退回漢中。撤軍之時，曹真部將王雙率領騎兵追擊，諸葛亮最終破斬王雙，帶著僅有的此一戰果悵然還師。

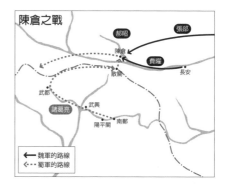

陳倉之戰

郝昭　張郃

陳倉　費曜

長安

散關

武都　武興　南鄭

諸葛亮

陽平關

← 魏軍的路線
←--- 蜀軍的路線

163

武都、陰平之戰

武侯再三起兵勢
北伐魏國僅此勝

教戰年 229年

戰　場 武都、陰平

參戰者 諸葛亮 vs 郭淮

三度北伐取二郡

　　諸葛亮二次北伐，敗於陳倉，翌年229年春再次起兵，遣將軍陳式（《資治通鑑》作陳戒）攻打武都、陰平。早先蜀魏爭奪漢中之時，此二郡曾經收入蜀軍的版圖，後來又被曹洪、曹休奪回，併入魏國的領土。諸葛亮攻擊此地，除了有收復失土的用意，也存有獲得當地羌氐二族強悍的兵員來強化自身戰力的企圖。為了抗擊蜀軍，魏國派遣留駐長安的雍州刺史郭淮發兵馳援，然而郭淮尚未抵達武都、陰平之前，諸葛亮早已等候在魏軍行進路線上的建威，親自牽制郭淮，蜀軍因此輕易地取得武都、陰平二郡。諸葛亮因此功再次恢復丞相之位後，又馬不停蹄地在漢中以西的沔陽興築漢城，於漢中以東的成固（今名城固）修築樂城，以防備魏國的入侵。武都、陰平之戰，最後就在魏蜀並未交兵的情況下，以蜀軍單方面占領的結果告終。

三國演義說法

《三國演義》
述及的郭淮之死

　　《三國演義》提到孔明北伐之際，郭淮乍見蜀軍假扮的神兵，誤以為神鬼下凡相助蜀軍而敗走。後來郭淮與姜維交兵，姜維接住他射來的一箭，反以此箭回敬，射死了郭淮。然而神兵與射死郭淮二事，都是《三國演義》所虛構。事實上，郭淮一直活到255年才因病去世。

武都、陰平之戰

魏

蜀軍的路線
←‥‥魏軍的路線

赤阪、成固之戰

諸葛成固備萬全
靡雨綿長兩軍還

教 戰 年｜230年

戰 場｜赤阪、成固

參 戰 者｜諸葛亮 vs 曹真

曹真領軍襲漢中

公元 230年8月，魏國為了收復被奪走的武都、陰平兩處領土，大舉南征伐蜀，展開入侵漢中的行動。這也是任職大司馬的曹真，見蜀國連年來犯國境，力諫魏明帝曹叡討伐蜀國的結果。曹真與大將軍司馬懿遂率領大軍，聯袂向漢中進兵。魏軍三路並進，司馬懿挺進西城，張郃進軍子午道，曹真則經斜谷道往南鄭推進，欲一舉攻下漢中。然而魏帝曹叡才目送曹真出兵不久，司空陳群就前來陳情，舉出入侵漢中每每軍糧不足、軍需轉運困難等疑慮，勸諫曹叡休兵。曹叡於是即刻遣使，追上曹真傳旨回師，曹真卻不從旨意，只是將行進路線改為子午道，依然朝漢中一路挺進。

為了對抗魏軍，諸葛亮親自進駐成固，在其東面的赤阪布防，等待魏軍來犯。又命驃騎將軍李嚴領兩萬兵馬，緊急趕往漢中，做好萬全的準備。

霖雨徒勞兩相返

兩軍於赤阪、成固對峙，卻因為長達月餘的一場霖雨，為戰局帶來莫大的影響。原本做為進軍之用的棧道，遭到風雨摧毀，既無法進擊也不利於後勤補給。徒然坐困之際，少府楊阜上奏，陳言軍資不足，必須停止攻打漢中。遠在洛陽的曹叡才接受此議，命曹真全軍撤退。不曾交兵的兩軍，就這樣渡過無謂的時日，最終引軍而還。

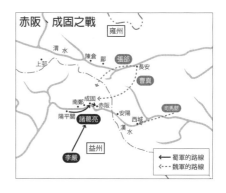

祁山之戰

武侯宣王初對壘
李嚴矯詔蜀軍還

教戰年 231年

戰 場 祁山

參戰者 諸葛亮 vs 司馬懿

孔明四度出祁山

對於諸葛亮而言，祁山做為北伐要衝的重要性，就等同首次北伐未能守住的街亭。一旦此地被魏軍占領固守，羌族與魏國很容易互通聲氣，在魏國的呼應下舉兵作亂。因此諸葛亮訂定了作戰規劃，要將魏軍逐出祁山，這場戰役便是四度北伐的「祁山之戰」。

公元231年元月，諸葛亮完成萬全的準備後，再次向西進軍攻打祁山。經過二度北伐的「陳倉之戰」，諸葛亮記取了軍糧不繼的教訓，預作準備研發了所謂的木牛，用於搬運糧秣。又在祁山攻勢展開的同時，呼應鮮卑族的首領軻比能，從北方進攻長安。

懿亮首度交相戰

當時魏國大司馬曹真臥病不起，

魏明帝曹叡緊急召來駐紮在宛城的司馬懿，任命為征蜀統帥。司馬懿奉召領命，授予費瑤①、戴陵、郭淮等四千精兵，前往上邽防禦，自率其餘的部隊悉進祁山，與諸葛亮初次對陣交手。

諸葛亮輕易地擊退郭淮、費瑤自上邽出兵的魏軍，又命蜀軍收割上邽周緣的麥穗，確保軍糧無虞，就在此時，司馬懿率領主力部隊趕到。司馬懿見蜀軍作戰準備周全，於是避免與蜀軍交鋒，成日鎮守營中堅不出戰。心中盤算的是以持久抗戰的態勢，坐待蜀軍糧秣用盡。

不久魏軍將士開始對司馬懿消極的態度開始不滿，司馬懿再也無法坐視，便決定親率主力部隊出戰。同年5月，司馬懿授予張郃一萬兵馬，攻打部署於祁山之南的王平②，自己則率領魏軍主力，對諸葛亮主營發動攻勢。豈料魏軍出戰，卻正中望眼欲穿的諸葛亮下懷，他即刻命令魏延、高

①譯注：此名僅見於《蜀書・魏延傳》，記載中提到魏延於蜀漢建興八年（230年）擊破後將軍費瑤、雍州刺史郭淮於陽谿。雖應以《三國志》為主作費曜，但為尊重原作者，不做更動僅加注示明之。

②譯注：《蜀書・諸葛亮傳》引注的《漢晉春秋》作何平。何為王平母親的姓氏，何平便是王平。

翔、吳班諸將出擊大破魏軍，斬獲首級三千、玄鎧（鐵甲）五千具、角弩三千一百張的戰果。蒙受此一重大打擊的司馬懿狼狽歸營，再也不願出戰。入夏後受困於綿綿雨勢，蜀軍又再次出現糧秣不繼的窘況。在漢中負責督送糧草的李嚴，唯恐糧運遲來晚到而被問罪，假傳聖旨給前線的諸葛亮，

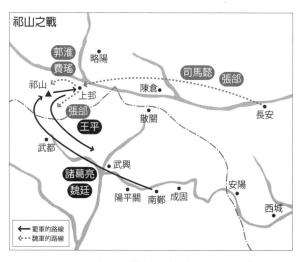

祁山之戰

郭淮
費瑤　略陽

司馬懿　張郃

祁山　上邽　陳倉　長安

張郃
王平　散關

諸葛亮　武都　武興　安陽

魏延　陽平關　南鄭　成固　西城

← 蜀軍的路線
←‥‥ 魏軍的路線

指說糧秣不繼，請其班師回朝。諸葛亮見詔書既至聖意難違，於是全軍撤回漢中。

司馬懿見蜀軍撤退，即刻命令張郃追擊。張郃反對勸諫道：「兵法有云，對於井然有序退兵的軍隊，不可深追。」但司馬懿並未採諫，張郃只得領兵出戰，最後果然不出所料，在通過木門（或名青封）時，遭到諸葛亮預置的伏兵襲擊，中箭身亡。

李嚴論罪貶庶人

且說諸葛亮返回漢中後，李嚴卻故作驚訝之狀，指責諸葛亮不應歸返。隨後又上表後主劉禪，偽稱諸葛亮撤退，目的在於誘敵深入。諸葛亮為了查明真相，便前往成都親自向劉禪稟報事情的經過，李嚴最後被貶為庶民，外放到梓潼郡。四度北伐就這樣因為糧食不足、李嚴為求自保等因素，未能取得決定性的戰果，在蒙受莫大人員傷害及國力耗損的情況下，最後以此告終。

三國演義說法

六出祁山？

《三國演義》第102回提到「臣亮五出祁山，未得寸土，負罪非輕。今臣復統全部再出祁山」[3]，如此讀來，讓人產生孔明六次北伐、似乎都曾攻打祁山的錯覺。事實上只有第一和第五次北伐出兵祁山。據說之所以造成此一結果，原因在於作者羅貫中未能清楚掌握兩軍交手的相關陣容與部署。順道一提，發生於231年的祁山之戰，見載於《三國演義》的第101回。

---

③譯注：原文指此段內容為後出師表的開頭，敘述有誤，故予以刪除。後出師表出現的章回在第97回，與此段陳述無關。

五丈原之戰

營屯高原似葫蘆
孔明終戰殞落處

教戰年 234年

戰　場 五丈原

參戰者 司馬懿 vs 諸葛亮

取道斜谷向五丈

於公元231年發起「祁山之戰」的蜀軍，因蕭牆之禍被迫退回漢中，諸葛亮此後歷經三年的歲月整軍經武，於234年2月率兵十萬再度北伐。當時蜀軍一舉挺進北上，採取從漢中經斜谷道的路線進兵。由漢中行抵褒水，再越過險峻的秦嶺，路程相當艱危。諸葛亮抵達渭水後，駐屯在南岸地勢高聳、狀似葫蘆的五丈原。因地勢最狹窄處僅有五丈（45公尺）而得名的此一臺地，是一處易守難攻的天然屏障。在此集結的蜀軍，遂與部署在渭水北方臺地的魏軍展開了對峙。過去諸葛亮數度飽受糧秣不繼之苦，於是又研發出一種名為流馬，用於山區運輸的四輪車，讓運糧過程更為順暢少阻。除此又早在232年於勉縣的黃沙一帶獎勵農耕，翌年又在斜谷大造倉閣，儲存糧秣於此，構築完備的後勤體系。持續對陣的期間，魏延曾率軍攻打北原，但遭到郭淮擊退[①]。

宣王忍詢為遠圖

由司馬懿領兵對峙於五丈原的魏軍，總數達三十萬，擁有蜀軍三倍的強大戰力，一旦蜀軍由五丈原進入平地作戰，魏軍在兵力上顯然擁有壓倒性優勢。諸葛亮遂認為除非誘使司馬懿出戰，趁隙攻破魏軍，否則毫無勝算。司馬懿自然傾向對壘相持，魏明帝曹叡本身也嚴令司馬懿不得應戰。為此諸葛亮一度將婦人用的髮飾衣著送給司馬懿，似乎以此暗諷司馬懿缺少大丈夫的氣概，不如穿著女裝來得相稱。司馬懿大怒，便向魏明帝請示許戰，曹叡命辛毗為使前去勸阻，司馬懿遂受辛毗節制，沒有機會與諸葛亮交兵。

順道一提，根據《漢晉春秋》所述，司馬懿原本就沒有意願交兵，為了向部將展現自己敢於一戰的決心，才故意向魏明帝上書請戰。

---

①譯注：作者認三國演義說法為正史，故有魏延率領蜀軍攻打北原之論述，但正史並未提及蜀軍由誰率領攻打北原。

武侯盡瘁定天數

五丈原之戰

魏延　郭淮
北原
陳倉
郿　　司馬懿
五丈原　　　長安

諸葛亮、費緯、楊儀、
姜維、王平、馬岱

成固
南鄭

← 魏軍的路線
←‑‑ 蜀軍的路線

　　兩軍就這樣坐待時光飛逝，對峙了百餘日。最終諸葛亮於234年8月，因為心力交瘁積勞成疾，病歿於五丈原陣中。根據《魏氏春秋》的記載，司馬懿從諸葛亮派來的使者口中，得知諸葛亮勤於政事軍務，從早到晚忙碌不休，每日進食不到數升②，當下領會諸葛亮死期將近。蜀軍失去倚賴的軍師，只得火燒營屯撤兵。司馬懿獲知情報，立即發兵追擊蜀軍。根據《晉書·宣帝紀》的記載，當時斷後的楊儀搖鼓震天，作勢欲抗擊魏軍，司馬懿遂放棄追擊的念頭。當地人見到這幅光景，於是流傳起「死孔明，能走生仲達」這樣一句話來。順道一提，《三國演義》描寫司馬懿雖然早已預料孔明將死，但見到出現在眼前的孔明木像，卻信以為真，以為孔明尚在人世，嚇得狼狽而逃，凡此都是為了誇大司馬懿愚昧的形象。

　　諸葛亮壯志未酬身先死，遺體運往漢中之後，蜀人遵照其遺言，宛如凝望著魏軍一般，埋葬在定軍山的北麓，讓人深深感受到諸葛亮即便死去，依然眈望著魏國動向的那分執著。依照其遺言所述，臨葬時必須極力儉樸，無須刻意造墓，只需倚山建

②譯注：依照三國與今日度量衡的換算，一升約204毫升。

墳即可，並以平時裝束做為殮服，不用任何物品陪葬。諸葛亮死後，劉禪贈與忠武侯的諡號，後人遂稱為諸葛武侯。最終第五次北伐，也在未能取得重大戰果之下，以失敗的結局落幕。支撐蜀國的棟梁砥柱諸葛亮身故後，蜀漢欲復興漢室的夢想，實質上已經完全幻滅。

專欄

魏延真是亂臣嗎？

　　提到魏延，多半為人貼上反臣的標籤。諸葛亮在五丈原臨死之際，暗中找來楊儀、費緯、姜維等人，交代自己一旦死後，由魏延斷後阻擋魏軍，姜維在魏延前部督軍後撤，倘若魏延不願服從此令，蜀軍仍按原訂計畫出發。諸葛亮死後，楊儀命費緯向魏延打探心意，魏延卻怒言理當由他率領各部討伐魏軍，不願服從軍令。蜀軍於是按諸葛亮的遺言開始撤退，魏延為了阻止蜀軍，竟率先趕在前頭燒毀棧道。隨後馬岱奉楊儀之命前來緝捕，最終魏延就背負著謀反的污名，遭到馬岱斬首。不過陳壽在《蜀書·魏延傳》的最後，卻以「魏延之所以一路南行，並未北上投魏，純粹是為了除掉楊儀等人，並非謀反」等論述做為陳結。

五丈原之戰

「時為蜀漢建興十三年（魏國青龍二年）春二月，孔明上表入奏後主，起兵六度北征，自領蜀兵三十四萬，分五路而行，再次兵出祁山，自斜谷直至劍閣，又一連下了十四個大寨，分屯兵馬，以為久計。司馬懿奉旨討敵，於長安聚集四十萬軍馬，皆來渭濱下寨，於渭水上搭起九座浮橋後，渡過渭水安營，又於營後築起一城，以防不虞。孔明分撥諸將依計行事，令魏延、馬岱虛攻北原，乘魏軍心怯之際，命吳班、吳懿去燒浮橋，姜維、馬忠、廖化、張翼皆去攻渭水主營。司馬懿識破孔明之計，教諸將伏兵以待，引魏延、馬岱深入，將近北原時，見機兩路圍攻，蜀兵多半落水戰亡。王平、張嶷二人獲報，得知蜀軍攻打北原，兵馬俱失，急忙退兵時，卻被魏兵抄在背後，蜀兵又折傷大半。經此一戰，蜀兵約折了萬餘人。

孔明心中憂悶，便修書一封，遣使往謁吳主孫權，提議吳蜀共討魏國，同分天下，商請東吳北征。孫權大喜應允，約定即日起大兵三十萬，三路分取新城、襄陽、廣陵。

且說孔明與司馬懿對壘，兩相鬥智，愈發熾烈，司馬懿使人詐降，卻被孔明將計就計。司馬懿不知孔明使計反間，命秦朗引一萬兵，夜更時去劫蜀營，孔明早有防備，令士兵盡皆埋伏，只留空營一座，魏軍殺入蜀寨，不見一人，驚惶中正待退走，忽然喊聲震地，王平、張嶷、馬岱分左右兩路殺來。司馬懿引兵接應在後，也被魏延、姜維襲殺一陣，魏兵大敗四散逃亡，乃引殘兵奔回本寨。自此孔明每日令兵搦戰，魏軍卻堅守不出。原來司馬懿見蜀軍糧草不能接濟，遂以此為久遠之計。蜀

諸葛亮廟中的一景

軍糧米本在劍閣，孔明遂教人製造木牛流馬，往來搬運糧草，自劍閣直抵祁山大寨，司馬懿坐待蜀軍自斃之計，遂因此落空。

（圖）諸葛亮廟中的一景

孔明又差人用計，引司馬懿父子入葫蘆谷（渭水以北的山谷），施以火攻，不想一場傾盆驟雨，讓司馬懿父子得以脫身逃走。

孔明遂自引一軍屯於五丈原，命人至魏營前搦戰，司馬懿仍堅決不出。孔明不耐，乃取巾幗並婦人縞素之服，又修書一封，遣人送至魏寨。司馬懿故作若無其事，反問使者孔明近況。使者曰：『丞相夙興夜寐，所啖之食，不過數升。』司馬懿遂知孔明命不長久。孔明自知死期將近，欲於七日內，行祈禳北斗之法，延命一紀，不想生死緊要之主燈，卻讓魏延踩滅，最終未能如願，竟口吐鮮血，一病不起。臨終之際，囑咐楊儀曰：『若司馬懿來追，將我先時所刻木像，推出陣前，司馬懿見之，必驚走矣。』不久氣絕薨逝。蜀軍徐徐退走後，司馬懿果然引兵追至，只見蜀兵霎時回旗返鼓，司馬懿見孔明像在前，大驚曰：『孔明尚在乎！』急忙勒馬回撥，倉皇逃走。奔走了數十餘里，卻用手摸頭，問部將曰：『我還有頭否？』於是蜀中人自此諺曰：『死諸葛能走生仲達。』」

以上便是《三國演義》第102至104回的摘要情節，文中所見到的司馬懿，屢屢在諸葛亮的妙計下吃足苦頭，飽受作者的擺布，結果竟成了滑稽可笑的角色。

專欄

北伐共五次或六次？

對於諸葛亮北伐次數的看法，可說因人而異。本書作五次看待，也有人加上赤阪、成固之戰，或加上魏延攻打羌中之戰等等，眾說紛紜。《三國演義》甚至有六出祁山之說，因此有作者主張六次北伐都曾經攻打祁山，使得看法愈加錯綜複雜。至於本書所述及的五次北伐，其進軍路線簡示如下。

第一次北伐　祁山→街亭路線（街亭之戰）
第二次北伐　散關→陳倉路線（陳倉之戰）
第三次北伐　武都→陰平路線（武都、陰平之戰）
第四次北伐　武都→祁山路線（祁山之戰）
第五次北伐　褒谷道→五丈原路線（五丈原之戰）

五丈原之戰故址巡禮

豎立在五丈原諸葛亮廟前的石碑

五丈原諸葛亮廟的入口

為了竭盡對先主劉備的忠貞志節，諸葛亮曾五度北伐（《三國演義》作六次），卻也不敵病魔，迎來人生最終的一刻。公元234年諸葛亮通過斜谷道這條由漢中貫穿秦嶺山脈而來的險路，布陣在南北長三點五公里、東西寬一公里、三面環伺數十公尺高絕壁、有著寬闊視野的五丈原臺地，迎戰司馬懿統率的魏軍。但或許是因為積勞成疾，復興漢室的心願難了之故，諸葛亮竟病逝此地終不歸。享年54歲。相傳去世時，曾有赤色星芒隕落陣中。如今諸葛亮陣歿所在的五丈原臺地，建有五丈原諸葛亮廟，吸引許多三國志迷前來朝拜。穿過大門後，可見到左右兩側的鐘樓與鼓樓，正面則是獻殿，獻殿內部還散落著八卦亭、正殿等建物。

石階下方有一口井，人稱諸葛泉

交通 前往五丈原諸葛亮廟，可由寶雞火車站搭乘開往眉縣的公車（或快客），於高店下車，再轉搭班車（陝汽）約20分鐘可達。

五丈原諸葛亮廟的內部

壯闊的景觀無限延展

雕刻於宋代的前出師表

成為諸葛亮戰術根本的八陣圖

五丈原諸葛亮廟中的諸葛亮像

廟內籠罩著一股莊嚴的氣氛

合肥新城之戰
（233～234年）

捨水就陸陷苦戰
仲謀志挫敗軍還

教戰年 233～234年

戰　場 合肥新城

參戰者 滿寵 vs 孫權

■ 孫權策定攻魏城

　　諸葛亮數次北伐之際，吳主孫權始終虎視眈眈，等待入侵魏國的機會。首要目標自然是魏國的前線基地～合肥。因為對孫權而言，想要確保揚州安定，攻下此處魏國最重要的前線據點，是戰略中不可或缺的一環。是以自從「石亭之戰」以後，吳魏兩國就在此地展開連年的攻防。

■ 二取合肥空悵然

　　公元233年孫權授命全琮率領步騎共五萬兵馬，攻打合肥以西的六安，自己親自指揮部隊，攻擊當時取代曹休督軍的滿寵。本來合肥舊城面對長江與巢湖，對水軍而言相對輕而易舉，如今攻打離岸邊甚遠的合肥新城，卻不是一件易事。因為攻擊這座新建的城池，吳軍勢必要登岸，面臨陸戰的考驗。加以攻打六安的全琮也陷入苦戰，孫權於是下令全軍撤返。

　　翌年234年5月，諸葛亮五度北伐

　　毅然出戰時，宛如與蜀國呼應一般，孫權也展開入侵魏國的行動。當時孫權採用三路並進的策略，命孫韶、張承攻廣陵、淮陰[1]，陸遜、諸葛瑾由夏口進兵襄陽，自己領軍攻擊合肥新城。滿寵據守合肥，與各路魏軍合力抗擊，依然陷於苦戰。直到曹叡（魏明帝）親自領軍前來救援，形勢才為之逆轉。孫權原本以為魏軍主力被牽制在五丈原的攻防戰中，不得抽身前來，因此高估吳軍的優勢。到了7月，孫權研判無法攻下合肥，遂引軍而還。攻打廣陵、淮陰的孫韶與張承，與進攻江夏（新市、安陸）、石陽[2]的陸遜、諸葛瑾，也各自先後退兵。

合肥新城之戰

← 魏軍的路線
←-- 吳軍的路線

①譯注：《吳書‧吳主傳》作淮陽，地處淮水防線後方而淮陰與廣陵舊址均在江蘇省淮安境內，約莫在淮水附近，《資治通鑑》作者司馬光似乎發現此一疑點，因此將淮陽改爲淮陰。

②譯注：原文指當時陸遜正圍攻夏口，不過根據《吳書‧陸遜傳》的記載，當時陸遜並未立即撤退，又按計畫進攻至白圍，並派分遣部隊攻打江夏、石陽等地，最後才撤退，因此更寫。

三國時代的落幕

姜維

魏滅蜀之戰

　　鄧艾領兵由陰平進入人跡罕至的山中，途中攀爬懸崖，拋索登降，甚至以毛毯裹身，沿著斜坡滾下，歷經艱險與惡劣的環境搏鬥，最終攻入成都。

三國時代的落幕：序章

　　曾經由魏、吳、蜀鼎足並立的三國時代，最終也宣告落幕。諸葛亮身故後，接任的蔣琬、費禕相繼死去，出任大將軍的姜維，在無人可節制的情形下，未經遠慮不斷北伐，導致蜀漢國力逐日疲弊。魏將鄧艾翻越險谷，攻抵成都後，劉禪輕易地舉城獻降，蜀漢遂在三國中率先滅亡。但由於魏臣司馬懿發動政變，奪取朝廷實權，等到其孫司馬炎逼迫曹奐遜位取而代之，曾經消滅蜀漢的魏國，也搖身一變成為西晉。碩果僅存的吳國，則因為禍起蕭牆，內部分崩離析。末代皇帝孫皓無力阻止蜂擁而至的晉國大軍，最終也出降歸順。

蜀漢滅亡記

　　諸葛亮去世後，繼任的蔣琬始終採取守勢，致力於恢復國力。接替蔣琬的費禕也頗能體會其用心，對於出兵採取消極的態度。即使姜維屢次要求北伐，費禕也只給予姜維不足萬人的兵力。但等到費禕在宴席中遭到魏國降將（郭循）刺殺後，姜維再也不受制約，從此無所忌憚地不斷北伐。然而數度出兵，卻未能取得顯著的戰果，徒使國力日漸衰微。

　　朝中又有深受後主劉禪寵信的宦官黃皓，長年諂惑劉禪、干預政事，徒令情勢更加紛擾。就在這樣的亂局中，魏將司馬昭命鍾會、鄧艾分兵兩路，進軍成都。鄧艾軍一逼近成都，劉禪便輕易地投降了。隨後姜維暗中煽動鍾會自立，欲藉此復興蜀漢，但最終希望落空，奮戰而死。

曹魏滅亡記

　　此生最大勁敵的諸葛亮病歿於五丈原後，司馬懿與大將軍曹爽，受魏帝二世曹叡（明帝）託付，輔佐繼位的曹芳。曹爽唯恐司馬懿大權在握，令其出任有名無實的太傅。司馬懿遂隱忍一時，等待良機到來。公元249年正月，趁曹爽陪同皇帝曹芳至明帝墓謁陵之際，司馬懿一舉發動兵變，以大逆謀反的罪名，將曹爽等人誅夷三族。自此司馬懿掌握魏國實權，其子司馬師、司馬昭兄弟繼承父親的一切，更加專擅朝政，最終其孫司馬炎自曹奐（元帝）手中奪走帝位，建立晉朝取代了曹魏。但有別於其他兩國的是，魏國僅是形式上轉變為西晉，朝代的正統性依然延續。

孫吳滅亡記

　　正當司馬懿發動兵變、掌握魏國實權之際，吳國卻因為孫權繼承人之爭，

使孫和與孫霸之間的對立浮上檯面。早先孫權已冊立孫和為太子，但無論指定孫和或孫霸，都會引發繼承的紛爭，孫權於是廢立孫和、賜死孫霸，策立當時僅有八歲的孫亮為太子，令其繼承皇位。就連在「夷陵之戰」立下莫大功勳的陸遜，也因為捲入這場立嗣之爭，觸怒孫權受到責難而憤死。吳國就這樣因為內紛不斷，日漸腐敗崩解。公元252年孫權去世後，諸葛恪掌握吳國的朝中實權，最終因為政治鬥爭，被孫峻預謀刺殺。儘管孫亮得以繼孫權之後即位，卻遭到大將軍孫綝廢立，由孫休、孫晧先後繼位。孫晧即位後，毫無意義地強行遷都，大興土木修築宮室，導致國力耗竭，又終日猜疑不能自安，處死許多賢臣良將，耽溺於聲色酒食，全然不顧朝政，墮落自棄的行止，足可冠以昏君之名。

　　晉武帝司馬炎見孫晧暴虐無道，認為滅吳的時機已到，便於279年11月，動員超過二十萬的大軍，各路並進攻打吳國。翌年280年3月，孫晧出降，最終吳國也走上滅亡之路。

三國鼎立至最終，
由晉統一天下

179

公元	大事紀
235年	司馬懿任太尉。蔣琬任大將軍。楊儀自盡。曹叡興建洛陽宮室。孫休誕生。
236年	高句麗處斬孫權使者，將首級送往幽州。司馬炎誕生。董昭、張昭去世。
237年	吳將朱然攻江夏，為胡質所敗。魏將毌丘儉攻打公孫淵，因遼水氾濫，引兵撤退。公孫淵自稱燕王。
238年	司馬懿圍討公孫淵於襄平，予以斬殺（襄平之戰）。蔣琬駐屯漢中。劉放、孫資力勸曹叡召回司馬懿輔政。倭國卑彌呼遣使來魏，受封為親魏倭王。
239年	曹叡去世，委託後事予司馬懿、曹爽。曹芳即位（8歲）。司馬懿遷任太傅，失去實權。蔣琬任大司馬。吳將廖式擁兵數萬謀反，後為呂岱、唐咨平定（廖式之亂）。
241年	吳國出兵攻魏。司馬懿率大軍救援樊城，吳軍撤退。諸葛瑾、孫登、孫韶去世。
242年	孫和冊立為太子。孫霸封為魯王。高句麗入侵魏境。孫晧誕生。
243年	蔣琬病篤，費禕任蜀漢大將軍、錄尚書事，全權總攬朝政。卑彌呼再次遣使來魏。孫亮誕生。
244年	陸遜任吳國丞相。曹爽、夏侯玄進攻蜀國，費禕防衛於興勢山（興勢山之戰）。
245年	陸遜上書勸諫孫權，受到責難而憤死。
246年	毌丘儉討伐高句麗，攻陷丸都（高句麗討伐戰）。蔣琬、董允去世。
247年	姜維與隴右羌人相呼應，與魏將郭淮、夏侯霸交兵（姜維入侵涼州）。司馬懿稱病，蟄伏家中。
248年	費禕進駐漢中。吳國建業王宮落成。
249年	司馬懿父子發動兵變，誅夷曹爽黨人（高平陵之變）。夏侯霸亡命蜀國。姜維遭魏將郭淮擊敗。
250年	孫權廢立孫和，立孫亮為太子，賜死孫霸。魏軍大舉進犯巫縣、秭歸、夷陵、江陵（曹魏伐吳戰）
251年	魏將王淩企圖發動兵變，遭司馬懿平定。司馬懿去世。司馬昭任撫軍大將軍、錄尚書事。孫權召來諸葛恪託付後事，為太子孫亮輔政。
252年	司馬師任大將軍。孫權去世。太子孫亮即位。吳將諸葛恪於東興擊破魏將諸葛誕（東興之戰）。
253年	費禕遇刺身亡。姜維攻打南安敗退（姜維的北伐）。費禕、孫和死去。諸葛恪被共謀的孫亮、孫峻殺害。合肥新城之戰。
254年	李豐之亂。司馬昭處死李豐、夏侯玄等人。
255年	司馬師、郭淮去世。司馬昭任大將軍。壽春之戰。
257年	諸葛誕之亂。
258年	姜維任大將軍。淮南之戰。孫亮被廢立，孫休即位。孫綝死去。
260年	孫亮去世。
263年	魏將鍾會、鄧艾、諸葛緒率領大軍攻打蜀國（祁山之戰）。鄧艾取山中險道，擊破諸葛瞻於緜竹。劉禪向鄧艾請降（魏滅蜀之戰）。諸葛瞻、諸葛尚死去。
264年	鄧艾因鍾會密告被召回。鍾會與姜維圖謀兵變失敗，皆死於亂軍之中。鄧艾、孫休死去。
265年	司馬昭死去。孫晧遷都武昌。司馬炎脅迫曹奐禪讓，即位稱帝。
279年	晉國動員大軍攻打吳國（晉滅吳之戰）
280年	晉國水軍抵達建業。孫晧獻降，上呈印綬予司馬炎。
283年	孫晧死去。

主要戰役與群雄勢力圖

　　司馬懿發動兵變，魏國的實權由曹氏轉到司馬氏手中。公元263年蜀漢滅亡後，吳國也在280年滅亡，西晉逐取代三國統一天下。下方勢力圖，大約形成於吳國最終嘗試抵抗晉國的時候。

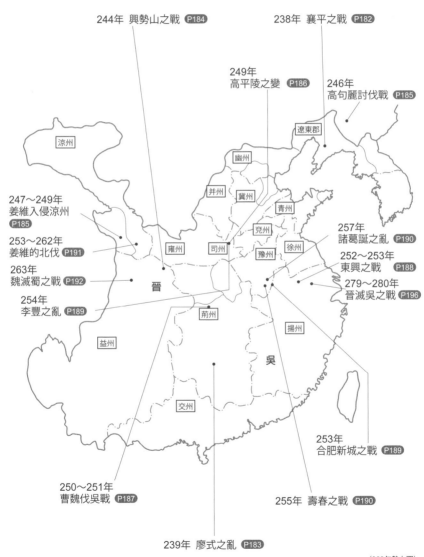

244年 興勢山之戰 P184

238年 襄平之戰 P182

249年 高平陵之變 P186

246年 高句麗討伐戰 P185

涼州

遼東郡

幽州

并州　冀州

青州

兗州

247～249年 姜維入侵涼州 P185

253～262年 姜維的北伐 P191

263年 魏滅蜀之戰 P192

254年 李豐之亂 P189

雍州　司州

豫州　徐州

257年 諸葛誕之亂 P190

252～253年 東興之戰 P188

279～280年 晉滅吳之戰 P196

晉

荊州

揚州

益州

吳

交州

253年 合肥新城之戰 P189

250～251年 曹魏伐吳戰 P187

255年 壽春之戰 P190

239年 廖式之亂 P183

（269年勢力圖）

襄平之戰

文懿袖舞兩迎風
仲達心戒征遼雄

教戰年 238年

戰　場 襄平

參戰者 司馬懿 vs 公孫淵

公孫兩面謀邦立

　　魏、吳、蜀三國鼎足天下之後，遠離中原的遼東避開三國的爭亂，維持著偏安的局面。公孫瓚死後，公孫度被董卓任命為遼東太守，其子公孫康繼承其位，其間歷經其弟公孫恭，又傳至公孫康之子公孫淵，太守之位始終一脈相傳。然而公孫淵被曹叡任命為遼東太守後，卻在232年進行雙面外交，派遣校尉宿舒、郎中令[1]孫綜出使吳國，以藩國自居，向孫權稱

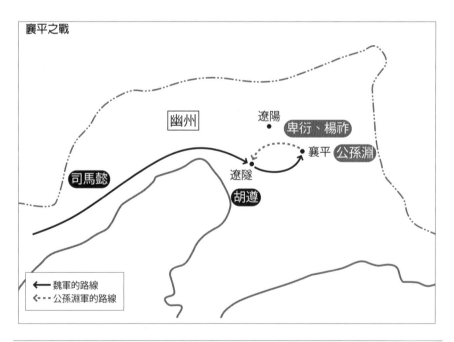

襄平之戰

幽州

遼陽

卑衍、楊祚

遼隧　　襄平　公孫淵

司馬懿

胡遵

←── 魏軍的路線
◄--- 公孫淵軍的路線

[1]譯注：依《吳書·吳主傳》，孫綜官拜閬中令，但《魏略》卻有「臣前遣校尉宿舒、郎中令孫綜……」之記述，官職顯然不一。考量閬中一詞出自益州巴郡，應為地方官，且和遼東相距甚遠，推測或許為後人抄寫之筆誤。

臣。孫權大喜，賜予公孫淵燕王的爵位。後來公孫淵發現忠於吳國無利可圖，隨即改變心意，將東吳派來的使者張彌、許晏斬首，送往魏國以表忠心。魏國遂任命公孫淵為大司馬，進爵樂浪公，不過魏國對其雙面外交提防已久，隨後又讓幽州刺史毌丘儉出兵，欲征討公孫淵。討伐軍進兵遼東後，途中遇上十日大雨，河川暴漲氾濫成洪，魏軍只好引兵而還。公孫淵遂自立為燕王。

明帝怒討樂浪公

曹叡被公孫淵自立一事激怒，遂於238年正月命令司馬懿討伐公孫淵。根據《晉書・宣帝紀》的記載，當時曹叡問司馬懿討伐幽州需要多少時日，司馬懿回答：「去時百日，攻擊百日，歸師亦百日，其間休息六十日，一年便已足夠。」

司馬懿隨即率領四萬大軍，往遼東而去。六月司馬懿抵達遼東，公孫淵命令將軍卑衍、楊祚領數萬兵馬，與其對峙。卑衍圍塹數十里防備，卻讓司馬懿部將胡遵攻破。魏軍乘勝追擊，進而包圍公孫淵的據點襄平城，城內糧秣食盡，百姓以人相食。公孫淵遂與其子公孫脩突圍逃走，中途被魏軍捕獲。即便公孫淵乞降，屢次叛亂的行徑卻不能見容，最終因此受斬。魏軍就這樣消滅燕國，一舉平定了遼東、帶方、樂浪、玄菟四郡。

第6章 三國時代的落幕

廖式之亂

呂岱曡鑠逾八旬
耆將平亂只經年

公元239年，本為吳國都督的廖式，趁國力疲弊之時，殺害了臨賀太守嚴綱，舉兵作亂，又自稱平南將軍，與其弟廖潛襲擊零陵、桂陽郡，繼而擴大亂事，侵擾交州、蒼梧、鬱林等地，以誇耀其實力，同時參與亂事者，達數萬人之譜。後來將軍呂岱

吳國都督興亂事

教戰年 239年

戰　場 零陵

參戰者 呂岱 vs 廖式

自命請纓，日夜兼程催軍馳進，攻打廖式。孫權遂任命呂岱為交州牧，又派遣唐咨等馳援。經過一年多後，呂岱終於平定廖式之亂，將其部眾併入麾下，見各郡縣情勢已經穩定，才返回武昌。據說當時的呂岱，已經高齡八十。孫權將武昌分為兩部分，讓呂岱總督其右部，指揮武昌至蒲圻一帶的地域，並晉升大將軍之位。

興勢山之戰

曹爽驕引十萬軍
志遜王平猶千人

教戰年 244年

戰　場 興勢山

參戰者 曹爽 vs 王平

魏朝實權落曹爽

　　公元239年魏帝二世曹叡病逝。臨死之際，曹叡將大將軍曹爽與司馬懿召來床榻前，將僅有八歲的曹芳託付二人，令其共同輔政。然而曹叡死後，曹爽開始猜忌老謀深算的司馬懿，加以何晏、丁謐等從旁煽惑，於是讓司馬懿改任有名無實的太傅一職，自己獨掌朝中實權。為了長遠之計，司馬懿只好忍辱負重，養精蓄銳以待來時。曹爽任命其弟曹羲為中領軍，曹訓為武衛將軍，曹彥為散騎常侍、侍講，其餘的胞弟也封為列侯，完全掌握朝政的主導權，同時晉升何晏、丁謐、李勝等人的職位，重用為心腹。在這些親信的勸誘之下，曹爽決定發兵征討蜀國。一說這是因為曹爽嫉妒司馬懿的聲名，想要建立足與其分庭抗禮的功勳。

　　當時漢中的守兵不到三萬，曹爽率領的步騎混成大軍，卻多達十萬兵馬，自長安開拔湧向了漢水。蜀國將臣得知魏軍前鋒已經逼近駱谷時，無不感到震恐。許多將領都主張分兵據守在漢城以及成固以西的樂城，避免正面交鋒，但鎮北大將軍王平卻獨排眾議，認為應該進兵面向駱谷道的興勢山，迎戰入侵的魏軍。於是由護軍劉敏、參軍杜祺進軍興勢山，自己在後方拒敵。魏軍才靠近黃金谷（興勢以東），就被王平僅有千人的守軍擊退，而大將軍費禕也在此時從成都率兵趕來救援。曹爽、夏侯玄被蜀國的援軍所阻，牛馬騾驢死傷甚多，加上軍需難以供輸，只得引兵撤退。經過此戰，曹爽非但未能建立功業，反而大失人望。

東興之戰

清水　陳倉　郿　曹爽
　　　　　　　　長安
　　　　　劉敏　興勢　駱谷
　　　　　杜祺　成固　黃金谷　劉敏
　　　　漢城　　　　　　杜祺
　　　　　　　赤阪　漢水
陽平關　南鄭
　　　　　王平

費禕

蜀

魏

← 蜀軍的路線
<-- 魏軍的路線

高句麗討伐戰

高句麗連年犯境
魏明帝下令討平

教戰年 246年

戰　場 梁口

參戰者 毋丘儉 vs 位宮

毋丘征討高句麗

　　時為公元244年，魏將曹爽強攻漢中，發動了「興勢山之戰（駱谷之戰）」，不料卻寸功未得，落得慘敗而還的下場。當時被明升暗貶為太傅（為皇帝授業的官職）的司馬懿因失去實權，只能百般隱忍，佯病蟄伏於家中，伺機等候變局。

　　就在司馬懿仍屈身於太傅一職的246年2月，北國高句麗的國王位宮，

數次來犯魏境。司馬懿於是奉魏帝之旨，命令幽州刺史毋丘儉發兵征討高句麗。

　　毋丘儉率領步騎共一萬兵馬，由玄菟郡開拔，經遼東半島進逼高句麗。高句麗王位宮率兵兩萬前來迎戰，兩軍在沸流水（鴨綠江）①河畔的梁口展開激戰。最終毋丘儉登上丸都山，攻陷關建在山下的都城，斬獲上千首級，一舉征服了高句麗。

姜維入侵涼州

羌夷作亂應姜維

教戰年 247～249年

戰　場 涼州

參戰者 夏侯霸 vs 姜維

夏侯仲權克蜀軍

　　魏國平定寇擾邊境的高句麗後，翌年246年，位於西疆的涼州各地，又燃起羌夷各族舉兵叛亂的烽煙。與此亂事互相呼應入侵涼州者，尚有晉升衛將軍、與大將軍費禕同為錄尚書事的蜀將姜維。由漢中發兵入侵的姜維，先進軍隴西、南安、金城等地，

與魏軍先鋒夏侯霸交戰於洮西（洮水以西），但無法攻破魏軍，加以郭淮率兵來援，協同反擊蜀軍，姜維被迫放棄入侵行動，與廖化一同撤兵。然而對於熟諳西土民情的姜維而言，拉攏羌人與蜀國同一陣線，抵禦魏國入侵涼州，卻是統治隴西必要的前提。姜維遂又於249年進兵西平，但依然未能取勝，再次引兵而返。

①譯注：一說沸流水為渾江支流的富爾江，而渾江又是鴨綠江最大的支流，籠統說來遂有鴨綠江之說。

高平陵之變

聖駕謁陵現良機
宣王入宮兵變起

教戰年 249年

戰 場 洛陽

參戰者 司馬懿 vs 曹爽

曹爽獲罪夷三族

公元249年，原本偽病於家中的司馬懿，終於發動兵變。由於曹爽、曹羲跟隨魏帝曹芳出宮拜謁高平陵（魏明帝墓），洛陽城權力中空，蟄伏許久的司馬懿遂掌握這千載難逢的機會，等到皇帝一行出城，隨即乘虛而入發起兵變。司馬懿入城後，先下令關閉所有城門，進而占領武器庫，出城駐紮於洛水的浮橋，命人交給曹爽一份列舉其罪狀的奏表，指摘曹爽無視君位，心懷貳志，奏章上又提到此事已報稟皇太后，獲准便宜行事。曹爽看過奏書後，不敢面呈魏帝，束手無策惶惶不可終日。親信桓範力諫曹爽保護皇帝移駕許昌，在此重整旗鼓，曹爽充耳不聞，只是猶豫不決。侍中許允、尚書陳泰等人前來勸說曹爽服罪，曹爽才終於決定自首。曹爽兄弟於是被罷免官職、降爵為侯，總算得以返回宅邸。當時曹爽過於樂觀，慶幸自己還能保有富翁的身分，豈料這般好景卻僅是曇花一現。不久司馬懿便冠以大逆不道的罪名，將曹爽等人誅夷三族（父母、妻兒、兄弟姊妹）。

不過魏國朝中也存在反對司馬懿兵變的勢力。曾出仕曹操的太尉王淩與外甥令狐愚，見魏帝曹芳為司馬懿所惑，便想廢立曹芳，改立年長有為的曹彪，削弱司馬懿的力量。然而令狐愚病死後，王淩隨即因為密謀外洩而被捕，於押解都城的途中，服毒自盡。

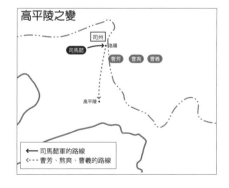

高平陵之變

司州

司馬懿 → 洛陽

曹芳 曹爽 曹羲

高平陵

← 司馬懿軍的路線
←--- 曹芳、熬爽、曹羲的路線

曹魏伐吳戰

魏兵三路征江東
吳軍力阻退北曹

教戰年　250～251年

戰　場　巫縣、江陵、夷陵

參戰者　戴烈、陸凱 vs 州泰、王基、王昶

王昶、王基皆快擊

公元250年，孫權廢立太子孫和，賜死魯王孫霸，堅持冊立孫亮為皇儲，經過這場立嗣風暴，吳國內部已經動盪紛亂。魏國征南將軍王昶遂向少帝曹芳（本為齊王，繼明帝之後即位）上奏，指出吳國內紛的如今，正是乘機討伐的時刻。魏少帝准其奏，於是命王昶揮師江陵、荊州刺史王基進兵夷陵，命新城太守州泰攻打巫縣、秭歸、房陵，三路大軍齊出，進犯吳境。據《魏書·王昶傳》所述，進軍江陵的王昶，曾在途中以竹緪（竹篾編絞成的大索）造橋渡河。吳軍逃往南岸，各路同時發動攻勢，王昶連弩齊發，吳軍不敵，統帥施績趁夜色昏暗走脫，逃進江陵城中據守。魏軍一路追擊施績，斬獲數百首級，但未能一舉攻下城池。王昶於是心生一計，命麾下軍隊分為五部，刻意醒目地循著大道踏上歸途，欲乘敵軍輕忽之時奇襲，使其措手不及。又將斬獲的鎧甲首級等戰利品懸掛於馬鞍，環繞著城廓外圍奔跑，故意激怒守兵。施績中計出城追趕，王昶發動伏擊，一舉破敵獲得勝利。

分遣夷陵的王基也在251年，開始攻打撫軍將軍步協，因步協緊守城池，一時無法攻下。王基遂襲擊吳國囤積於雄父的糧倉，掠得三十萬石米糧，步協再也無法堅守，於是請降，隨降部眾達數千人。起初魏國大軍壓境，取得了壓倒性的兵力優勢，但由於吳國隨後派遣戴烈、陸凱來援，形勢為之逆轉。魏軍眼看無法再下一城，於是整軍而還。

曹魏伐吳戰

東興之戰

同室操戈皆諸葛
元遜破陣退公休

教戰年 252～253年

戰場 東興

參戰者 諸葛恪 vs 諸葛誕

諸葛恪勢臻午陽
勝東興影落夕照

孫權違背嫡長相繼的立嗣傳統，破例冊封么兒孫亮為太子，被視為晚年最大的錯誤。起初孫權已冊立孫和為太子，卻又賜予孫和之弟孫霸等同太子的厚遇，大臣於是分裂為支持二人的兩個黨派，針鋒相對。孫權甚感憂心，於是排除兩人的勢力，獨鍾么兒孫亮，甚至逼迫孫霸自盡。孫權亡故時，繼位的孫亮才八歲，諸葛亮的姪兒諸葛恪（亮兄諸葛瑾之子）受託成為顧命大臣。當時諸葛恪已登上大將軍之位，繼而受託輔政，名符其實地成為執掌吳國命脈的最大權臣。諸葛恪掌握實權後，發兵前往吳魏邊境的巢湖，在東興（又作東關）大隄的東西兩端建造二城，防止魏軍的入侵。因為地處長江沿岸要衝的東興，一旦被魏國攻占，魏軍便可沿著長江順流而下，一舉襲擊吳國。

252年11月魏國得知東興築城一事後，授予諸葛誕與胡遵七萬兵馬[1]，命其攻破兩座城堡與湖隄。12月諸葛恪獲知情報後，也率兵四萬趕赴東興救援，與魏軍交戰。丁奉等為吳軍先鋒，率領三千精兵晝夜兼程趕到，卻見敵營將兵為了驅寒，正煮酒共飲。丁奉於是激勵士卒說道：「加官進爵，就在今日。」於是鼓譟吶喊，亂兵殺入魏營[2]，大破敵軍，魏將韓綜、桓嘉都因此戰死。最終魏軍未能取得任何戰果，狼狽退走。

---

①譯注：根據《吳書・三嗣主傳》所述，魏軍三路並進，另有偏師王昶攻打南郡，毋丘儉進兵武昌，做為引誘吳軍分兵西進的佯動部隊。

②譯注：按《吳書・諸葛恪傳》所述，丁奉、留贊等吳軍將士，紛紛卸去鎧甲袒胸露背，不拿槍戟等長兵器，只戴著戰盔持著刀盾，沿著堤攀援爬上，魏人見了盡是訕笑，未加防備，終於被吳兵乘機攻入前鋒營，魏兵大驚，爭相渡過浮橋，因橋斷溺死者，不計其數，其中還包括樂安太守桓嘉，叛吳投魏的韓綜也被斬於亂軍之中。

188

合肥新城之戰
（253年）

流疫四起吳軍還

公元253年3月，吳國太傅諸葛恪動員二十萬大軍入侵魏境，4月包圍了牙門將張特與三千守兵防衛的合肥新城，戰事歷經數月卻無法攻陷。張特雖然失去了半數兵力，卻依然守住三個多月。由於攻城時日漫長，吳兵因暑熱疲憊，飲用生水而引發腹瀉腿腫，士兵因此大多患病，死者

諸葛恪再圍新城

教戰年	253年
戰場	合肥新城
參戰者	張特 vs 諸葛恪

甚眾。各營的督吏紛紛前來呈報疫情的慘況，諸葛恪卻認為所言不實，要處斬上報的營吏，於是再也無人敢進言實情。然而諸葛恪對於此戰已敗的事實，早已心知肚明。魏國得知吳軍窘境後，立即派兵馳援合肥新城，到了8月諸葛恪終於引軍而還。順道一提，經過此戰後，諸葛恪便在入宮時，遭到武衛將軍孫峻刺殺。

李豐之亂

夏侯輔政終是夢

因司馬師專擅朝政，中書令李豐悼心疾首，遂於公元254年與國丈光祿大夫張緝相結，圖謀政變，讓本是曹爽黨人的夏侯玄掌握政權。但夏侯玄既然是曹爽的堂兄弟，司馬懿在世時自然最為提防，就連司馬師也不敢掉以輕心。李豐固然嘔思謀刺司馬師，卻在行將兵變之前密謀洩漏，李

暗圖司馬惜飲恨

教戰年	254年
戰場	洛陽
參戰者	司馬師 vs 李豐

豐與夏侯玄遂雙雙被捕處死。李豐被捕獲時，嚴詞斥責司馬師道：「你父子心懷奸謀（反意），將要傾覆社稷（國家）！」結果被當場格殺。凡參與謀反者，自夏侯玄以下，悉數夷滅三族。司馬師又懷疑曹芳也暗中參與謀反，隨後便廢立魏帝，另行擁立曹髦即位。從此朝中大臣只能馬首是瞻，對司馬師唯命是從。

壽春之戰

諸葛誕阻叛平亂

公元254年9月，繼司馬懿之後掌握大權的司馬師，廢立圖謀罷黜自己的曹芳，擁立曹髦登位。

鎮東將軍毌丘儉得知曹主被廢，便偽作太后詔書，列舉司馬師罪狀，與揚州刺史文欽率領五六萬兵馬，於壽春舉兵叛亂。

由於不滿司馬師專橫者甚多，隨

司馬師改立曹髦
毌丘儉怒起反兵

教 戰 年	255年
戰 場	壽春
參戰者	諸葛誕 vs 毌丘儉

即聚集成兵勢強盛的大軍。

司馬師面對亂局，親自駐紮汝陽督戰，率領諸葛誕、胡遵、鄧艾與其對峙。先命諸葛誕率領豫州各部，從安風津渡河攻打壽春，又命胡遵切斷敵軍的退路，毌丘儉與文欽因進退失據，束手無策不知所措。

不過月餘的時間，亂事便告平定。毌丘儉逃亡途中遭到射殺斬首，文欽狼狽逃走，最終亡命吳國。

諸葛誕之亂

司馬專橫痛人心

諸葛誕平定毌丘儉之亂後，被任命為征東大將軍，派往壽春鎮守。但最終無法坐視司馬昭的專權，自己也在257年舉兵，殺害揚州刺史樂綝，聚集十萬大軍據守於壽春。諸葛誕認為毌丘儉失敗的主因，在於未能獲得吳國援助，於是派遣幼子諸葛靚向吳國求援。吳國遂派遣全懌、全端、文

雄兵十萬守壽春
文王倍兵堅城淪

教 戰 年	257年
戰 場	壽春
參戰者	司馬昭 vs 諸葛誕

欽、唐咨前來，為諸葛誕助陣。

司馬昭也率領二十六萬大軍，團團包圍壽春。就在持續守城之下，諸葛誕軍終於糧秣不繼，奮力出擊又不敵司馬昭優勢的兵力，最後諸葛誕死於亂戰之中。

順道一提，王凌、毌丘儉、諸葛誕發起的叛亂，都發生在淮南郡，這三起亂事遂有「淮南三叛」的異稱。

姜維的北伐

文偉哀哉何早逝
伯約窮兵令國弛

教戰年 253～262年

戰　場 武都、石營、南安、河關等

參戰者 姜維、夏侯霸 vs 鄧艾、徐質、諸葛誕

蔣琬、費禕固堅守

　　諸葛亮去世後，肩負蜀國命運的蔣琬，貫徹堅守的原則，全心致力於國家的休養生息。246年蔣琬身故，由費禕繼承其位，任內也不曾主動出兵討伐。但是到了253年，費禕在宴席中遭到魏國降將郭脩（《蜀書》作郭循）刺殺身亡，蜀國內再也沒有更傑出的宰輔之臣。繼費禕之後，接下重擔的是蜀國大將軍姜維。他在費禕尚在的時候，就曾經屢屢請兵北伐，費禕指責姜維說道：「我等才能都不如丞相，丞相既不能平定中原，何況我等？」因此不曾給予姜維超過一萬的兵力。

姜維權起北伐師

　　姜維掌握軍權，不再受費禕節制後，於253年夏展開北伐。首次北伐由武都經石營，包圍了南安，由於魏國雍州刺史陳泰馳援來救，因糧食不繼歸還。二次北伐進兵隴西，於襄武斬擊魏將徐質，強遷河關、狄道、臨洮三縣百姓返蜀，取得相當的戰果。255年第三次北伐與魏國降將夏侯霸同出狄道入侵，大破雍州刺史王經，戰死者達數萬之眾。256年四次北伐，本與鎮西將軍胡濟約定會師於上邽，胡濟未能趕到，遭到魏將鄧艾大敗。翌年257年第五次北伐乃趁諸葛誕之亂，由駱谷進兵至芒水，得知諸葛誕敗亡後，引軍退還。前五次北伐的期間，姜維連續五年出兵，都無法取得重大的戰果，徒令兵員傷亡，然而即便如此，姜維此後依然不停北征。

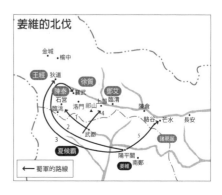

姜維的北伐

← 蜀軍的路線

魏滅蜀之戰

鄧艾闢徑人未至
突降成都蜀漢亡

教戰年　263年

戰　場　祁山等地

參戰者　鍾會、鄧艾 vs 姜維

司馬文王令征蜀

姜維自公元253年起，連年起兵奮戰卻苦無戰果，以致蜀軍最終未能取得決定性的勝利。其間無數將士戰死沙場，徒然耗損國力。相形之下，司馬昭先廢立魏帝曹髦、改立形同傀儡的曹奐，繼而掌握實權，消除內亂隱憂，逐步展開征討蜀漢的行動。加以姜維數次北伐，導致國力疲弊，魯鈍的蜀帝劉禪又寵信黃皓，政局愈發不安，凡此情勢發展都促成了征蜀之行。

263年秋，司馬昭授予鎮西將軍鍾會十萬兵馬，征西將軍鄧艾與雍州刺史諸葛緒各三萬，總計十六萬大軍入侵蜀國。

黃皓匿奏掩聖聽

起初黃皓有暗中罷黜姜維的意圖，姜維引以為懼，於是駐留在沓中，不願返回成都。後來姜維察覺魏軍有入侵的跡象，即刻遣使入蜀請求援兵，奏書卻被宦官黃皓攔下。他請巫祝占卜蜀國的未來，向劉禪稟稱魏國最終不能自存，從中隱瞞姜維上書求援一事。《三國演義》甚至描述，此後姜維又數度遣使上奏，都被黃皓攔下隱匿奏章[1]。

鍾會率領的主力部隊經由斜谷道、駱谷道南下，進入漢中後，派兵圍攻蜀軍據守的樂城、漢城，接著又分遣部隊進兵關城。把守關口的蔣舒開城請降，守將傅僉奮力格戰致死。姜維得知關口失陷，也棄守陰平退還，與各路軍據守在通往成都的要衝劍閣，阻擋鍾會軍南下。劍閣地勢險峻天成，即便是魏國大軍，也難以攻克此一關隘。鍾會戰志受挫，便想暫時撤退從長計議。

鄧艾強渡降後主

然而與魏軍主力分開行動的鄧艾

---

①譯注：本段敘述始末略有顛倒，且引用演義之說，與正史混同，因此增添「演義描述」數字，用於區別，並重新調整文脈予以更譯。

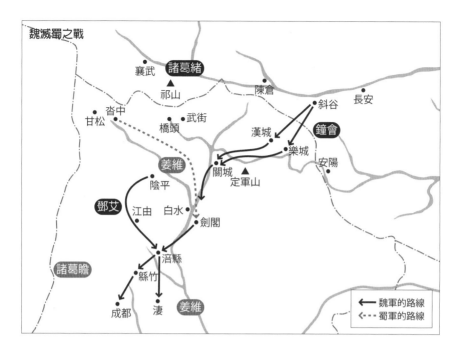

魏滅蜀之戰

襄武　諸葛緒
祁山　　　陳倉　長安
沓中　　　　　斜谷
甘松　武街　　　漢城　鍾會
　　橋頭　　　樂城
　　　　　安陽
姜維　　　關城
陰平　　　定軍山
鄧艾　　白水
江由　　劍閣
涪縣
諸葛瞻　緜竹
成都　涪　姜維

← 魏軍的路線
←--- 蜀軍的路線

軍，卻採取超乎蜀軍意想之外的舉動。原來鄧艾取道由陰平向成都直接南下的路線，穿越人跡未至的山谷，行軍了七百里，突然現身在劍閣與成都之間的江由。途中受阻無路可行，便穿鑿山岩闢徑開道，遇澗谷橫斷，則築造懸橋跨越深淵，見危崖聳立，又以毛毯裹身，自險坡滾落，將士們無不攀登林木、沿著山崖強行挺進。

　　駐紮江由的守將馬邈，一見到宛如從天而降的鄧艾軍，隨即出降。成都方面得知此事後大驚，即刻派遣諸葛瞻（諸葛亮之子）進兵江由，諸葛瞻來到江由前的涪縣後，卻在此地駐足不前。直到先鋒遭到魏軍擊敗，才退往緜竹。當時鄧艾遣使前來脅誘招降，諸葛瞻大怒斬殺了來使。兩軍於是交戰，最終諸葛瞻大敗，戰死於前

線。得知緜竹也失陷後，成都人心惶惶陷入混亂。在光祿大夫譙周力勸之下，劉禪選擇開城歸順，帶著太子、諸王與群臣共六十四人，雙手反綁於後，命人抬著棺木前來自首，鄧艾於是接受獻降，為劉禪開釋免除了罪責。當時鄧艾對待蜀國降兵的處置，引來鍾會等人的不滿，鄧艾遂以謀反的罪名被捕。而姜維也在趕到郪縣之後，接獲劉禪不戰而降的敕命。姜維無可奈何，只好向鍾會出降，將士為此拔刀砍石，悔恨至極。

　　最後，劉備建立的蜀國，就這樣在創建42年後滅亡。

　　隨後姜維又煽動鍾會舉兵反魏，欲藉此伺機復興蜀漢，但最後連同鍾會，都遭到魏兵殺害。

魏滅蜀之戰

「司馬昭命鍾會為鎮西將軍，鄧艾為征西將軍，發兵征討西蜀。令鄧艾引隴右兵十餘萬，絆住姜維于沓中，又遣鍾會引關中精兵二三十萬，直抵駱谷，一舉攻襲漢中。姜維在沓中得知魏兵已發，即刻具表申奏後主，請遣使入吳求救，時後主遊樂於宮中，令黃皓召來師婆問卜，師婆答稱無須憂慮，後主遂不以為意，未聽姜維之言。姜維屢申告急表文，皆被黃皓隱匿。蜀軍束手無策，鍾會卻早命李輔圍樂城，荀愷圍漢城，自引大軍取陽安關①，終於得了漢中。

卻說姜維在沓中，傳檄廖化、張翼、董厥提兵接應，一面自分兵列將，與魏將王頎、牽弘、鄧艾、楊欣先後交兵。姜維見四面受敵形勢不利，遂退守劍閣，作勢與魏兵久抗。鍾會離劍閣二十五里下寨，鄧艾便來見鍾會，提議從陰平小路出德陽亭，用奇兵逕取成都。鍾會允稱鄧艾取徑之策，卻決意逕攻劍閣，自取成都。鄧艾遂望陰平小路進兵，令子鄧忠引五千精兵作前軍，不穿衣甲，各執斧鑿器具，凡遇峻危之處，鑿山開路，搭造橋閣，自領兵三萬從後進發。自陰平進兵以來，盡在巔崖峻谷之中，凡二十餘日，皆是無人之地。沿途又下了數寨，只剩下兩千人馬。行進至摩天嶺，見嶺西背是峻壁巔崖，不能開道前行，軍士皆望山興嘆。鄧艾為激勵將士，竟將軍器拋擲下去，取毛氈自裹其身，滾落山下。軍士見鄧艾如此，有氈衫者隨之裹身滾下，無氈衫者各用繩索束腰，魚貫而降。二千軍遂不失一兵，皆渡了摩天嶺，隨即星夜倍道來搶江由城，江由守將馬邈見魏兵來到，大驚出降。鄧艾引兵再攻涪城，此地就在成都眼前，卻也不戰而降。後主聞知魏兵殺到，慌忙召來武侯之子諸葛瞻，授與成都兵將七萬，命諸葛瞻與長子諸葛尚，來迎魏兵。不想卻中了魏軍奇兵伏擊，陷入苦戰。亂戰之中，諸葛瞻中箭落馬，心知事已至此，遂拔劍自刎而死。諸葛尚在城上，見父親死於軍中，亦策馬殺出，死於陣中。後人有詩讚瞻、尚父子曰：『節義真堪繼武侯。』後主在成都，聞諸葛瞻父子已亡，遂從光祿大夫譙周之言，決計獻城出降。不久魏兵大至，後主面縛輿櫬，自出北門十里而降。姜維得知後主歸降，大驚失語，帳下眾將聽知，咬牙怒目，拔刀砍石，無不悔恨。」

---

①譯注：《演義》作者羅貫中誤為陽平關。

以上摘錄自《三國演義》第115至118回的情節，整體描述可說相當忠於史實。不過諸葛瞻雖被塑造為忠義之士，但根據正史所述，諸葛瞻面對鄧艾軍的攻勢，卻猶豫再三遲遲不進兵，正史又未見載《三國演義》所述那般戰死沙場的壯烈事蹟，真相究竟如何，實有待考究。

專欄

西晉建國

　　公元249年司馬懿發動兵變，掌握魏國的實權，卻在兩年後一病不起，離開人世。司馬懿死後，繼任其位的長子司馬師，於翌年受封大將軍之位，完全執掌軍政大權。起先獲任撫軍大將軍、錄尚書事，繼而進陞至大將軍，加封侍中、持節、都督中外諸軍事、錄尚書事，掌理軍政萬機，然而司馬師掌握朝政實權後，卻極專擅之所能，從此獨斷橫行，對名存實亡的魏帝曹芳視若無睹。曾有大臣入朝上奏，司馬師竟獨攬大權代言，絲毫不讓曹芳有任何開口的機會。曹芳為此憤懣，圖謀推翻司馬師的政權，卻因密謀洩漏而被迫退位。毋丘儉於淮南舉兵作亂時，司馬師親自督軍征討，卻因左眼惡瘤迸裂，眼球掉落劇痛難忍，最後死於陣中。

　　隨後其弟司馬昭又代之而起，掌握了實權。憤恨司馬氏專權的諸葛誕，因此起兵造反，司馬昭平定此亂，繼任大將軍之位後，也專橫朝中不改其態。繼曹芳之後即位的曹髦，自行舉兵討伐司馬昭，卻輕易遭到斬殺。此後被迫登上皇位的曹奐，再不敢有違逆之心，淪為對司馬昭言聽計從的傀儡，任其為所欲為。此時的魏國，事實上已經成為司馬氏的禁臠。

　　司馬昭因中風猝死，繼承其位的司馬炎在舉行父親喪禮之後，隨即逼迫曹奐篡奪帝位。事實上，這只是一場以禪讓之名、行篡位之實的鬧劇。當曹奐在新建的受禪臺上，將象徵皇帝的「傳國玉璽」授予司馬炎時，也宣布魏祚結束，嶄新的西晉王朝從此誕生。曾經由曹操奠定礎石，其子曹丕於220年自漢獻帝手中奪走帝位而建立的曹魏王朝，也在歷經曹叡（227～239年在位）、曹芳（240～253年在位）、曹髦（254～260年在位）、曹奐（260～265年在位）五任皇帝，傳祚四十六年後滅亡。司馬懿企圖改朝換代的陰謀，歷經其子司馬師、司馬昭後，終於在其孫司馬炎這一代開花結果。然而司馬炎貴為晉帝後，卻耽溺於後宮萬名佳麗的女色，傳位至其孫晉愍帝司馬鄴時，西晉就逐步走向滅亡了。

晉滅吳之戰

昏君孫晧行惡政
西晉大舉兵臨城

教戰年 279～280年

戰　場 壽春、建業

參戰者 王濬 vs 孫晧

末帝暴虐毀吳業

司馬昭因平定蜀漢有功，於滅蜀的翌年264年3月，由晉公進爵晉王。然而司馬昭卻在同年8月猝死，長子司馬炎繼承其位後，翌年又自行稱帝，將曹奐早早趕下皇帝的寶座。魏國於焉滅亡，西晉隨之創建。而對於消滅蜀國、取代魏國的新興王朝西晉而言，後續征討吳國一事，也僅僅是遲早的問題。就在蜀漢滅亡的隔年，孫晧（孫權之孫）繼孫休之後，登基為帝。二十三歲的孫晧，曾被視為堪比孫策之才，原本備受眾人期待，能夠成為年輕有為的君主，但登上皇位後，卻開始展露暴君的本性。動輒下令無謂的遷都，將都城由建業移往武昌，又回到建業大興土木營造宮室，徒然耗損國力疲弊軍民，更極盡奢華之能事，自擁後宮數千嬪妃，若有宮女不合其意，便命人投水賜死。對於臣子也濫用酷刑，甚至有貫目剝皮

的惡舉。如此人心自然離散，國內必當紛危。但即便如此，吳國卻依然能夠抵禦西晉的威脅，原因就在於內有賢相陸凱、外有良將陸抗，竭誠輔佐忠心保國的緣故。等到陸凱與陸抗先後於269、272年[1]病逝後，吳國再也不存中流砥柱、王佐之才。晉將羊祜綜觀吳國情勢後，便向晉武帝（司馬炎）進言攻打吳國。儘管以賈充為首的大臣極力反對，晉武帝還是在翌年（279年）決定進兵東吳。

揮師江東六路征

晉國下詔征討吳國的軍容十分壯盛，總兵力達二十餘萬。司馬伷從下邳南下進兵涂中，王渾與周浚由壽春攻向牛渚，王戎兵發安成[2]揮軍武昌，胡奮自新野攻擊夏口，杜預起兵襄陽直搗江陵，又有王濬、唐彬等率領軍勢盛大的艦隊，自成都順長江而下，沿水路進討建業，動員晉國全力，六

---

①譯注：根據《吳書・陸抗傳》的記載，陸抗病逝於鳳凰三年秋，應為公元274年，但尊重原作不予變更，僅加注示明。

②譯注：王戎時任豫州刺史，治所似延續曹魏設於安成，故可推得由安成出兵。但也有一書指王戎由項城（今河南省沉兵縣）出兵。二地位置遙遠，真相如何無從得知。（見《中國古代戰爭通覽》一書）

196

路齊攻吳國。其中以老將王濬最為戰功卓著，一路悉數攻破了秭歸、西陵、夷道等長江沿岸各縣城，勢如破竹進逼建業，繼而攻占建業不遠前的石頭城。晉軍所到之處，無不攻勢凌人，吳國將卒紛紛降服。

孫皓見王濬大軍迫在眉睫，命丞相張悌與丹陽太守沈瑩領兵拒敵，又命江陵督伍延抵禦杜預，兩路皆兵破大敗。孫皓眼看無計可施，便於280年3月歸降，以繩索自縛向晉軍自首。三國中享祚至最後的吳國，最終也因此滅亡，名符其實地宣告三國時代的落幕。孫皓隨後被賜予歸命侯

的爵位，284年死於洛陽。然而理應統一天下的西晉，其政權卻並未維持太久。傳位4代計52年後，因匈奴自西北入侵，隨之南遷滅亡。此後因為五胡十六國長達270年的割據興替，中國又重回到戰亂的時代。

晉滅吳之戰

司馬伷
下邳

安城

新野
壽春
王渾
周浚
杜預
胡奮
建業 孫皓
王戎
牛渚
襄陽
王濬
合肥

當陽
江夏

江陵
夏口
武昌
夷道

王濬 唐彬

臨沅

← 晉軍的路線

三國志紀行

三國遺民新市鎮巡禮

　　諸葛亮、孫權、曹操三人，都是曾經在三國時代許多戰役中聲名遠揚的明君良相。但或許大家並不知道，他們的後裔其實就住在你我鄰近之處。因為三國後人居住的村鎮，就散布在杭州到蘭溪這僅僅150公里的市鎮沿途。就以為首的諸葛八卦村來說，相傳自從諸葛亮之孫諸葛京遷徙至蘭溪定居以來，子孫就在此地開枝散葉，人丁旺盛至四千多人。又有一處據說是孫權後人所住的龍門鎮，人口七千人中有九成是孫姓人家。另有一處相傳是曹操後人曹元四來此定居的上村，曹氏族人也有上千百人。

諸葛亮後代定居的諸葛八卦村

曹操子孫遷居在此的上村

孫權後人移居的龍門鎮

交通 往諸葛八卦村，可於杭州搭乘公交，3小時後於金華下車，再乘車40分鐘可達。
往龍門鎮，可於杭州搭車，需1小時。
往上村，可於杭州搭車，需1小時。

《魏書‧倭人傳》述及的邪馬臺國

正史《三國志》〈魏書〉第30卷最後的東夷傳中，可見到關於倭人（日本人）的記載。根據文中所述，帶方郡東南方的大海中，有一座群山聳立的島嶼，島上原本有百餘國，其中有三十國曾遭使派往中國。接著以詳細的里程數，敘述這些國家的所在。前往邪馬臺國，需由帶方郡出發，經狗邪韓國、對馬國、一支國①，再經末盧國、伊都國等地。首先由帶方郡沿著海岸乘船前進，到朝鮮半島南端的狗邪韓國，需七千里，由此地渡海到對馬國，需行千里；接著往南航行一千里，可達一支國；爾後再經千里，可至末盧國。由此地行陸路，往東南五百里，至伊都國，到此為止的路程，水陸總長一萬五百里。但不知何故，此後的記述開始模糊不明，只說水路十天，陸行一個月，抵達邪馬臺國，如果與正史提到的「自郡（指帶方）到女王國（指邪馬臺國）萬二千餘里」的里程數相比較，就會出現一千五百里的誤差②。這段並未詳述的記載，遂成為今日爭論邪馬臺國所在的最大爭議點。而當時所記載的里程數，也存在不可解的疑問。

漢朝的一里約為400餘公尺，如果按照此舊制換算的話，上述的總路程相當於四千八百公里，已經遠遠超過日本所在的經緯度。為了解開這個謎題，遂有一說認為魏晉時的一里，約為漢代的五分之一，相當於76～77公尺。試著以此推算上述的里程數，從狗邪韓國到邪馬臺國約五千里，如此便相當於380～385公里，大致上不脫九州的範圍，於是這便成為邪馬臺國九州說的重大論據。問題在於水行十日、陸行一個月的謎題依然難解，重視此記述的便是邪馬臺國大和論。因為若以九州論為真，水行十日、陸行一個月的記述，因缺乏明確里程，遂無法自圓其說。順道一提，本居宣長（德川幕府時代的國學家）指出「陸行一月」，應該

是「陸行一日」的誤植。總之眾說紛紜，盡是毫不留情批判的主張論述。造成此一結果的原因，就在於正史《三國志》的作者陳壽，絕不任意更改原始史料所採取的一貫態度，以致於書中出現對不同時期的度量衡單位一視同仁的記述。

除此以外，東夷傳中還記載了日本當時許多引人矚目的風俗習慣。提到男子無論老幼，臉部身軀都有紋身，以木裹頭束髮，衣服只用寬布相連並未縫合。女子將布料挖洞後，穿過頸部直接套在身上。不論冬夏都取食生菜，各個赤腳。以籩豆（古器皿）盛用食物飲水，徒手取食。住在屋室中，父母兄弟分床而睡，每個人都很長壽，能活到八九十甚至百歲。死後停屍十餘日（下葬前的祭弔），喪期中不吃肉。下葬時將死者入棺，封埋於土中作一墳塚。文中還提到葬禮結束後，人人都要下水洗淨身體，居民不竊盜，也很少興訟爭執，大致上這些記載都對倭人有著良好的印象。又說當地有真珠、青玉、丹等物產，雖然也有生薑、山椒、蘘荷（覆菹）等植物，卻不知其美味，表示當時的日本人或許不曾取用這些食材。

最後提到倭國女王卑彌呼與狗奴國王卑彌弓呼，因為素來不和而交戰。並且記載帶方太守王頎得知倭國發生內亂後，派遣塞曹掾史張政前去斡旋和解。卑彌呼死後，百姓造了一座大墳，以超過百人的奴婢殉葬，隨後冊立的男王卻未得到百姓的服從，國人相互誅殺，有千人因此而死。直到卑彌呼之女壹與被奉立為王後，國家才總算安定下來。

東夷傳又提到卑彌呼被封為親魏倭王，是在景初二年（238年）12月，對此也有識者提出或為景初三年（239年）的誤植③。而公元239年正是曹芳繼曹叡之後，即位為天子的時候。

①譯注：正史作一大國。或為誤植，《梁書》與《隋書》均作一支國，或以為是今日的壹岐島。
②譯注：根據正史的記載，行至伊都國後，還繼續往東南行。先走陸路到奴國，行百里；再往東到不彌國，又行百里；接著走水路南行20日，抵達投馬國；最後往南走水路10天、陸路1個月，才抵達邪馬臺國。因此誤差實際上是1300里，亦即這段差距，就是稍後行經水路30天、陸路1個月未曾明記的里程。
③譯注：按東夷傳的說法，卑彌呼派來的使者是在景初二年六月抵達帶方郡，當時的帶方郡太守是劉夏。但是援引《魏書‧明帝紀》的記載，提到景初二年秋八月，司馬懿才於襄平大破公孫淵，表示景初二年八月後，魏國才取攻下遼東，而劉夏也是此後才被任命為帶方郡太守的，在此之前，邪馬臺國無法經由公孫淵，與魏國往來交流，因此景初二年應該是景初三年的誤植。

三國志人物傳

關羽

三國志人物地圖

　　所謂三國志，某種程度上也可視為魏主曹操、吳主孫權、蜀主劉備三人鼎足相爭的一部紀錄。試將各國主要的軍師與武將列舉如下。

其他

獻帝	劉璋	王允
袁紹	公孫瓚	劉琦
董卓	張魯	沮授
袁術	孔融	張邈
張角	張繡	干吉
呂布	陶謙	韓馥
劉表	劉虞	馬騰
袁譚	何進	韓遂
袁尚	陳宮	

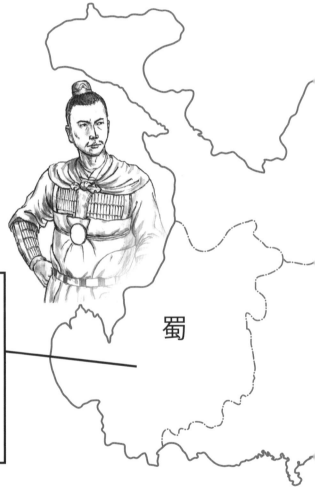

劉備

劉備	諸葛亮	馬謖
劉禪	關羽	姜維
	張飛	徐庶
	趙雲	王平
	馬超	蔣琬
	黃忠	諸葛瞻
	龐統	馬良
	法正	糜竺
	魏延	

蜀

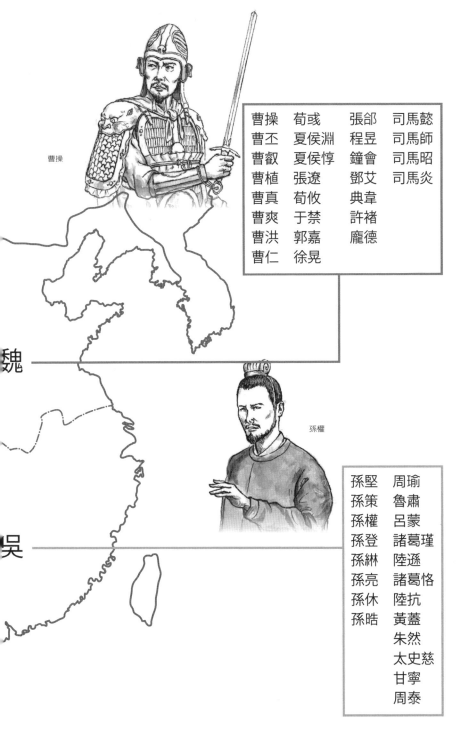

曹操

曹操	荀彧	張郃	司馬懿
曹丕	夏侯淵	程昱	司馬師
曹叡	夏侯惇	鐘會	司馬昭
曹植	張遼	鄧艾	司馬炎
曹真	荀攸	典韋	
曹爽	于禁	許褚	
曹洪	郭嘉	龐德	
曹仁	徐晃		

魏

吳

孫權

孫堅	周瑜
孫策	魯肅
孫權	呂蒙
孫登	諸葛瑾
孫綝	陸遜
孫亮	諸葛恪
孫休	陸抗
孫皓	黃蓋
	朱然
	太史慈
	甘寧
	周泰

魏 曹操

生卒年	155～220年
字	孟德
本籍	沛國譙縣

　　翻開有許多蜀國迷支持的《三國演義》，可以看見劉備與孔明獲得主角般的待遇，但是提到正史《三國志》的主角，不如說是曹操比較恰當。這是因為晉朝建立在接受魏國禪讓的基礎上，既然此書成於西晉，就不得不將魏國視為正統王朝。從《魏書・武帝紀》所載史料的分量遠遠超過其他，且僅有曹氏以本紀立傳這兩點看來，亦可明顯看出端倪。再者，綜觀同為三國時代的人物，也可說很難找出如此雄才大略、文武兼備的人物。

　　根據〈武帝紀〉所述，曹操是東漢宰相曹參的子孫，父親曹嵩是中常侍（桓帝時期）曹騰的養子。曹騰在朝為官三十餘年，不曾違紀犯過。曹嵩則秉性敦厚謹慎，平時不忘忠君孝悌之道，靈帝時晉升為太尉。但儘管有父祖如此，曹操（乳名吉利，小名阿瞞）卻是一個自小富於權謀機智、放蕩無羈、素行不端的紈褲子弟。從時人不曾有過嘉評這點看來，品行應該相當不良。不過還是有人慧眼獨具，梁國的橋玄與南陽的何顒就非常期許。橋玄甚至稱讚曹操

說道：「我見過天下許多名士，不曾見過如你這般奇特的人。看來我的妻兒將來還得仰仗你呢。」曹操聽了很是高興，為了提高身價，又去找來當時善於看相的許子將（許劭）①，執意要他評鑑一番，許劭於是答說：「你是治世的能臣，亂世的奸雄。」世人得知此事後，才開始對曹操刮目相看。除此之外，曹操本身也武藝過人、熟諳兵法，甚至曾為《孫子兵法》下過注解。

　　20歲時，曹操被推舉為孝廉，成為郎官②，出任洛陽北部尉一職。當時曹操對於嚴正法紀的態度，令人瞠目結舌。一旦違反禁令，即便是高官權貴，同樣以棒刑伺候。小黃門蹇碩深受靈帝寵信，他的叔父因夜出違反宵禁，當場被曹操棒責格殺，據說此後再也

---

①譯注：根據《世說新語》的說法，橋玄認為曹操並不知名，所以提議去找許劭為他看相。
②譯注：從權貴子弟中遴選而出，負責宮廷的宿衛。

豎立在官渡古戰場的曹操像

曹操與劉備煮酒論英雄

無人敢觸犯禁令。

　　「黃巾之亂」爆發後，曹操被任命為騎都尉，奉命討伐潁川的賊軍，遷升為濟南相。後來被任命為東郡太守，但曹操卻憂心數諫朝政，將會干犯權怒而殃及族人，於是稱病返鄉，春夏之間卷海汲文、秋冬之際縱鷹逐獵，過著自娛的日子。直到邊章、韓遂作亂涼州，又被徵召為典軍校尉。少帝繼崩姐的靈帝即位後，政治實權由何進轉移至董卓手中。董卓欲任命曹操為驍騎校尉，但曹操研判留在董卓身邊，有朝一日必然取禍，於是改名換姓，循著小徑往東逃走。通過虎牢關行經中牟時，被亭長捕獲，縣衙的功曹以亂世將至勸諫縣令不該拘留天下的才俊，曹操方得以獲釋。返回陳留後，曹操散盡家財招募義軍，舉兵討伐董卓。時值中平六年（189）。到了隔年的初平元年（190），袁術、韓馥、孔伷、劉岱、王匡、袁紹、張邈、橋瑁、袁遺、鮑信等人，也紛紛起兵舉事。各路兵馬齊聚組成盟軍，袁紹被推為盟主，並以曹操為奮武將軍。然而董卓兵力過於強大，袁紹等人不敢輕易出兵。曹操遂慨言說道：「我等既以正義之師自詡，為何仍躊躇猶豫！」於是親自率兵出戰，但卻在滎陽的汴水河畔被董卓麾將徐榮擊潰。曹操身中流箭，座下戰馬也負傷。堂弟曹洪將自己的坐騎讓給曹操，才得以逃出戰場。曹操回到義軍駐紮的酸棗後，盟友依然終日煮酒飲宴，無人願意進討。最終曹操離開盟軍，前往各地招募，獲得義勇千餘人後，從此駐紮於河內，坐觀天下大勢的演變。

　　初平三年（192）青州黃巾賊自擁百萬大軍，由兗州入侵東平，殺害了刺史劉岱，劉岱的部屬鮑信前來奉迎曹操，出任兗州牧。曹操最終擊破黃巾賊，收編

士兵三十餘萬及男女百餘萬人，有了這批生力軍做為原動力，曹操日後的快速崛起也就自不待言了。因為驍勇善戰的青州軍，正是從中挑選精壯者所組成的。

起初董卓亂政，曹操的父親曹嵩前往琅邪避禍，在途中被徐州牧陶謙的部將殺害。初平四年（193）曹操為了報仇雪恨，發兵征討陶謙。然而曹操不僅攻伐陶謙的部隊，甚至殘暴地屠殺了途經的當地百姓。

興平元年（194）曹操與呂布對峙於濮陽，戰事經過百日仍相持不下，最終各自退兵。翌年再與呂布交戰，於定陶之戰獲得大勝，呂布兵敗潰走。建安元年（196）曹操奉迎獻帝，遷升鎮東將軍，受封費亭侯。爾後經獻帝授與節鉞，任錄尚書事後，曹操以洛陽荒廢為由，將獻帝遷往許都。

建安三年（198）呂布與袁紹攜手攻擊劉備，曹操命夏侯惇率兵馳援，陷入戰事不利的困境，曹操於是親自領軍，最終攻破呂布軍，擒獲呂布、陳宮二人，予以處死。

建安四年（199）曹操最大的勁敵袁紹消滅公孫瓚，平定青、冀、幽、四州，動員十餘萬大軍向許都進軍。曹操先進兵黎陽，同時揮師青州，擊破齊、北海、東安等地，繼而佈陣於官渡，準備與袁紹展開決戰。當時劉備參與董承暗殺曹操的計畫，唯恐事機敗露，於是假征討之名，向曹操請兵東行，乘機殺害徐州刺史車冑，於沛縣舉兵反曹。建安五年（200）正月，儘管正值與袁紹決戰的前夕，曹操仍以討伐劉備為先，親自出兵將之擊破。劉備北逃投靠袁紹，妻兒則被曹軍俘獲。駐紮於下邳的關羽，也遭到曹操攻擊而出降。

同年2月，袁紹終於發動攻勢，命郭圖、淳于瓊、顏良攻擊白馬，曹操則派遣張遼、關羽為先鋒，殺了大將顏良，又於延津一戰斬擊大將文醜，震懾了袁紹全軍。稍後關羽得知劉備的下落，隨即逃回劉備的身邊。8月曹操與袁紹在官渡展開激戰，袁紹軍以傾盆的箭雨射向曹營。由於糧秣不繼，曹操心

③譯注：另有一說指稱石牌所見「魏天王」、「魏武王」等銘文，似乎暗指五胡十六國中建立後魏、死後被追諡為「武悼天王」的冉閔。畢竟曹操死後，後漢政權依然存在，而魏武帝的封號，卻是在曹丕篡漢即位後才追諡的稱號，那時曹操早已下葬。不過反對冉閔論的考古專家指出頭骨鑑定為五十餘歲，與曹操相符，與三十幾歲死去的冉閔不符，關於這點，又或許可從另一方向思考，亦即「墓為冉閔墓，首非墓主首」。

生怯意，還一度寫信給荀彧商議，有意撤回許都。荀彧稱許曹操睿智英明，且擁立獻帝師出有名，以種種優勢勉勵曹操，才打消他退還許都的想法。隨後不久，袁紹的謀臣許攸就因為不滿自己的際遇，臨陣倒戈前來投奔曹操，情勢遂為之一轉。

許攸透露袁軍在烏巢集結了萬餘臺的輜重，而且疏於防範。可以預見的是，只要攻擊此地，燒毀儲藏的糧秣，不出三日，袁紹軍便不攻自破。曹操隨即採用了許攸的獻計，親率五千步騎，趁著夜色深沉出兵，於天色始明之際抵達烏巢，立刻發起突襲，一舉燒毀糧秣輜重。失去軍需物資的袁紹因此敗退，最終病發而死。曹操又與其幼子袁尚、長子袁譚交戰，先後討平二人。

建安十三年（208）曹操動員大軍征討劉表，劉表的繼承者劉琮，隨即獻降。當時駐紮於樊城的劉備，得報後逃往夏口。此後孫劉結盟，以周瑜統帥的吳軍為主力，於赤壁火燒曹操水軍，重創曹軍使其潰逃，不過《魏書·武帝紀》對於「赤壁之戰」的記載，僅止於寥寥數語。文中提到交戰的對象是劉備，且戰事失利，又強調疫情蔓延，許多軍卒士吏死去，只好撤兵。

建安十七年（212）曹操受封魏公，二十一年（216）年又進爵為魏王。翌年冊立長子曹丕為魏太子。建安二十五年（220）孫權斬擊關羽，將其首級送給了曹操。不久曹操就在洛陽崩逝，享年66歲。據正史記載，其軍旅生涯30餘年，經常手不釋卷，白天演繹戰略，夜晚解讀經書。不喜奢華美麗，斬獲的戰利品，也悉數賞賜給有功之人。

專欄

曹操殺害呂伯奢的真相

　　儘管世人對於曹操的評論，隨著時代的變遷有所不同，但整體說來，其評價並不是很正面。不論是羅貫中的《三國演義》、司馬光的《資治通鑑》、孫盛的《異同雜語》、吳人所作《曹瞞傳》，都以「奸雄」或「奸賊」、「奸臣」稱之，全然不存絲毫善意。起因固然在於曹操篡奪了漢朝政權，但徐州大屠殺與殺害故友呂伯奢一事，更加深了世人負面的印象。畢竟為了殺父仇敵陶謙一人，卻殘殺數十萬無辜百姓，此等瘋狂的行徑，是難以獲得世人認同的。

　　而另一件呂伯奢滅門疑雲，也帶給世人莫大的負面觀感。這件事發生在曹操因憤恨董卓專擅、拒絕其任命，而從洛陽逃往家鄉的路上。途中曹操投宿在故友呂伯奢家中，卻殺害了呂伯奢全家。根據裴松之引用孫盛的《雜記》所述，曹操投宿在呂伯奢莊舍時，傳來器皿碰撞的聲音，以為呂家人想要加害於他，於是在入夜後殺害了呂氏全家，甚至大言不慚地說道：「寧可我辜負世人，不可讓世人辜負我！」《三國演義》對於此事又大肆渲染，繪聲繪影地描述隔壁房間傳來磨刀霍霍的聲響。又聽到呂家人「縛而殺之」等字眼，誤以為是要對自己不利（事實上呂家人說的是要上菜的豬），曹操於是現身殺害了所有人。

　　不過《魏書》對於整體事件的原委，說法卻有些不同。文中記載當時呂伯奢不在家中，他的兒子與食客脅迫曹操，想要奪取馬匹財物，曹操遂擊殺了數人。

曹操之死

「卻說孫權既害了關羽，盡得荊、襄之地，遂犒賞三軍，設宴大會諸將慶功。呂蒙因居功厥偉，孫權便親自酌酒賞賜呂蒙。忽而呂蒙一手揪住孫權，厲聲大罵道：『不想今日被汝等以奸計圖我！我乃漢壽亭侯關雲長也。』隨即倒於地上，七竅流血而死。孫權為之大驚，遣使將關羽首級送與魏國，圖謀嫁禍曹操。曹操打開孫權送來之木匣，見關羽面如平日，笑曰：『雲長公別來無恙？』只見關羽忽然口開目動，鬚髮皆張。曹操見此驚倒，良久方醒，唯恐關羽陰魂不散，於是刻沉香木為軀，以王侯之禮，葬於洛陽南門外。然而此後曹操每夜合眼，便見到關羽。問於眾官，但言洛陽行宮舊殿多妖，需營造新殿以解之。便召來良工蘇越，即日畫圖建造。又說躍龍祠傍，有一株大梨樹，高十餘丈，堪作建殿之梁，曹操便令工人往伐，附近鄉老卻來諫曰：『此樹常有神人居其上，恐未可伐。』曹操大怒，拔配劍親自砍之，霎時間錚然有聲，血濺滿身。是夜曹操睡臥不安，遂隱几而寐，忽見一人披髮仗劍，身穿皂衣現於面前，大喝道：『吾乃梨樹之神也，汝竟來伐吾神木，汝氣數將盡，特來殺汝！』曹操忽然驚醒，頭腦疼痛不可忍，便差人請神醫華佗診脈視疾，華佗曰：『病根在腦袋中，須砍開腦袋，取出風涎。』曹操大怒曰：『汝要殺孤耶！』遂命人拷殺了華佗。此後曹操又夢見伏皇后、董貴人、二皇子並伏完、董承等二十餘人，隱隱聞索命之聲。次日即覺氣沖上焦，目不能視物。曹操自知死期將至，遂召曹洪、陳群、賈詡、司馬懿等，同至臥榻前，囑以後事。命長子繼承其業後，又將平日所藏名香，分賜諸侍妾，且囑曰：『汝等須勤習女工，多造絲縷，賣之可以得錢自給。』又設立疑塚七十二處，勿令後人知其葬處，免為人所發掘。囑畢，長歎一聲，淚如雨下，須臾氣絕而死。壽六十六歲。時建安二十五年春正月也。」（摹寫自《三國演義》第77、78回）

魏 許褚

生卒年	不詳
字	仲康
本籍	譙國譙縣

　　說起許褚這位曹操的侍衛隊長，人們的印象大多停留在他天生勇力、足以力敵萬人的特質上，其勇猛的事蹟也詳實地記載於《魏書‧許褚傳》中。根據正史所述，許褚身長八尺，質樸少言而剛毅雄健，膂力非常人能及。曹操一見到他就說道：「這就是我的樊噲！」而樊噲正是守護在漢高祖身旁的英傑，曾於鴻門宴解救陷於危難的劉邦。既然能夠與其媲美，曹操心中的喜悅必不在話下。不過力能敵虎的許褚平日看似發獃的模樣，卻也得來虎癡的渾名。這樣一位人中豪傑之所以廣為人知，是在他帶領宗族數千人堅守壁壘抵禦寇擾的時候。當時有一批多達萬餘人的汝南葛陂賊，前來攻打許褚防衛的垣壁，許褚在四個角落放置盂斗大小的石塊，逕往來犯的賊人猛擲，被擊中者無不摧肢碎骨，賊寇於是不敢貿進。與盜賊講和後，做為交換條件的牛隻卻掉頭回奔，許褚當場抓住牛尾，往賊寇的方向拖行了百餘步，賊眾見狀大驚，誰也不敢上前取牛，隨即引眾退走。這件事稍後在鄰近各縣傳開，許褚勇猛的事蹟遂為人所知。後來曹操攻下淮南、汝南二地並前來巡視，許褚就在此時率眾歸附。

　　曹操對於許褚的勇力大為驚奇，即刻任命他為都尉，負責營宿的警衛。征討張繡時，許褚部下斬獲萬人的戰功，因此遷升為校尉。與馬超交戰於潼關時，曹操與許褚一度只帶領百餘人滯留在黃河南岸，當時馬超率領步騎萬餘人來襲，情急之間許褚讓曹操上船想要逃走，魏兵卻群起競相登船，小船過重即將傾覆，許褚即刻斬殺攀登的士兵，左手舉馬鞍抵擋箭雨，右手控制船櫓渡河，守護曹操度過危機。若非許褚捨命力守，曹操必然難逃敵兵的強攻猛襲。

　　建安二十五年（220）曹丕即位為魏帝，許褚進封為萬歲亭侯，遷升武衛將軍，統領指揮禁衛軍。魏明帝即位後，進爵為牟鄉侯。然而以勇猛著稱的許褚，生卒年竟闕遺不詳，不免讓人不得其解。死後只留下諡號壯侯，其子許儀繼承封邑爵位等記述。

魏 **荀彧**

生卒年	163～212年
字	文若
本籍	潁川郡潁陰縣

　　荀彧是魏國的謀臣，總是居於曹操身後，支持他一路走來。完成霸業的曹操有許多成就，都是拜其精確的建言所賜，這點荀彧可謂功不可沒。南陽的何顒曾給予荀彧「王佐之才」的評價，日後荀彧的事蹟也果如其言。但談到荀彧之前，首先要認識他的家世背景。

　　祖父荀淑曾出任朗陵候相，由於才德兼備，而有「神君」的稱號。荀淑生有八子，時人稱為八龍，個個都是當世才俊。父親荀緄曾任濟南相，叔父荀爽更躋身司空之位，可謂系出名門。永漢元年（189）荀彧被舉薦為孝廉，拜領守宮令。董卓亂政後，荀彧辭去官職返鄉，但唯恐天下生變，潁川將首當其衝，難逃兵燹之禍，於是帶著族人遷徙冀州。來到此地安身後，荀彧一度出仕袁紹，後來研判袁紹不足以成大事，又離開此地改投曹操。曹操聽聞荀彧的才名已久，見到他來投奔自己大為驚喜，將他媲美為「吾之子房（漢高祖的謀臣張良）」，隨即任命為司馬。當時、荀彧已經29歲。事實上荀彧本身固然賢

名遠播，但對於曹操而言，身為名門的荀彧族人能夠投效於己，對於延攬賢士也產生重大的影響。根據《典略》所述，荀彧魁偉俊逸而有威儀，在外觀也同樣被視為才能之一的當時，這點也隱含莫大的深意。興平元年（194）曹操征討陶謙，委任荀彧負責留守的事宜。駐留兗州的張邈與陳宮卻圖謀反曹，暗中迎來了呂布。呂布抵達後，張邈遣使來報，謊稱「呂布來此協助攻打陶謙，請即刻提供糧食」，欲藉此奪取糧秣。荀彧立刻識破此計，加強防備的同時，又火速派人向東郡太守夏侯惇告急求援。夏侯惇提兵趕到後，當晚就處死意圖作亂的反賊數十人，穩定了民心。

　　徐州牧陶謙死後，曹操本欲先取徐州、再擊呂布，荀彧卻勸阻曹操，應先擊破呂

布，再聯合揚州的勢力（劉繇），共同擊討袁術。因為荀彧憂心呂布可能在曹操出兵徐州之時乘虛而入。曹操遂採納荀彧的進言，呂布最終不敵敗走。荀彧又力勸曹操奉迎獻帝，並且遷都許昌，獻帝遂任命曹操為大將軍，同時晉升荀彧為漢侍中、守尚書令。此後舉凡軍國大事，曹操都與荀彧商議。他所推薦的賢士才俊，也大多知名於世。除了謀士戲志才、郭嘉之外，尚有荀攸、司馬懿、華歆、王朗、辛毗等多人，因此曹操嘉許荀彧有識人之明。

　　曹操即將與兵力甚為強大的袁紹交兵之前，頗為猶豫不決，荀彧為曹操分析其優勢與袁紹的劣勢，以「真正有才能者，即便一時示弱，也終必強盛」等話語鼓舞曹操，又說：「論氣度、謀略、武藝、德義，曹公都在袁紹之上，如今擁立天子，以正義之師討不臣之賊，如何不勝？」讓曹操倍覺欣喜。

　　曹操生擒呂布，平定徐州後，終於和袁紹展開對峙。然而面對地廣兵強、有諸多智士謀臣相佐的袁紹，曹操也面有難色，荀彧於是指陳「袁紹雖然勢眾，但軍令法紀不彰；謀臣田豐個性剛強容易犯上，許攸生性貪婪而無義，審配專擅而少遠慮，逢紀固執而任性用事。顏良、文醜不過是匹夫之勇，一戰便可擒服。」這才讓曹操下定決心與袁紹決戰。事實上，日後許攸果然背叛袁紹，顏良、文醜也在亂戰中遭到斬擊，田豐更因直諫取禍而被處死，凡此都應驗了荀彧的預言。

　　然而到了建安十七年（212），董昭等人向曹操建言進爵魏公、加授九錫後，荀彧即因為反對此舉，招來曹操的不滿。根據《獻帝春秋》所述，伏皇后曾寫信給父親伏完，欲圖謀曹操一報宿怨，荀彧看過此信後，卻祕而不宣。事後曹操詰問荀彧為何不及早舉發，荀彧雖然極力辯解，但是曹操已經逐漸不再相信荀彧。後來荀彧死於壽春，其死因也籠罩在謎團之中，存在許多的臆測，根據來自壽春的逃亡者向孫權的轉述，曹操命荀彧殺害伏皇后，荀彧不願從命，選擇自盡一途[1]。不過根據《荀彧別傳》的記載，曹操差人送來膳食慰問稱病的荀彧，開啟食匣後，卻見空無一物。荀彧領會曹操的用意，於是服毒自盡。這也不得不讓人感嘆，即便是貢獻如此良多的荀彧，一旦為曹操所厭棄，最終也難逃誅死的命運。

---

[1]譯注：裴松之認為《獻帝春秋》所言荀彧隱瞞書信一事的經緯，純屬毫無證據的臆測，曲解了才德兼具的君子，僅以此提供世人自證真偽，並未據信此說以為真。

　　魏國的猛將張遼曾經以八百死士抵擋孫權的十萬大軍，立下神勇蓋世的功勳而廣為人知。他在「合肥之戰」一役中摧軍破敵趁勢追擊，甚至險些擒獲孫權，所立戰功堪稱魏國之首。根據《魏書‧張遼傳》所述，張遼原本是西漢聶壹的後人，因為聶壹誘騙匈奴步入圈套的計謀失敗，唯恐受到報復而改姓。張遼因武力過人，受并州刺史丁原的徵召，出任從事一職，此後曾數度易主而侍，過著隨波逐流、懷才不遇的人生。起先被何進派往河北募兵，何進被殺後，轉而歸屬董卓麾下。董卓為呂布所殺後，領兵歸建於呂布，不想呂布又被曹操生擒，只得再次歸降效力曹操，如此這般始終未能得遇明君。

　　然而由於最後一位主君曹操的知遇，張遼終於在軍略用兵上大展其才，因此受封為中郎將、關內侯，又因屢次建功而遷升為裨將。袁紹被擊破後，起初

張遼被派往魯國平定各縣，後來因擊討袁譚、袁尚有功，攝行中堅將軍。此後又攻下陰安，平定趙國、常山等地的賊勢，擊破遼東賊柳毅，寫下連戰皆捷的個人史頁。勝利凱旋鄴城時，曹操還親自出迎，牽領其手共乘一車。又曾經攻打荊州，平定江夏各縣，受封為都亭侯。北征時更大破烏丸，斬殺了單于蹋頓。

　　而張遼立下畢生最為輝煌的戰功，就在曹操討伐張魯，僅留下七千守兵防衛合肥的時候。當時曹操才出征不久，孫權便親率十萬大軍來包圍合肥。眾將於是打開曹操預留的一封署有「賊至乃發」的密函，信中指示「如果孫權來犯，樂進據城堅守，張遼、李典出城迎

擊」。張遼一看便領會信中的要旨，認為「必須在孫權完成包圍前先行突擊，挫殺其壯盛氣勢，爾後堅守城池。成敗與否，就在這一戰」，以此鼓舞將士凝聚戰志。隨即募得隨征的勇士八百名，於破曉時分突襲了敵陣。

張遼橫掃千軍，擊殺吳兵數十人並斬擊二將，孫權大驚喪膽奔走，逃往高丘暫避其鋒。張遼大喝孫權下丘一戰，孫權卻不敢稍動。不久看出張遼兵力薄弱，隨即整軍展開反擊，張遼所部因此遭到重重包圍。張遼不以為意，左衝右突擊退進逼的敵兵，奮力殺出了重圍。

當時張遼聽見受困的士兵高喊「將軍，難道要丟下我們」，立刻又回身殺入敵陣，突破重圍拯救被困的殘兵。張遼氣

壯氣雄渾的張遼騎馬像

勢凌人所向披靡，吳兵紛紛讓道，不敢與其爭鋒。回城後張遼加強守備，吳軍始終無法攻陷合肥，最後只好棄陣而走，不想張遼又乘勢追擊取得大勝，幾乎擒獲孫權。所幸凌統眾將捨命死戰，孫權才得以逃脫。

《三國演義》甚至進一步誇大張遼僅以八百兵大破十萬軍的勇猛，於文中寫道：「聞張遼大名，小兒也不敢夜啼。」曹操歸來後，對張遼的戰功大為感佩，晉升他為征東將軍。公元221年病中的張遼又擊破吳將呂範，病情卻因此加重，最終病逝於江都。順道一提，根據《三國演義》所述，張遼在224年的廣陵之戰中，被吳將丁奉一箭射中腰際，不治身亡。

魏 夏侯惇

生卒年	？～220年
字	元讓
本籍	沛國譙縣

綜觀《三國演義》所述，夏侯惇屬於猛虎出閘的類型，其驍勇堪稱魏軍翹楚，然而夏侯惇載於青史的真實原貌又如何呢？根據《魏書‧夏侯惇傳》的記載，他是漢高祖麾將夏侯嬰的後人。十四歲時，有人侮辱授業的老師，夏侯惇便殺了他，其剛烈的性情也因此為人所知。

自曹操舉兵起，夏侯惇便隨征在側，曹操任奮武將軍時，夏侯惇出任司馬，駐屯於白馬，後來遷升為折衝校尉，拜領東郡太守，事業可謂平步青雲。曹操討伐陶謙時，夏侯惇留守濮陽。當時張邈暗中迎來呂布謀反，夏侯惇趕往曹操家眷所在的鄄城，途中與呂布軍發生遭遇戰。稍後卻中了呂布派人詐降的計謀，一時淪為人質，劫持者甚至要求贖金。當時夏侯惇麾將韓浩去見劫徒，大聲叱責道：「你們膽敢挾持大將軍，以為還能活命嗎？我絕不會因為將領受到脅迫，就任由你們胡作非為！」隨即召來自己的部隊平定亂事。劫犯驚慌失措叩首求饒，但是韓浩絕不寬貸，悉數明正典刑。稍後曹操得知此事，還下令此後若再有挾持的犯行，無須顧及人質的安危。據說從此再也不曾發生劫持的亂事。

不過夏侯惇最為人所知的事蹟，恐怕是《三國演義》第18回提到的拔矢啖睛。事情發生在曹操討伐呂布之際。當時夏侯惇與呂布的先鋒高順交兵，高順不敵敗走，夏侯惇乘勝追擊時，被曹性一箭射中左眼，竟說「父母精血不可棄」，一口吞下連箭拔出的眼珠，因此成為膾炙人口的典故。然而正史並無此一記載，只是簡單地記述夏侯惇隨曹操征討呂布時，左眼中了流箭而負傷。

《魏書》①還提到曹操軍中為了區別同姓的夏侯淵、夏侯惇，給後者起了「盲夏侯」的綽號，夏侯惇十分厭惡，以鏡自照時每每發怒，動輒將銅鏡推倒在地。或許羅貫中便是從這些隻字片語，大肆渲染劇中的情節。正史《三國志》則記載即便人在軍旅，夏侯惇也常聘請老師前來授業解惑。個性清廉儉樸，若有剩餘的錢財，往往分贈他人。如此看來，與演義述及的驍勇風采簡直判若兩人。

①譯注：作者引用日文版《正史三國志2吳書Ⅱ》（井波津子譯）之記述，採用《魏書》之說法。然《魏書‧夏侯惇傳》關於「盲夏侯」一名卻出自《魏略》。或許正史三國志存在著版本之相異。

魏 鍾會

生卒年	225～264年
字	士季
本籍	潁川郡長社縣

　　鍾會與鄧艾率領十萬大軍征討西蜀，最終攻入首府成都，向後主劉禪宣告蜀漢國祚的結束，一躍成為名震天下的滅蜀功臣。

　　其父鍾繇為三國名士，曾任百官之首的太傅一職，鍾會是鍾繇與少妾張昌蒲所生。鍾繇十分寵愛鍾會的母親，甚至休了嫡妻孫氏，曹丕的母親卞太后得知此事後，希望鍾繇能與孫氏重修舊好，於是讓曹丕下令復婚。據說鍾繇怒不可遏，本想服毒自盡，翻遍家中卻尋不著毒藥，於是猛吃辣椒解恨，最後竟唇漲舌麻，說不出話來。

　　鍾會自幼聰敏，長成後博學識理而為人所知。二十歲就任職朝中，出任祕書郎的職位，後來又遷升尚書中書侍郎，賜爵關內侯。大將軍司馬懿東征時，鍾會也隨軍參與密事，運籌帷幄。司馬懿死後，司馬昭晉升大將軍之位，鍾會也遷升黃門侍郎，受封東武亭侯。

　　景元四年（263），朝廷下詔討伐蜀國。魏軍兵分三路，由鄧艾領兵三萬，進軍甘松、沓中與姜維對陣，諸葛緒亦領兵三萬，進兵武街、橋頭（陰平橋頭）阻斷姜維的退路，鍾會則指揮十萬大軍，取道斜谷、駱谷入蜀。鍾會與諸葛緒於途中會合，本來同往劍閣進軍，但鍾會想獨占兵權，於是以諸葛緒怯懦不前之名將他入罪，命人以囚車押解諸葛緒返回魏國，悉數掌握了十三萬魏軍。後來鍾會受阻於姜維把守的劍閣，正愁關隘難下之際，鄧艾卻乘機由陰平行經杳無人跡的絕地，經由漢德陽亭進入江由、左儋道抵達緜竹，擊敗前來迎戰的諸葛瞻。劉禪得知緜竹也失陷後，隨即親自向鄧艾出降，並命人傳令姜維也向魏軍投降，姜維於是謁見鍾會並投效在其麾下。

　　然而此後鍾會卻萌生反意，先以謀反之嫌舉報鄧艾，監禁於囚車押還魏國，又意圖讓姜維統領蜀兵先行，自己親率大軍於後，共同進兵洛陽一舉平定天下。根據《三國演義》的說法，謀反一事似乎由姜維主導，利用了鍾會，但實際上應該是鍾會的預謀。不過司馬昭早已洞悉鍾會心懷貳志，隨即親自領兵十萬進逼成都，鍾會十分焦慮，立刻召集親信寵官，當眾偽稱太后有所遺詔，命其討伐司馬昭。然而各部將官疑懼鍾會將加害於己，於是率眾兵殺入城內，鍾會最終與姜維一同被殺。享年40歲。

奠定晉朝建國基石的謀士

魏 司馬懿

生卒年	179～251年
字	仲達
本籍	河內郡溫縣

　　《三國演義》中被塑造為諸葛亮勁敵的司馬懿，是魏國首屈一指的謀士，向來予人老奸巨猾的強烈觀感，很容易想像得到那比對手棋高一著、兼具毅力與耐心的人物形象。儘管《三國演義》中的司馬懿經常陷入諸葛亮的圈套，屢次扮演手下敗將的角色，然而在現實中，司馬懿無疑是打下晉朝建國基礎的大人物。

　　其父司馬防曾官拜京兆尹之位，司馬懿是八個兒子中的次子，八人均以達字為名，個個都是俊逸之才，時人稱為「司馬八達」。其中又以司馬懿最為出色，曹操風聞其聲名後，招攬他出來為官。起初司馬懿以生病為由婉拒，七年後曹操仍不死心，以收押脅迫強制徵召，無奈之餘只好出仕曹操。早先輔佐太子曹丕，此後歷任諸多要職，一路遷升至丞相軍司馬，擔任國政機要的職務。曹操雖然迫使司馬懿就範出仕於己，但是見過他本人後，卻從此存有戒心。根據《晉書‧宣帝紀》的記載，這是因為司馬懿生得一副「狼顧之相」，可以回顧身後將近180度的緣故。

　　即便如此，此後司馬懿仍展現出卓越非凡的一面。219年關羽攻打荊州樊城之際，曹操本欲遷都河北避其鋒銳，司馬懿勸阻曹操，提議聯合孫權打擊關羽，此計果然奏效，關羽於是遭到吳軍斬擊。諸葛亮發起北伐後，司馬懿與其對峙，成為旗鼓相當的對手。魏將孟達暴露內應蜀國的跡象時，他即刻去信一封，使其疏於防範，乘機晝夜兼行，一舉擊討了孟達。諸葛亮布陣五丈原時，司馬懿面對各種挑釁，始終視若無睹，一味地堅守避戰，經過三個月以上的對峙後，諸葛亮病歿陣中，蜀軍只得撤兵還師。當時司馬懿曾追擊撤退中的蜀軍，由於蜀軍突然回頭反擊，司馬懿誤以為諸葛亮尚在人世，倉皇勒令收兵。這便是諺語「死諸葛走生仲達」的由來。司馬懿聽到這句鄉諺，還自我解嘲地說道：「我可以料得到活人的想法，卻料不到死人的心思啊。」

　　日後曹爽掌握大權，司馬懿稱病蟄居在家，佯裝癡呆誘使曹爽等鬆懈戒心，卻在249年發動兵變，一舉掌握了朝中實權。251年出任相國後，不久便死去，享年73歲。其孫司馬炎建立晉朝後，追諡為宣帝。

「街亭之戰」擊破馬謖的名將

魏 張郃

生卒年	?～231年
字	儁乂
本籍	河間郡鄚縣

　　魏國名將張郃起初也是應地方招募，討伐黃巾賊的其中一人。隸屬的韓馥兵敗後，他帶著士兵投效袁紹。袁紹與曹操對峙官渡時，讓淳于瓊指揮部隊，運輸輜重前往烏巢，結果在此遭到曹軍的奇襲。張郃向袁紹諫言道：「淳于瓊一旦被擊破，則大勢去矣，請將軍即刻發兵救援。」然而袁紹偏信反對此議的郭圖，只派遣輕騎前去。後來果然不出張郃所料，淳于瓊遭到擊潰，袁紹軍遂土崩瓦解。郭圖唯恐被問罪，羅織罪名誣陷張郃，張郃深感危懼，於是臨陣倒戈轉投曹操。日後夏侯淵於漢中戰死，張郃被推舉為統帥。此外他在「街亭之戰」擊破馬謖的事蹟，也廣為世人所知。後來司馬懿命張郃追擊敗走祁山的諸葛亮，張郃以「兵法有云，歸師勿追」勸諫，司馬懿充耳不聞，張郃不得已率兵追擊，途中遇伏中箭身亡。

衝入敵陣突圍而被譽為「天人」的名將

魏 曹仁

生卒年	168～223年
字	子孝
本籍	沛國譙縣

　　曹仁是曹操堂弟，祖父曹褒官拜潁川太守，父親曹熾曾任侍中、長水校尉。曹仁曾於官渡之戰擊破率領袁軍的劉備，又曾在荊南四郡平定戰中展現過人的戰技。當時曹仁代行征南將軍一職，與吳將周瑜對峙，見吳軍數千名先鋒來犯，命部將牛金僅以三百兵逆擊，牛金寡不敵眾遭到包圍後，曹仁率領麾下騎兵數十人直衝敵陣馳援。才殺入重圍救出牛金，又立刻翻身衝入陣中救出牛金的殘兵。所領騎兵僅有數人戰死，吳軍見無法攻克，於是退走。曹仁回城後，眾人都讚服道：「將軍真天人也。」關羽攻打樊城時，適巧漢水氾濫，樊城即將淹沒，曹仁依然激勵軍民，誓死堅守。等到徐晃率兵來救，河水也逐漸退去，這才突破包圍，迫使關羽撤軍。日後晉升為大司馬，死於223年，諡號忠侯，享年56歲。

第7章　三國志人物傳

215

文學造詣傑出的開國魏帝

魏 曹丕

生卒年	187～226年
字	子桓
本籍	沛國譙縣

　　曹丕是魏國的開國君主。曹操共生子二十五人，曹丕是長子①，生於公元187年。母親為卞氏，曹植為同母胞弟，兄弟的文學造詣都很高。211年拜領五官中郎將、副丞相之位，217年又被冊立為魏太子。曹操死後，繼承其業晉升丞相、嗣爵魏王，220年脅迫漢獻帝篡奪了帝位。從曹丕在位到死去的七年之間，始終致力安定民生、拔擢賢士，嚴禁外戚宦官干政，制訂「九品官人法」等，大刀闊斧進行許多改革。曹丕也愛好文學，著有《典論》及上百篇的詩賦。然而黃初七年（226）曹丕忽然染病，將後事囑託曹真、曹休、司馬懿等大臣後，隨即死去。

善於出其不意的突襲戰

魏 夏侯淵

生卒年	？～219年
字	妙才
本籍	沛國譙縣

　　夏侯淵是夏侯惇的族弟。曹操年輕時曾在家鄉犯法，夏侯淵便出頭，為曹操頂罪。所幸當時曹操在外設法營救，總算免除刑責。曹操舉兵後，夏侯淵任別部司馬、騎都尉，跟隨曹操征討。曹操與袁紹對戰於官渡時，夏侯淵暫代督軍校尉一職，因平定各縣有功一路升遷，歷任典軍校尉、行領軍、代行征西護軍、代行護軍將軍等職。根據王沈等人編著的《魏書》所述，夏侯淵擅長急襲，常能出其不意突擊敵人，由於行軍飛速，軍中遂有「三日五百里，六日行千里」的說法。防守漢中時，官拜征西將軍，布陣於陽平關，與劉備對峙半年後，遭到劉備襲擊而戰死。由於當時張郃危急，夏侯淵分出半數兵力救援，以致守備薄弱，被劉備乘機襲擊而死。據說早先曹操就常告誡打過無數勝仗、以戰功自豪的夏侯淵說：「身為將領，有時必須懂得畏懼，不可倚仗匹夫之勇。」

---

①譯注：長子本為曹丕的異母兄長曹昂，後來曹昂死於宛城之戰。

魏 典韋

生卒年	？～197年
字	不詳
本籍	陳留郡己吾縣

　　典韋膂力過人，重視義氣好打抱不平。張邈舉兵起義時，典韋為帳下兵士，隸屬司馬趙寵。當時有一面牙門旗沉重難立，任誰也無可奈何，典韋卻隻手撐起，其勇力遂深獲趙寵肯定。後來轉到夏侯惇的帳下，立下諸多戰功。曹操與呂布交戰於濮陽時，典韋率領士兵數十人應戰，悉數穿上兩層布衣鎧甲，僅以長矛撩戟（投戟）為兵器。兩軍交戰激烈，一時箭如雨下，典韋於是閉目不視，對近處的士兵說道：「敵人來到五步外時，再告訴我！」當士兵急告敵人已至時，典韋大吼一聲忽然竄起，舞動手上戰戟擊殺來敵，擋者無不當場倒地。後來典韋成為曹操的貼身護衛，盡忠職守隨侍在側。曹操征討荊州時，曾降服宛城張繡一時，豈料張繡卻背叛曹操，襲擊了曹營。典韋奮勇拒敵，但因身負重創數十餘處，最後怒目圓睜、大罵而死。

魏 鄧艾

生卒年	197～264年
字	士載
本籍	義陽郡棘陽縣

　　魏將鄧艾穿越無人之境，直抵成都滅亡了蜀漢，因此為世人所知。根據《魏書‧鄧艾傳》的記載，這段戲劇化的事蹟背後，隱藏著一段幼時失怙、少年貧苦的背景。由於口吃的毛病，不得出任郡縣的幹部。後來因緣際會擔任差使，謁見了司馬懿，深獲其賞識而徵召為官。263年征討蜀國時，鄧艾奉命與姜維全線接戰。稍後姜維據守劍閣與鍾會對峙，鄧艾乘機率軍從陰平穿越無人之地，強行軍七百里，見山開道、遇谷架橋，甚至以毛氈裹身，由高坡任其滾落。歷經艱難通過險境，抵達了江由城，蜀國守將馬邈隨即出降。隨後又擊破由涪縣趕至綿竹的諸葛瞻，一路挺進雒城，後主劉禪於是來降。蜀漢亡國後，鄧艾誇耀己功，鍾會深感不悅而萌生妒意，於是以謀反之嫌入罪，將鄧艾父子逮捕。鍾會兵變失敗被殺後，鄧艾一度被部下救出，但最終還是被衛瓘派來的田續所殺。

魏 郭嘉

生卒年	170～207年
字	奉孝
本籍	潁川郡陽翟縣

　　郭嘉早年曾出仕袁紹，見袁紹不懂得用人的機宜，謀劃多而缺少決斷，由此洞悉其器度，遂棄袁紹而去。經由荀彧舉薦會晤曹操後，曹操讚譽有加地說道：「能助我完成大業者，必是此人。」遂拔擢郭嘉為司空軍祭酒。當時郭嘉還舉出袁紹的十項缺點，與曹操的十大優點相較，讓曹操心有戚戚焉。郭嘉指出，袁紹雖然坐擁強兵，卻一事無成，而且對天子背逆反動，猜忌心強又缺乏決斷，只懂得虛張聲勢。曹操則用兵如神明智果決，用人唯才不加猜疑，常能隨和時變運用無窮，強調無論在行道、奉義、為治、器度、用謀、崇德、尚仁、明理、文韜、武略各方面，都是曹操勝出。郭嘉擅長計謀策略，能夠通達事理掌握真相，曹操對他甚為信任，更說道：「只有郭奉孝最明瞭我的心思。」然而由於健康因素，才38歲就罹患重病死去。

魏 徐晃

生卒年	?～227年
字	公明
本籍	河東郡楊縣

　　徐晃是仰慕曹操而歸順的魏國忠臣。早年曾是郡守的屬吏，因跟隨車騎將軍楊奉討賊有功，拜領騎都尉。李傕、郭汜作亂長安時，徐晃勸說楊奉，護送天子返回洛陽。當獻帝進入洛陽後，曹操便奉迎天子做為傀儡政權，楊奉隨即反叛，遭到曹操討伐。根據《魏書·徐晃傳》的記載，徐晃就是在此時歸順了曹操，還經常感嘆自己何其有幸，能夠得到明君知遇。此後跟隨曹操擊敗呂布軍的趙庶、李鄒，擊破顏良攻陷白馬，又於延津破斬文醜。關羽攻打死守樊城的曹仁時，徐晃驅兵來援，並以聲東擊西之計擊退關羽。曹操喜不自勝，於七里外出迎凱旋的徐晃，大擺宴席慶功。公元227年，徐晃病重死去。其一生可謂沉穩慎重，出兵前必先派遣斥侯遠觀細察，巡視戰場形勢以防萬一。陳壽評論魏國五大良將時，徐晃也與張遼、樂進、于禁、張郃同列其中。

蜀 劉備

生卒年	161～223年
字	玄德
本籍	涿郡涿縣

即便是《三國演義》中與諸葛亮同樣獲得主角禮遇的劉備，在正史《三國志》的記載中，卻不過是受到三四等的待遇。敘述的分量比曹操、孫權都來得少。或許是因為陳壽身為一個以魏國為正統的晉朝史官，除此以外別無選擇的緣故。不過某種程度上，生於蜀國的陳壽還是尊崇劉備，對此毫不以為意。舉例來說，他常直呼孫權的名諱，但換做劉備就會避免指名道姓，始終冠以先主的稱謂，便是反映其心態的表現。

根據《蜀書‧先主傳》所述，劉備是漢景帝之子、中山靖王劉勝的後裔。然而年代可上溯至三百年前的劉勝，據說子息就有一百二十餘人，以此推算至劉備的時代，後代子孫必然已屆上萬之譜。也因此不免讓人懷疑其血緣關係可能微不足道。

劉勝之子劉貞曾受封為涿縣陸城亭侯，因進獻的酎金成色不足而失去爵位，從此定居當地。到了祖父劉雄這一代，被推舉為孝廉，出任東郡范縣的縣令。但由於劉備年幼時父親劉弘就早逝，瞬間家計陷入困境，於是被迫與母親以編織草鞋草席為生，過著如同庶民的生活。

劉備年輕時曾經在當時任職九江太守的盧植門下求學，與遼西公孫瓚為同窗好友。不過劉備不喜讀書，卻愛走犬、逐馬、美樂、綺服，個性似乎較注重外表。身長約七尺五寸（173公分），兩手自然下垂可超過膝蓋，生得一雙大耳，回顧身後時可以瞧見耳朵。平時沉默寡言，喜怒不形於色，樂好結交豪傑俠客，許多年輕人都趨附在旁，展露混跡市井的領袖之風。中山縣的富商張世平與蘇雙等人對劉備頗具好感，提供了大量的軍需金，劉備遂招募私兵，跟隨校尉鄒靖討伐黃巾賊。當時

位於涿州三義
宮的劉備像

關羽、張飛也是劉備的親兵，三人同進共出。雖說《三國演義》第一回述及的「桃園結義」出自羅貫中的杜撰，不過從正史《三國志》所記載的「寢則同床」等敘述看來，三者必然存在某種形同結義兄弟的關係。

由於討伐黃巾賊有功，被任命為安喜縣尉。後來督郵因公前來巡視，劉備求見督郵卻被拒於門外，一怒之下綑綁督郵，施以兩百杖刑，將他綁在繫馬柱後，就此棄官逃亡。不過關於此事，《三國志》引注的《典略》記載，卻與正史本文略異其趣。根據其說法，督郵有免官之權，劉備唯恐遭到罷免，於是登門求見，督郵卻稱病不願會面，劉備惱恨不已，竟假稱奉郡太守之命前來逮捕督郵，將他綑綁起來，帶往縣界綁在樹上，抽鞭杖擊百餘下，欲置之於死地，因為督郵哀求討饒，劉備才釋放督郵，揚長而去。其行徑迥然有別於史稱的「弘毅寬厚」（指心胸寬大）或「有德者」這般美好的形象，或許吾人在檢視劉備生平時，也應該加入這般算計的要素。

不過同見於《三國演義》的此一場景，卻設定為張飛怒鞭督郵。或許是為了不讓喜愛劉備的三國迷失望，羅貫中才移花接木的。

不久大將軍何進遣將募兵，劉備應徵同行立下了戰功，拜領下密縣丞一職，但隨即又重演去職丟官的舊事，轉而投靠故友公孫瓚，出任別部司馬，與冀州牧袁紹交兵。因為數度立功，被任命為平原國相，足見其臨陣戰技確實出色。

曹操攻打徐州牧陶謙時，劉備率領數千人往救陶謙，從此歸建在其麾下。陶謙遂上表任命劉備為豫州刺史，讓他駐紮在小沛。陶謙病逝後，別駕麋竺與

北海國相孔融先後勸進，劉備遂以下邳為據點，統領了徐州。

196年袁術來犯，劉備與其交兵，下邳卻被呂布乘機攻占，妻兒也被擄獲。劉備與呂布議和回到下邳後，招納離散的士兵，引起呂布的不快，再次遭到攻擊而敗走，只得投奔曹操。曹操相當禮遇厚待劉備，任命他為豫州牧，並增加劉備的兵力，讓他攻打呂布，卻又遭到呂布擊破，妻兒再次被擄，曹操於是親征擒殺了呂布，尋回劉備的妻兒，劉備遂跟隨曹操凱旋許都。

劉備投身在曹操麾下時，國丈（獻帝岳父）車騎將軍董承曾密謀誅殺曹操，劉備也與此同謀。一如眾所周知的，就在尚未舉事的某一天，曹操忽然對劉備說「當今天下英雄，只有劉使君與我」，藉機試探劉備是否懷有二心。據說當時劉備以為心思被看穿，嚇得筷子都掉落在地，適巧一陣雷聲隆隆，才以此掩飾自己的失態，逃過了一劫。劉備原本害怕密謀事發，所幸奉命討伐袁術，遂乘機脫離曹操逃走。稍後返回小沛，獲得各郡縣數萬兵力做為後盾。

當時正值曹操與袁紹對峙官渡之際，曹操卻突然起兵東征，劉備大驚拋下了兵眾，逕自逃往青州刺史袁譚處安身。劉備不但妻兒被俘，關羽也被曹軍擒獲。根據《三國演義》所述，關羽提出三個條件，才投降了曹操。

曹操擊破袁紹後，繼而攻打劉備，劉備遂投靠了劉表。劉表出迎劉備，讓他駐屯在新野。不過劉表總是疑心劉備圖謀不軌。根據《世說新語》所述，有一回劉表備宴招待劉備，蒯越與蔡瑁企圖在宴席間刺殺劉備，劉備察覺有異，藉入廁之名逃走，方才無事[1]。

207年曹操南下征討荊州，劉表的繼承人劉琮眼看戰無勝算，索性舉州獻降。當時駐紮在樊城的劉備對此事一無所知，直到曹軍進兵至宛城，才知道曹操大軍南征的消息。劉備大驚失色，整頓兵馬後隨即向南逃亡。十萬荊州百姓仰慕劉備，也一同跟隨南下，據說每天只能行進十里（四點多公里）。曹操唯恐軍需物資充實的江陵先被劉備攻占，親自率領五千騎兵追擊，晝夜兼行三百里後，於當陽長阪坡追上劉備一行。劉備拋下妻兒，與諸葛亮、張飛、趙雲、騎兵數十人逃走。當時還留下趙雲回頭殺入戰場，尋找失散的劉備妻兒，張飛斷後拒敵於長阪橋等膾炙人口的事蹟。就在劉備抵達漢津時，與關羽徵調來的船隊巧遇，於是乘船渡河。途中又適逢劉表長子劉琦萬餘人的兵力，一同前往夏口。

另一方面，孫權畏懼曹操南下，派遣魯肅前去查探荊州的情勢。劉備在當陽與其會晤，命諸葛亮往見孫權，締結了孫劉同盟。根據《蜀書·先主傳》所

①譯注：《魏氏春秋》的作者孫盛指出，如果劉表與劉備之間曾經發生此事，兩者不可能還能相安無事和平共存，認為此說必然不是事實。

述，孫權派周瑜、程普等水軍數萬前來相助，劉備與其合力抗曹，於「赤壁之戰」大破曹軍，舟筏船艦悉數焚燬。劉備隨後與吳軍水陸並進，追擊曹軍至南郡。根據《魏書・武帝紀》的記載，曹軍陣中疫情蔓延，士卒官吏死去甚多，曹操遂撤回許都。《江表傳》的記述則存在微妙的差異，指稱周瑜對劉備誇口道：「劉豫州只需看周瑜如何破曹便可。」劉備於是和關羽、張飛帶領兩千兵駐留在長江岸邊（樊口），並未與周瑜進兵討敵。不論如何，周瑜大勝後，被任命為南郡太守，將南岸的土地分給劉備駐屯。

劉備一方面表奏劉琦為荊州刺史，同時征討武陵、長沙、桂陽、零陵，平定了荊南四郡。劉琦病死後，劉備自領荊州牧。孫權唯恐劉備勢力擴大，認為此時以懷柔為上策，於是將胞妹嫁與劉備，強化孫劉的友好關係。

211年曹操開始進兵討伐漢中的張魯，益州牧劉璋深恐漢中一旦被破，益州必然成為曹操的下一個目標。別駕從事張松於是力勸劉璋，迎來劉備討伐張魯。事實上張松與法正早已見棄劉璋，圖謀讓劉備奪取益州。劉備遂接受張松獻計，領兵進入益州，與劉璋會見於涪縣。當時龐統曾勸劉備在會場襲擊劉璋，但劉備並未應允，只說不可倉促行事。

就在212年劉備準備攻打張魯的前夕，曹操發兵入侵東吳，為了救援盟友，劉備向劉璋商借兵力一萬與軍需物資，但劉璋只給予四千兵，其餘要求均減半。劉備怒不可遏，索性攻打劉璋，最終據有西川。劉備領有荊、益二州，因此實現了三分天下的大計。

翌年215年孫權見劉備取得益州後，要求歸還荊州。劉備卻漠然表示，必須取得涼州才能歸還荊州，孫權憤恨不平，命令呂蒙襲取長沙、零陵、桂陽三郡。由於曹操開始攻打漢中，劉備遂與孫權和好共分荊州，全力防衛曹軍進犯。經過漫長的堅守，劉備總算取勝獲得漢中，自命為漢中王。然而當鎮守荊州的關羽，被反對孫劉同盟的呂蒙所騙，繼而遭到襲殺後，劉備便傾全力要攻打東吳。公元220年傳來曹丕殺害獻帝自稱魏帝的誤報後，劉備也即位稱帝。

221年6月因張飛遭到部將暗殺，劉備終於在7月率領軍團征討孫吳。蜀軍連戰皆捷一路挺進，卻在猇亭遭到陸遜大敗，劉備輾轉逃入白帝城，在此罹患了重病，不及返回成都，便於223年4月病逝。享年63歲。臨死之際，將諸葛亮召來床前說道：「你的才能十倍於曹丕，必能安定國家，遂成大業。如果太子足以輔佐，希望你全力扶持。如果才德不足，就自己取代他吧。」裴松之評論劉備時，認為他毅力堅強、度量寬宏，有英雄的器度，但也指出謀略才幹不及曹操的另一面。

劉備之死

「卻說劉備奔回白帝城後，失意之餘染病不起。章武三年夏四月，病入四肢，兩目昏花。獨臥於龍榻之上時，卻夢見關羽、張飛二人之鬼魂。劉備自知不久於人世，遂遣使往成都，請丞相諸葛亮、尚書令李嚴與魯王劉永、梁王劉理來龍榻之前。囑咐丞相孔明，指馬謖言過其實，不可大用，又曰：『若嗣子可輔，則輔之；如其不才，君可自為成都之王。』（白帝託孤）孔明泣拜於地曰：『臣安敢不竭股肱之力，效忠貞之節！』以此表明心跡，誓死輔佐後主。劉備並喚劉永、劉理近前曰：『爾兄弟三人，皆以父事丞相。』又囑咐趙雲看顧其子，謂眾官曰：『卿等願皆自愛。』言畢，駕崩，壽六十三歲。時章武三年夏四月二十四日也。」上文便是摘要自《三國演義》第85回的敘述。根據《蜀書·先主傳》所述，劉備因為病重，將劉禪託付予諸葛亮，囑託尚書令李嚴從旁輔佐之後，於夏四月薨逝於永安宮。《諸葛亮集》則記載劉備臨死之際，遺詔對劉禪說道：「人過五十歲，便不算早夭。我已經六十餘歲，沒有什麼遺憾。只是掛念你們兄弟。」又對魯王遺囑道：「你們兄弟待丞相應當視若己父，要與丞相共成國事。」

劉備向諸葛亮託孤

蜀 諸葛亮

生卒年	181~234年
字	孔明
本籍	琅邪郡陽都縣

　　談到《三國演義》的頭號英雄，自然非孔明莫屬。即使在正史《三國志》中，對其舉世罕見的智謀也多所讚譽。陳壽更認為他可媲美春秋的管仲、西漢的蕭何，只是不擅長隨機應變的為將臨陣之道。可說評論得略微嚴苛了一些。

　　諸葛亮是漢司隸校尉諸葛豐的子孫，父親諸葛珪曾任太山郡丞。由於早年失怙，與胞弟諸葛均一同投靠當時即將赴任豫章太守的叔父諸葛玄。197年諸葛玄為亂軍所害後，諸葛亮移居到襄陽城西20里的隆中，過著躬耕自足的生活。身長八尺（184公分），常比喻自己為春秋的齊相管仲，與戰國的燕將樂毅。後來駐屯新野的劉備，屈身竭禮三顧茅廬，才見到了諸葛亮，當時諸葛亮27歲。諸葛亮揭露心中壯大的構想，建議劉備取得殷實豐饒、天險自成的荊益二州，與倚仗江險、歷經三代國治民強的孫吳結盟，抗衡坐擁百萬大軍的曹操。正史《三國志》與《三國演義》對於此事的記載，都指出是劉備主動拜訪諸葛亮，但《魏略》卻指稱是諸葛亮自行拜謁了駐紮在樊城的劉備。當時劉備看諸葛亮並非舊識，便以應對尋常書生之禮接待他。諸葛亮問劉備說：「您覺得劉表能與曹操相比嗎？」劉備說：「比不上。」又問「將軍您自比曹操又如何？」劉備還是回答：「也比不上。」諸葛亮便說：「既然都比不上曹操，而

將軍手下又只有數千兵馬，卻想要抗擊曹操，這不是很不明智嗎？」劉備眼神為之一亮，便請教說：「那應當怎麼做？」諸葛亮於是向劉備建言，只要將未登記戶籍的流動人口納入戶籍，就可以從中徵調更多兵員，劉備由此認識諸葛亮高明的韜略，遂待以上賓的禮遇。

　　劉備屯兵樊城時，得知曹操前來攻打荊州，諸葛亮遂與徐庶隨同劉備南下，豈料徐庶的母親卻在中途被曹軍擄獲，徐庶於是告別兩人投降魏國。

　　劉備逃往夏口後，諸葛亮建議劉備向孫權求援。劉備採納此議，便讓諸葛亮前去謁見孫權，締結了盟約。

一塊標示著諸葛亮臨沂故居的石碑

羽扇鶴氅成了
孔明的標誌

隨後孫權命周瑜、程普、魯肅率領三萬水軍，跟隨諸葛亮前來相助劉備，與曹操展開對峙。曹操於「赤壁之戰」大敗返回鄴城後，劉備任命諸葛亮為軍師中郎將，治理零陵、桂陽、長沙三郡。211年劉備平定益州，諸葛亮任軍師將軍，劉備出征在外時，諸葛亮鎮守成都，負責後勤補給與兵力調度。

221年劉備即位稱帝，任命諸葛亮為丞相、錄尚書事、假節，甚至一度拜領司隸校尉的職位。但即便諸葛亮竭死效忠，追隨劉備一路走來，最終劉備也不免一死。接受劉備託孤的遺命後，諸葛亮在床前向劉備宣示，誓死輔佐劉禪。劉備死後，諸葛亮被封為武鄉侯，兼領益州牧。舉凡國家政務，不論鉅細靡遺，皆由諸葛亮全權決策。

225年春，諸葛亮率領大軍南征，於當年秋平定南蠻。通過與南方的交易，獲取軍資物產，富足了倉廩國庫，從而整軍經武，為準備大舉北伐而奔波。

227年終於向後主上呈「出師表」，此後五度（《三國演義》作六次）出師北伐。對於處在兵力不足、人才物力缺乏的困境下，只能挺身一戰的諸葛亮而言，可謂燃燒生命的一段奮鬥旅程。234年鞠躬盡瘁的諸葛亮，終於在五丈原陣中病逝。享年54歲。根據其遺言所述，死後葬於定軍山，墳塚大小足以容納棺木即可，著以平常的服裝入殮，無須其他器物陪葬。

蜀 關羽

生卒年	？～219年
字	雲長（原字為長生）
本籍	河東郡解縣

　　關羽勇冠三軍、忠義無雙，直到今日仍廣受人們愛戴，堪稱三國首屈一指的武將，然而正史《三國志》對於關羽的評述，事實上並未給予如此高度的肯定，威望也似乎不若今日顯赫，亦即關羽是隨著時代逐漸聲名遠揚的。中國歷代皇帝之所以將關羽奉為關聖帝君加以祭祀，不過是利用其忠義的美名，塑造效忠天子的象徵罷了。翻開《蜀書・關羽傳》檢視，可以發現並無關羽出生的相關記載，只提到從出生地解縣逃往涿郡的簡述，這也說明當時的關羽沒沒無聞。解縣之名來自縣內產鹽的鹽水湖，解池，當地有一說法，指稱關羽本來替販賣私鹽的鹽商出頭頂罪，最後被迫逃亡。劉備在涿郡招募私兵時，關羽與張飛便前來投效，從此隨侍保護劉備。劉備出任平原相時，關張二人任職別部司馬，各自指揮部隊。由於正史《三國志》記載當時兩人與劉備同床共寢、恩義友愛宛若手足，《三國演義》於是據此改寫，杜撰了意氣相投的三人前往張飛莊院的桃園結為異姓兄弟這樣一齣開場戲。

　　儘管史實並無此一記述，正史中卻隨處可見三人簡直情同兄弟的真摯友誼，自然而然也就讓人產生他們曾經通過某種形式義結金蘭的聯想了。

　　關羽因為蓄有長鬚，換來了美髯公的稱譽。又曾被流箭射穿手臂，傷口雖然痊癒，但遇上陰雨的天氣，臂骨便隱隱作痛。醫者指出箭鏃曾經餵毒，毒性已經入骨，必須剖開手臂刮除，關羽於是讓大夫當場為他療傷。當時正值飲宴之間，關羽還能談笑自如地切食烤肉、豪飲美酒。

　　《三國演義》指稱當時的醫者便是華佗，這個說法當然也是虛構的。

關公刮骨療毒雕像（荊州市）

許昌春秋樓中聚精會神
研讀《春秋》的關公像

　　曹操東征攻打劉備時，劉備拋下妻兒投奔了袁紹。當時關羽及劉備妻兒，都淪為曹操的俘虜。後來關羽在「白馬之戰」中斬獲袁紹大將顏良的首級，回報了曹操的厚遇，隨即與劉備髮妻同行，出奔回到劉備的身邊①。

　　219年劉備自立為漢中王，任命關羽為前將軍，依然鎮守荊州。然而關羽卻在攻打樊城的曹仁時，被吳軍襲取了江陵，部隊因此瓦解。由麥城輾轉奔逃後，最終被孫權麾將潘璋捕獲，與其子關平同遭斬首。首級被送至曹操的跟前，曹操以諸侯之禮厚葬。關羽不但被後人尊為武聖關公，同時也被奉祀為財神，或許是因為故鄉本是食鹽的產地，有許多人經商牟利，常來向關聖帝君求財運討吉利，才逐漸被奉為財神的緣故。

關公向曹操辭行千里尋兒的壁畫（許昌春秋樓）

①譯注：原文雖指關羽與劉備妻子同行，但係出自《三國演義》的描述，並非正史的記載，故特此加注示明。

關羽之死

「關羽起荊州軍馬大半攻打樊城，曹仁坐困城中，兀自發愁。曹操聞訊後，打消攻打漢中之行，催令曹軍馳援樊城急戰。曹仁聞救兵趕至，殺出城外與徐晃會合，兩下夾攻關羽。曹仁兵馬勢猛，霎時間荊州兵大亂，土崩瓦解敗走。關羽渡過襄江，正待奔往襄陽，卻聽得荊州已被呂蒙用計所奪，愕然大驚。方知呂蒙命帳下水兵扮作客商，暗中潛入江岸，又假扮荊州兵賺開城門，襲得荊州。關羽遂提兵來投公安，欲與傅士仁合兵，不想傅士仁也降了東吳。原來傅士仁平日受關羽無理對待，見關羽來使取白米十萬石，急令星夜差送，心思糧秣難以送達，索性與南郡太守糜芳改投吳軍。關羽怒氣充塞，自領前隊先行，留廖化、關平斷後，引兵來取荊州。途中忽被蔣欽攔住，關羽拍馬舞刀直取蔣欽，不過三回合蔣欽敗走，關羽遂步步被引入死境。追殺二十餘里，韓當、周泰分由左右山谷領兵衝出，正廝殺之間，丁奉、徐盛人馬也加入戰團。士兵聞知荊州雖落入吳軍手中，軍眷家屬卻俱各無恙，一時軍心盡變不再戀戰，途中紛紛逃去。待殺到黃昏，關羽部從只有三百餘人。遂聽從關平暫屯麥城以待援兵之言，催促殘兵前至麥城，最終卻援兵不至，城中糧盡。時諸葛瑾前來勸降，關羽逐之而去，奈何無計可施，遂與關平引殘卒二百餘人，突出北門，走小路直奔西川，約走二十餘里，朱然、潘璋引兵殺到。關羽令關平斷後，自在前開路，隨行只剩得十餘人。時五更將盡（凌晨四點），一行來到決口，兩下伏兵盡出，長鉤套索一齊並舉，把關羽坐下馬絆倒，關羽翻身落馬，早被潘璋部將馬忠所獲。關平雖大軍在前，仍孤身獨戰，亦力盡被執。至天明，聞關羽父子已被擒獲，孫權大喜，遂命馬忠簇擁關羽至前，有勸降之意，關羽厲聲罵道：『吾豈與汝叛漢之賊為伍！』關羽父子遂皆斬首。」（摹寫自《三國演義》第76、77回）

埋葬關羽身軀的當陽關陵

蜀 馬超

生卒年	176～222年
字	孟起
本籍	扶風郡茂陵縣

　　馬超之父馬騰是東漢伏波將軍馬援的後裔，馬騰的父親因故失去官位，年少的他遂以打柴為生。馬騰身高八尺體格健碩，為人賢明性情敦厚，獲得許多人的敬重。靈帝晚期時，羌氏等異族叛亂，馬騰應朝廷徵募投軍，討賊有功而被任命為司馬，一路累遷為偏將軍、征西將軍。本來與韓遂結義為兄弟，後來卻相互仇視攻伐，韓遂甚至殺害了馬騰妻兒（馬超的母親與兄弟，日後又和解）。等到馬騰入朝為官後，馬超被任命為偏將軍，繼續帶領馬騰的舊部。

　　馬超領軍後，再次與韓遂互通聲氣，起兵進犯潼關。當時曹操曾單騎赴會，與韓遂、馬超陣前交談。馬超本想憑藉自己的勇力，當場擒下曹操，見一旁護衛的許褚怒目相視，並未動手。隨後曹操的參謀賈詡施以離間之計，讓馬超與韓遂失和，兩人反目成仇，悉數被曹操擊破，馬超也不敵敗走。適逢北方發生了亂事[1]，曹操緊急率軍東歸。馬超遂把握機會，殺害涼州刺史韋康，收編其麾下兵馬，自命為征西將軍，兼領并州牧，總督涼州軍事。後來韋康的舊部共謀，聯手攻打馬超，馬超狼狽奔逃，投靠了漢中的張魯。隨後察覺張魯不足以同論大事，於是寫了密函向劉備請降。當時正值劉備攻打益州之際，馬超以援軍姿態前來協助劉備後，劉璋畏懼馬超的勇猛，隨即出城獻降。劉備自稱漢中王後，馬超被命為左將軍、假節，後來遷升為驃騎將軍，兼領涼州牧。

公元222年去世，享年47歲，至於早逝的原因，正史並未記載。只提到臨死之前曾經上疏：「微臣宗族兩百餘人，幾乎被曹操誅殺殆盡，如今唯獨堂弟馬岱能夠繼承馬氏血脈，願蒙陛下厚愛。」後來馬岱被封為平北將軍，進爵陳倉侯。馬超的女兒，則許配給劉禪的異母弟安平王劉理為妻。

位於漢中的馬超墓

①譯注：曹操西征關中時，命曹丕、程昱留守。田銀、蘇伯乘機於河間作亂，並煽動幽州、冀州起事。曹丕本想親征，經程昱、常林勸阻後，先派遣將軍賈信討伐，穩住情勢。曹操得知急報後，倉促引軍東還，命曹仁代行驍騎將軍之位，督領七軍作戰，當時前來進貢獻馬的閻柔、鮮卑首領軻比能也隨軍討伐，最終大破田銀，平定了亂事。事件始末散見於楊阜、程昱、曹仁、鮮卑等傳記。

人稱萬人敵的蜀國頭號猛將

蜀 張飛

生卒年	？～221年
字	益德（演義作翼德）
本籍	涿郡涿縣

　　張飛與關羽兩位猛將，素來敬奉劉備宛若兄長。張飛大多被視為性情直率、容易情緒化、想法單純的人，正史《三國志》並未明述其相貌如何，但《三國演義》卻形容他「身長八尺，生得豹頭環眼、虎鬚賁揚、聲如洪鐘、勢若奔馬」，樣貌十分地驚人。

　　其出身地與劉備相同，都是來自涿郡涿縣。《三國演義》指稱他曾以肉販為業，正史《三國志》則全無記載，只提到與關羽一同出仕先主（劉備）。張飛隨身的丈八蛇矛也是出自羅貫中的杜撰。換言之，關於張飛的面貌或成長過程，都無法從史實中窺知一二，不過正史卻留下許多張飛精彩事蹟的記載。劉備投靠曹操後，不久打倒呂布，曹操肯定張飛的功績，任命為中郎將。後來劉

備背叛曹操，相繼投靠袁紹、劉表，劉表死去時，曹操率大軍進犯荊州，劉備召集兵馬南逃，結果在當陽被曹軍追及，只好拋下妻兒逃走，讓張飛帶領騎兵二十人斷後拒敵。張飛截斷橋樑，立於橋頭怒眼圓睜地叫喊：「身乃張益德，可來共決死。」魏軍畏於張飛驚人的氣勢，無人敢近前一步。《三國演義》描述張飛並非站在橋前，而是單槍匹馬橫阻橋上，聲若驚雷地對著曹軍大喊，夏侯傑因此嚇得肝膽俱裂，倒撞馬下而死，就連曹操也害怕得回馬便走。《三國志平話》的描寫更為離譜，誇稱張飛大喝一聲，渡橋禁不住喊聲瞬間崩塌，河水也隨之倒流。

　　赤壁之戰過後，劉備平定江

一臉鬍鬚、模樣有些滑稽的張飛像

張飛廟內可以一覽張飛的生平

南，任命張飛為宜都太守，官拜征虜將軍，進封新亭侯。從漢中折返攻打劉璋時，俘虜其麾將嚴顏。張飛本想將嚴顏斬首，有感其氣節凜然，於是釋放嚴顏，待以賓客之禮。

魏國謀臣程昱曾誇讚張飛勇猛，足與萬人匹敵，陳壽則從反面指出張飛對身分卑微者態度傲慢，不懂得體恤下屬。劉備屢次告誡張飛說：「你常以嚴刑峻法殺人，又動輒鞭打士兵，還將他們留在身邊，遲早招來禍事。」但張飛始終不改其道。結果就在劉備征討東吳的前夕，張飛被部將張達、范彊刺殺，梟去首級。張飛的軍營上表呈報，劉備一見到是營都督的署名，就悲嘆一聲說：「啊，張飛死了！」

順道一提，張飛生有二女，都嫁給劉禪成為后妃，自己與夏侯氏、曹家也有姻親的關係。

成都的某餐飲街。相傳張飛曾為肉販，今日還有商家冠以張飛之名販賣肉乾。

專欄

張飛之女

張飛的長女早年被選入宮中，為太子妃，後來成為敬哀張皇后。敬哀張皇后於237年去世後，妹妹也入宮，稱張皇后。亦即姊妹共事一夫，相繼嫁給劉禪。張飛本身則曾於200年劫來夏侯家的女子為妻，於是與夏侯氏、亦即與曹操之間也有著姻親的關係。

張飛之死

「卻說張飛在閬中，聞知關羽被東吳所害，且夕號泣。諸將以酒勸解，酒醉怒氣愈加，帳上帳下，但有犯者即鞭撻之，多有鞭死者。聞知眾臣多勸先滅魏而後伐吳，便往成都面見劉備，問曰：『陛下為何不興兵討吳？報我二兄之讎？』又拜伏於地哭曰：『若陛下不去，臣捨此軀與二兄報讎！』劉備遂被打動，決心興兵討吳，起兵七十五萬，擇期出師整兵待行。時張飛奉命為討吳前部，回到閬中後，命帳下范疆、張達二人，限三日內製辦白旗白甲，讓三軍掛孝伐吳，欲生擒逆賊孫權，於關羽靈前血祭。二將前來請求寬限，張飛大怒曰：『汝安敢違我將令，若違了限，即殺汝二人示眾！』遂叱武士縛於樹上，各鞭背五十。二人尋思實難如期辦得，便商議曰：『比如他殺我，不如我殺他。』

二人遂各藏短刀，詐言欲稟機密重事，密入帳中。適前張飛思念關羽過度，神思皆亂，令人將酒來與部將同飲，不覺大醉，臥於帳中。二賊直至床前，見張飛寢於帳中，鬚豎目張，本不敢動手；因聞鼻息如雷，方敢近前，以短刀刺入張飛巨腹。張飛大叫一聲而亡。時年55歲。二人割了張飛首級，便引數十人投東吳而去。至次日再起兵，已是追之不及。

劉備是夜心驚肉顫，仰觀天文，見西北一星，其大如斗，忽然墜地。心中驚疑，連夜令人來問孔明。孔明回奏曰：『合損一大將。三日之內，必有警報。』不久張飛部將吳班差人上奏表章，劉備頓足曰：『噫！三弟休矣！』隨即放聲大哭，昏絕於地。」（摹寫自《三國演義》第81回）

張飛夜裡遭人梟首的一幕

蜀 趙雲

生卒年	？～229年
字	子龍
本籍	常山郡真定縣

趙雲的形象常被塑造為英挺俊秀的武將，其原因來自《趙雲別傳》一段「身長八尺，姿顏雄偉」的記述。《三國演義》中也隨處可見趙雲精彩的諸多演出，不過正史《三國志》記載的事略並不多，真正為人稱道的也只有當陽長阪坡救回後主劉禪與甘夫人的這段記述，其生平事蹟只能從正史引用的註解《趙雲別傳》推知一二。

首先可從《蜀書‧趙雲傳》的記載來回溯其出身。趙雲本是公孫瓚的麾將，劉備投靠公孫瓚與袁紹對峙時，趙雲曾與劉備同行，負責統率騎兵。後來正史的記述忽然一轉，直接跳到長阪坡，只提到趙雲懷抱幼子，保護甘夫人倖免於難等寥寥數字。對於熟知趙雲在《三國演義》中諸多精彩事蹟的三國迷而言，這樣的記述未免過於輕描淡寫。後來趙雲被任命為翊軍將軍，一路累遷中護軍、征南將軍，並受封為永昌亭侯，晉升為鎮東將軍。公元227年隨諸葛亮駐紮於漢中，翌年與曹真交戰落敗，貶謫為鎮軍將軍。於229年去世，日後追諡順平侯。對於趙雲在《三國演義》中的過人風采心折不已的三國迷而言，如此過於簡潔的陳述，不免讓人感到悵然若失。或許裴松之也有感於此，因此引用許多《趙雲別傳》的記述從旁綴飾。根據別傳所述，劉備投靠公孫瓚的期間，趙雲與劉備相識，劉備對趙雲有著莫大的期許，因此堅定了兩人的情誼。長阪坡兵荒馬亂之際，有人誤報趙雲逃往北方投靠了曹軍，劉備氣得拿起手戟擲向那人說：「子龍不會棄我而去的！」

漢中爭奪戰時，趙雲率領騎兵數十人出巡，遇上曹操的大軍，緊急奔回大營後，大開柵門偃旗息鼓，命將士埋伏在後。就在曹軍疑心恐有伏兵，正待退走之際，背後卻傳來震天鼓聲，強矢飛弩宛如箭雨飛蝗傾射而來，曹軍驚慌失措自相踐踏，落入漢水溺死者不計其數。隔天劉備來視察戰場，還讚譽趙雲「一身是膽」。

矗立於當陽市中心的趙雲騎馬像

　　姜維是蜀國最後一任大將軍，飽嘗蜀漢亡國的淒楚。吾人實難以斷言，姜維的奮戰究竟讓蜀國提前滅亡或苟延殘喘。總的說來，他仍不失為諸葛亮身故後，最後一位堪稱蜀國名將的人物。

　　父親姜冏曾出任郡功曹，因平定羌族作亂而在戰場捐軀，當時姜維還年幼，從此與母親相依為命。後來出任郡內的上計掾、又獲得州徵召為從事。諸葛亮率大軍攻打祁山時，天水太守見各縣相繼呼應蜀軍叛降，懷疑姜維等部屬有貳心，於是半夜逃亡至上邽據城堅守。姜維等人得知太守出走後，也隨後追趕來到上邽城，不料守兵卻不讓姜維入城。回頭趕回冀縣，同樣城關緊閉，不得其門而入。姜維出於無奈，只好前去面見諸葛亮。適逢馬謖於街亭戰敗，諸葛亮攻下西縣，強行遷走千餘戶的居民後踏上歸途。姜維也隨諸葛亮同行返回蜀國，來不及帶走母親，母子遂分隔兩地。不久諸葛亮任命姜維為倉曹掾，官拜奉義將軍，封當陽亭侯，當時姜維才27歲。諸葛亮給予姜維極高的評價，稱讚他是「涼州上士（涼州最傑出的人才）」。

　　234年諸葛亮病逝後，姜維返回成都，被任命為右監軍、輔漢將軍，統帥各軍團，隨大將軍蔣琬進駐漢中，蔣琬晉升為大司馬後，姜維也出任司馬，屢次對西方用兵。姜維始終醉心於奪取隴地以西的魏國疆土，幾度想要大舉出兵，大將軍費禕都說：「我等才能均不及丞相。丞相都無法平定中原，更何況我等。此刻應當保衛國土、治化百姓，謹慎守護社稷。」遂不聽從姜維的建言，經常只給他一萬人的兵力。

　　等到費禕於253年遇刺身亡後，再也無人能夠抑制姜維的野心，從此狂熱地埋首於北伐大業。姜維首先率領數萬兵馬進軍石營，經由董亭包圍了南安，但因魏國雍州刺史陳泰抵禦，糧秣告罄而還。翌年再出兵隴西擊破魏軍，強遷河關、狄道、臨洮三縣百姓回到蜀

國。255年又出兵狄道，消滅雍州刺史王經麾下數萬兵馬。翌年256被任命為大將軍，與魏國大將鄧艾交兵於段谷，結果大敗而還，蜀兵死者甚多。

263年姜維獲知魏將鍾會準備率領大軍征討蜀國，即刻上表後主劉禪求援，但掌握宮中實權的宦官黃皓卻從中阻撓，建議後主向巫祝徵詢國事，巫祝答稱敵人最終無法踏入蜀境，後主遂聽信片面之詞，未採納姜維的建言。直到鍾會進兵駱谷、鄧艾現身沓中之後，蜀國才啟動杯水車薪的挽救措施。但魏軍的攻勢並未因此受阻，姜維遂由陰平撤往劍閣抵擋鍾會。不料鄧艾由陰平從景谷道旁入川，於縣竹擊破諸葛瞻，震恐的後主隨即獻降。在劉禪的敕命下，姜維不得不向鍾會歸順。據說將士無不憤怒，甚至拔刀砍石。當時鍾會質問姜維為何不盡早來降，姜維斷然說道：「只恨還來得太早。」鍾會見姜維坦誠以對，毫不掩飾其想法，便厚待禮遇姜維，將印璽節鉞悉數歸還，出行時共乘一車，入座時同坐一席。

不久鍾會與鄧艾對立，以罪名構陷鄧艾，關入囚車押送回魏國後，自稱益州牧，好為叛魏之舉鋪路。本想授予姜維五萬兵馬做為先鋒，卻被隨征的魏國將士亂軍殺入，鍾會、姜維同時被殺。

根據《華陽國志》的說法，姜維尋求蜀漢的復興，煽動鍾會誅殺魏軍將領，等到事成之後，再伺機殺害鍾會，悉數坑殺魏兵，使自己降魏的舉動名正言順。不過孫盛卻批判姜維說：「明知國家弱小衰微，卻屢次興師進犯三秦（關中），等到國家滅亡後，卻還寄望有違常情的奇策能夠奏功，這不是很昏愚嗎？」對此裴松之認為：「假使魏兵如姜維之計悉數被殺，兵權便落入姜維之手，不論誅殺鍾會或復興蜀漢，都將不是一件難事。」指出孫盛有批評不當之處。最後陳壽如此評論姜維做為結語：「姜維文武兼備，志在建立功名，然而窮兵黷武，欠缺周詳的決策，最終自取滅亡。既然身處小國，又豈能擾民不休？」

蜀 魏延

生卒年	?～234年
字	文長
本籍	義陽縣

　　魏延原本是直屬劉備的私兵隊長，隨劉備入蜀後，屢立戰功而晉升牙門將，劉備自稱漢中王後，又升任總督漢中軍事、鎮東將軍，拜領漢中太守一職。本來這個榮銜任誰都認為應該落在劉備的左右臂膀張飛的頭上，但魏延卻意外獲選，震驚了蜀國全軍。劉備即位稱帝後，魏延又遷升為鎮北將軍，223年進爵都亭侯。230年與魏軍交兵，擊破雍州刺史郭淮，晉升前將軍、征西大將軍、假節，進封南鎮侯。北伐之際，魏延常向諸葛亮請兵萬人，希望能夠經由他途（子午道）與諸葛亮會合於潼關，諸葛亮認為此計風險甚大，並未採用其建議。為此魏延感嘆自己無法一展長才，以為諸葛亮膽怯。平時善於培育照顧士兵，臨戰時驍勇果決超乎常人，但個性驕矜托大，同袍都禮讓三分，唯獨楊儀不假詞色，未將魏延放在眼中，兩人因此水火不容。

　　諸葛亮于五丈原罹病後，祕密召見長史楊儀、司馬費禕、護軍姜維等人，指示撤兵的調度事宜，並屬意由魏延負責斷後，但如果魏延不從軍令，就讓部隊按預定計畫開拔。魏延認為自己身為大將卻負責斷後，還要聽命於楊儀，當場抗命不從，還與費禕區分去留的部隊，通告各營的將領。等到各部將領遵照諸葛亮的遺囑開始撤軍後，魏延卻先飛馬上表舉報楊儀反叛，同樣地楊儀也上表告發魏延叛變。留守成都的董允、蔣琬都保舉楊儀，懷疑魏延奏章的真實性。魏延又進據南谷口，派兵逆擊楊儀，但士兵清楚此事錯在魏延，於是當下四散，不願受其指揮。魏延只好帶著兒子與數名親信逃亡，最後在漢中遭到馬岱斬殺。首級送至楊儀面前時，楊儀還加以踐踏，恨恨地說道：「昏庸的奴才，看你還能不能作惡！」魏延的三族也因此被誅夷。然而儘管魏延常被視為亂臣，陳壽卻抱持不同的意見，相信魏延之所以違背撤軍的命令，純粹只是為了剷除楊儀，並非心懷反意。畢竟諸葛亮死後，魏延必然深信自己將繼承其地位。《魏略》遂有一說，指稱諸葛亮曾指示魏延，一旦自己死後，由魏延代行職務，祕密發喪。

耽於兵法而自取滅亡的諸葛亮弟子

蜀 **馬謖**

生卒年	190～228年
字	幼常
本籍	襄陽郡宜城縣

以「揮淚斬馬謖」的俗諺而為人所知的蜀國參謀，或許是因為最終背負汙名走上末路，正史並未馬謖立傳，其平生僅略述於《蜀書‧馬良傳》中。根據傳記所述，馬良共有五位兄弟，個個才能都享譽鄉里，由於都以「常」為名字，因此有「馬氏五常」的說法。其中又以眉毛中長有白毛的馬良最為傑出，而有「白眉最良」之稱。

馬謖字幼常，是馬良最小的胞弟。以荊州從事的身分隨同劉備入蜀，曾擔任緜竹、成都等地的縣令，亦曾出任越巂郡太守。才識器度有過人之處，喜歡談論兵法戰略，深獲諸葛亮高度的期許。不過劉備臨死之前，曾經叮囑諸葛亮說道：「馬謖言過其實，不可大用。」諸葛亮卻不以為然，仍任命馬謖為參軍。南征之際，也是因為採用他「攻心為上，攻城為下」的策略而獲勝，諸葛亮於是進一步提高對馬謖的評價。

228年首度北伐時，諸葛亮力排眾議，並未以魏延、吳壹（演義作吳懿）為先鋒，反而提拔馬謖，讓他率軍前往街亭，後來馬謖與魏將張郃交兵遭到擊破，部隊分崩離析。諸葛亮因為進退失據，不得不引軍撤退。回到漢中後，馬謖下獄處死，據說諸葛亮為此涕泣不已。

若從這段敘述來看，馬謖似乎未如《三國演義》所說遭到處斬，而是死於獄中。此外根據《蜀書‧向朗傳》所述，馬謖曾試圖逃亡，這點也頗耐人尋味，相對於此，《三國演義》則描寫馬謖氣節凜然，主動自縛請罪。由此看來，這段描述也可說是子虛烏有。

一說如果饒恕荊州士族出身的馬謖，可能會招來蜀國眾臣中占多數的益州派人士不滿，諸葛亮出於無奈，只好揮淚處死了馬謖。

第7章 三國志人物傳

237

蜀 **黃忠**

生卒年	？～220年
字	漢升
本籍	南陽郡

　　黃忠常予人蜀國老將的定調印象，事實上早年曾出仕荊州牧劉表。根據《蜀書・黃忠傳》的記載，劉表任命黃忠為中郎將，讓他與侄兒劉磐駐守長沙攸縣。曹操攻克荊州後，讓黃忠代行裨將軍之位，仍遂行劉表在世時交付的職務。劉備平定荊南四郡時，黃忠以臣子之禮投效，從此成為劉備軍中的一員。黃忠在戰場上常身先士卒，衝鋒陷陣作戰勇猛，號為蜀軍之冠。劉備平定益州後，被任命為討虜將軍。219年於定軍山與夏侯淵鏖戰，敵軍訓練精良，黃忠果敢應戰，親自衝鋒反覆推進，士兵歡聲雷動響震山谷，最終斬殺夏侯淵獲得大勝，因功遷升為征西將軍。劉備自稱漢中王後，黃忠與關羽、馬超同列，躋身後將軍之位，進爵關內侯。

蜀 **諸葛瞻**

生卒年	227～263年
字	思遠
本籍	琅邪郡陽都縣

　　諸葛瞻的人物形象，可以從父親諸葛亮在他八歲時寫給兄長諸葛瑾的一封信窺知一二。信中提到諸葛瞻聰慧可愛，但略嫌早熟，擔心他將來可能難成大器。

　　17歲時，諸葛瞻娶公主為妻，官拜騎都尉。翌年任羽林中郎將，累遷射聲校尉、侍中、尚書僕射，加授軍師將軍之位。長於書畫而善識強記，蜀人都仰慕器重其才能，因此每當朝廷推行良善的政策時，人人都以為出自諸葛瞻的擘劃，其才名美譽也愈發顯揚。

　　公元263年魏將鄧艾從陰平經由景谷道入侵，諸葛瞻率軍抵禦，先鋒卻在涪縣戰敗，但諸葛瞻並未進軍，轉而退守緜竹。鄧艾遣使招降，諸葛瞻受此激怒，與鄧艾交兵戰死。享年37歲。當時諸葛瞻的長子諸葛尚也跟隨父親一同捐軀，父子忠孝兩全的美名遂流傳後世。

致力於攻略益州之名臣

蜀 **法正**

生卒年 176～220年

字 孝直

本籍 扶風郡郿縣

法正的祖父法真高風亮節素有才名，父親法衍曾任司徒掾、廷尉左監。建安初年飢荒嚴重，法正與孟達同往益州投靠劉璋，一度出任新都令，後來又被徵召為軍議校尉。由於並未受到重用，壯志未伸懷才不遇，而對劉璋感到不滿。平時與益州別駕張松友好，兩人遂合謀，欲迎立劉備入主益州。劉璋得知曹操將興兵討伐張魯後，疑懼益州亦將不保，張松便利用其恐懼，建議劉璋迎來劉備，讓他征討張魯。法正出使謁見劉備，傳達劉璋旨意後，暗中勸說劉備討伐劉璋，進而統治益州。劉備採納其計，最終擒服劉璋。法正因策保益州居功厥偉，官位甚至在諸葛亮之上。劉備稱漢中王後，法正又升遷尚書令、護軍將軍，於翌年去世。享年45歲。

人稱庸兒的劉備長子

蜀 **劉禪**

生卒年 207～271年

字 公嗣

本籍 涿郡涿縣

劉禪幼名阿斗，降魏之後稱安樂公，歷來多半被視為不肖子息，有一句用來凸顯其凡庸的成語「樂不思蜀」，其典故就來自劉禪受司馬昭（晉文王）邀宴，席中演出蜀國歌舞時的一段對話。司馬昭問他是否懷念蜀國，劉禪回答：「我在這很快樂，不會思念故蜀。」蜀國遺臣郤正憂心忡忡地進諫：「如果再問起此事，您就哭著回答很想念蜀地。」稍後劉禪果然照做一回，被司馬昭問及「怎麼聽來像是郤正的口氣」時，劉禪卻說「正如君言」，聽得在座的人都笑了起來。

不過根據明朝政治家于慎行的觀察，認為劉禪為了確保自身的安危，才佯作昏庸之狀，因此倖免一死。如果此說為真，劉禪的演技只怕世所罕見。即便在《蜀書》中，陳壽也並不認為劉禪自始至終都是昏君，只是在傳記最後如此評述：「後主能委任賢能的宰相，堪稱遵循至理的明君；然而一旦為閹宦蠱惑，卻又淪為昏聵的庸主。」

第7章 三國志人物傳

239

吳 **孫權**

生卒年	182〜252年
字	仲謀
本籍	吳郡富春縣

　　同為鼎足三國的一方之霸，孫權與曹操、劉備相形之下，卻不顯得突出，也似乎較不受人矚目。屢屢見風轉舵，時而臣服曹魏、時而結盟劉蜀等欠缺篤守信義的一面，恐怕也是評價不高的原因。何況孫權還留給世人痛擊劉備、甚至用計襲殺關羽的印象，不為人所喜也是理所當然的。不過相對於早早離開人世的曹操與劉備，孫權卻活到最後，而東吳政權在蜀魏滅亡後，還能長治久安，這點孫權也是功不可沒的。

　　無須贅言地，吳國的基礎是由其父孫堅與兄長孫策所奠定，不過孫策也肯定孫權傑出的才能，認為他善於舉用賢士知人善任，由此可見孫權的器量，應該不亞於曹操與劉備二人。

　　首次登上歷史舞臺，是在孫策平定江南各郡之際，當時孫權出任陽羨縣長，才不過17歲。曾被郡提薦為孝廉，又獲得州推舉為茂才，代行奉義校尉一職。孫策轉戰江東時，孫權也隨行征討。個性寬宏爽朗、常懷仁心，能夠推己及人。論計用謀之時，孫策常會徵詢孫權，對其見識甚感驚奇，總以為自己有所不及。

　　公元199年，孫權跟隨孫策征討盧江太守劉勳，又進兵擊破黃祖。孫策於200年遭到許貢門客刺殺而死後，19歲的孫權代之而起。此後直到71歲去世，君臨東吳長達52年，執政手腕可謂相當高明。

　　當時曹操表奏朝廷，封孫權為討虜將軍，兼任會稽太守，駐屯於吳郡。孫權又以師傅之禮聘請張昭，任命周瑜、程普、呂範為將領，延攬諸多賢能的人才。魯肅、諸葛瑾也在此時前來投效。206至207年出兵攻打黃祖，呂蒙、凌統、董襲諸將攻陷黃祖的城池，黃祖隻身逃走，被騎兵馮則斬殺。

　　劉表死去後，孫權命魯肅拜會劉表的兩個兒子，代表東吳弔唁，同時打探荊州的動向。當魯肅抵達荊州時，劉琮已經向曹軍投降，於是趕緊追上

劉備，陳訴雙方同盟的必要性。諸葛亮遂與魯肅同行出使東吳，締結孫劉同盟。根據《吳書‧吳主傳》的記載，孫權授予周瑜、程普各一萬兵馬，與劉備共同進軍，大破曹軍於赤壁。值得注意的是文中指出曹操親自下令燒毀船艦。又記載士兵飢病交迫，泰半死去，成為曹軍戰敗的主因。《吳書‧周瑜傳》則指出周瑜、魯肅、程普等率軍三萬，黃蓋詐降火燒曹船，兩者的記述看似大相逕庭①。

209年周瑜與曹仁在南郡對峙一年多後，迫使曹仁撤軍。211年孫權將治所移至秣陵，改名為建業，並於石頭建城加強防禦。213年曹操進犯濡須，與孫權相持不下，見孫權軍嚴整肅然而大為感佩，於是引軍退走。根據《吳歷》所述，當時曹操曾說：「生子當如孫仲謀（孫權），劉景升（劉表）兒子若豚犬耳！」

214年孫權攻克皖城，擄獲盧江太守朱光、參軍董和以及男女數萬人。同年劉備平定蜀地，孫權要求劉備歸還荊州，劉備卻答稱「平定涼州便送還荊州」，毫無歸還之意。孫權因此大怒，命令呂蒙奪取長沙、零陵、桂陽，進而與關羽對峙於益陽，眼看戰事一觸即發，就在此時，曹操領軍攻打漢中，劉備唯恐益州有失，於是遣使向孫權求和。孫權派諸葛瑾出使，雙方達成和解。於是兩者共分荊州，長沙、江夏、桂陽以東歸屬孫權，南郡、零陵、武陵以西則歸劉備所有。

孫權由陸口返回後，直接領軍攻打合肥，因屢攻不下而退兵。就在士兵幾乎都踏上歸途時，孫權與凌統、甘寧諸將卻在津北遭到張遼奇襲。當時凌統等拚死護衛，孫權才得以躍過渡橋逃脫。根據《江表傳》所述，渡橋已經拆掉一部分，親近監（貼身隨從）谷利從後方鞭擊孫權的坐騎，馬匹受驚才躍過斷橋，其過程描寫得相當真實，宛如親眼目睹。

216年曹操又對濡須發動猛烈的攻勢，孫權向曹操乞降，締結了聯姻盟約。

219年關羽圍困襄陽的曹仁，曹操命于禁前去救援，關羽卻利用漢水氾濫，大破于禁俘獲三萬曹兵。此時孫權派兵討伐關羽，命呂蒙為先鋒襲取公安，蜀將士仁、糜芳均獻降。窮途末路的關羽一度逃入麥城，假意出降卻暗

第7章
三國志人物傳

---

①譯注：作者認為正史相互矛盾，但事實上或許可以藉「分合」與「先後」的觀點來解釋。〈吳主傳〉只提到周瑜、程普共兩萬兵馬，可能是因為二人為作戰有功的主要將領，尚有其他武將負責遞補、後援、警戒等任務，雖然並未詳載，合其總數當有三萬之譜。至於火燒曹操水軍，或可視為黃蓋引燃火勢在先，曹操縱火焚船在後，只是分述在不同傳記，使人不易綜觀全貌罷了。

中逃走。最終被孫權預先部署的朱然、潘璋擒獲處斬。孫權將送至身前的關羽首級轉送曹操，欲轉嫁罪責以避禍。隨後曹操表奏孫權為驃騎將軍，出任荊州牧，進封南昌侯。

222年劉備為了奪回荊州，假借為關羽復仇，發起「夷陵之戰」，蜀軍倚仗險阻構築了五十處營寨，繼呂蒙之後出任大都督的陸遜，視戰況輕重緩急，以相應的兵力抵禦蜀軍輪番的攻勢，由正月戰至六月，最終給予致命一擊。不過關於這場戰役的記述，《吳書·陸遜傳》提到兩軍相持七八個月後，才一舉火攻大勝，何者為真至今依然不詳①。

229年孫權稱帝，遷都至建業。

240年太子孫登死去，翌年孫權冊封三子孫和為太子、四子孫霸為魯王。但後來兩人嚴重對立，遂於250年廢立並幽禁太子孫和，賜死魯王孫霸，冊立么兒孫亮為太子，由於決策有違常理，招來後人的批判。

252年4月，孫權去世，享年71歲。諡號為大皇帝，葬於建業北郊的蔣陵。陳壽評述孫權「躬身屈己忍辱為重，善任賢才長於謀略，具有越王句踐同樣不凡的英智偉器」，但又指出他「生性好疑多忌，斷然殺戮毫不留情，晚年暴行更為顯著。或聽信讒言背離正道，或廢立王嗣戕害子胤，皇室葉脈衰亡離析，而最終導致滅國，其遠因又豈非肇始於此？」

專欄

孫權墓

朱元璋座落於南京的陵寢明孝陵神道旁，可見到一面孫權墓石碑。據說當初建造明孝陵時，孫權墓就已經存在，因此無法筆直地鋪設神道，必須繞過此墓。生前就興建自己陵墓的朱元璋，聽到臣下移除此墓的雜音後，還說「就讓孫權為寡人守墓吧」，孫權墓才得以保留下來。也因此形成明太祖朱元璋的墓地中，又出現吳大帝孫權墓這般奇特的墓葬結構。

①譯注：根據《蜀書·先主傳》所述，劉備於221年七月起兵伐吳，起初順江而下勢如破竹，攻陷巫縣、秭歸，翌年正月劉備返回秭歸，從此開始了夷陵之戰。值得注意的是《吳書·吳主傳》提到夷陵之戰起初從正月交兵至「閏月」，而〈先主傳〉記載遭到火攻是在六月期間，亦即222年因閏六月之故，有兩個六月，此外劉備返回秭歸的前一年底，吳軍可能就已經啟動誘敵深入的作戰機制，因此相持七八個月的說法實屬合理。

吳 周瑜

生卒年	175～210年
字	公瑾
本籍	盧江郡舒縣

周瑜在《三國演義》中是一個命運不濟的人物，無論與孔明較量何事，總是望塵莫及事與願違，屢次設謀算計都被孔明識破，最終一事無成。臨死前還大叫數聲「既生瑜、何生亮」，其人生只能以悲壯來形容。不過若僅從《三國志》的記載觀察，周瑜卻可說是一個成就斐然長才得展的人物。畢竟翻開正史《三國志》，也顯然可知「赤壁之戰」確為周瑜大放異彩的舞臺。正因如此，36歲便英才早逝的他，格外令人惋惜。下文就讓我們來回顧他短暫而精彩的一生。

周瑜生於盧江郡舒縣，是當時的望族世家。堂祖父周景與其子周忠，都曾經出任東漢三公之一的太尉，父親（周異）也曾任洛陽縣令，可謂家世背景顯赫。年輕時就贏得周郎（周少爺）此一與其風采相稱的暱稱，想來必然有過一段風流倜儻的公子歲月。孫堅舉兵起義討伐董卓時，周瑜舉家遷往舒縣，結識了孫堅的長子孫策。同樣年紀的二人意氣相投，並結為親交好友。此後周瑜還出讓大宅給孫策家人安身，互通有無贊助給養。

後來周瑜率眾跟隨孫策，致力於平定長江一帶，最初攻下橫江、當利二地，接著攻打秣陵，擊破笮融與薛禮，推進至湖孰、江乘與曲阿等地，將劉繇逐出轄領，立下許多戰功。當時孫策麾下兵員已大增數萬，周瑜便離開孫策，與周尚（叔父）奉派至丹陽鎮守。但由於當時孫策的長官袁術派遣堂弟袁胤前來取代太守之位，周瑜與周尚遂返回壽春。袁術本想招攬周瑜，周瑜見袁術難成大事，於是藉機回到吳郡。孫策親自前來迎接周瑜，任命為建威中郎將，授予兩千士兵與五十匹戰馬。當時周瑜24歲。

由於孫策想攻打荊州，遂任命周瑜為中護軍，隨孫策攻打劉勳據守的皖城，城陷後擄獲橋公的兩個國色天香的女兒，孫策於是娶長女大橋、周瑜娶次女小橋為妻。接著進兵尋陽擊破劉勳、討平江夏，回程平定了豫章與盧陵後，駐屯

於巴丘一時。不料孫策卻在200年遭到刺客襲殺，死時才26歲。不過周瑜仍決心與張昭一同輔佐年僅19歲的孫權繼承大業，於是領兵前去面見家業新繼的孫權，就此駐留於吳郡，與長史張昭統掌軍政事務。

206年督軍討伐山越，斬殺其渠帥（酋長），俘獲萬餘人。當年又俘獲來犯的黃祖武將鄧龍，展現獨當一面的統兵能力。

不久曹操來信要求孫權送子入許都做為人質，周瑜見眾臣猶豫不決，就進言孫權：「送人質給曹操，只會受制於人，最多獲得一枚侯印、僕從數十人、車馬若干罷了。不如不送人質，暫且靜觀其變。」以此勸阻孫權。曹操取得荊州水軍後，號稱水陸併計八十萬，將要南下討吳，東吳將士聞之色變，大多建議降曹，當時周瑜也向孫權進言，分析吳軍優勢與曹軍弱點，主張抗戰到底。認為中原兵善於馳騁平野，卻不擅長舟行江濤，時值天寒地凍，馬匹既無蒿草可食，士兵又不服南方水土，必然容易爆發疫情，力勸雄才武略兼具的孫權舉兵迎擊。受到這番話的激勵，孫權隨即當眾拔刀，往身前的案桌猛力一砍，堅決地說道：「再有諫言歸順曹操者，下場如同此案！」根據周瑜的推估，曹操雖號稱八十萬大軍，其實不過十五六萬兵馬，大多長途跋涉疲憊不堪，加上於荊州新近收編的七八萬劉表降軍，也並未完全誠服曹操。兵力雖然強盛，只要以五萬吳兵對抗，便足以制敵。從《吳書‧周瑜傳》的記述看來，當時似乎只有周瑜一人主張不可降曹，然而檢視《吳書‧魯肅傳》後，卻發現率先發難反對降曹的人應該是魯肅。原來周瑜早先見過魯肅，從駐地鄱陽趕回後，以魯肅之言為依據說服了孫權。裴松之也指出這兩段記述的矛盾，批評如果真如〈周瑜傳〉所言，周瑜等於奪走了魯肅的功勞[①]。

208年周瑜迎來赤壁之戰，立下了輝煌的勳功。由於兩軍交兵於赤壁之時，曹軍已經疫情蔓延，甫經交手便不敵敗走，退往長江北岸駐紮，周瑜等部隊則布防於南岸，雙方展開長期的對峙。當時黃蓋著眼於敵軍船艦前後相連，

建議周瑜施以火攻。於是黃蓋向曹軍詐降，使曹操鬆弛戒心，趁東南風吹起時，帶領裝滿了乾柴葦草、澆上魚油覆蓋布幕的蒙衝鬥艦數十艘出航。眺望多時的曹兵，知道黃蓋即將來降，爭相引頸觀看。但就在船隊來到曹軍北營兩里前，船艦突然同時起火，衝入曹操水軍中，火勢一發不可收拾。曹軍艦隊受到

強風吹襲，悉數化為火團，兵馬燒死溺斃者甚多。曹軍敗走一度退守南郡，隨即遭到劉備與周瑜追擊退往北方。根據〈周瑜傳〉所述，曹操命曹仁據守江陵後，自行北歸。雙方於南郡交兵期間，占領夷陵的甘寧遭到曹仁攻擊，向周瑜求援。周瑜為了救出甘寧，親自出馬衝入敵陣，被流箭射中右肋，傷勢嚴重。但周瑜仍毅然奮起，巡視軍營表示平安，以此激勵將士。曹仁得知此事後，隨即引兵退走。周瑜原本構思先消滅劉璋、張魯，進而與馬超結盟，隨孫權共討曹操，不料卻在這偉業付諸實行之前，於巴丘罹病英年早逝，享年36歲。日後登基的孫權曾感嘆：「如果沒有周瑜，寡人不可能有今日的地位。」

　　周瑜死後，長子周循娶孫權長女魯班公主為妻，女兒則許配孫登為妃，由於周循早逝，孫魯班又改嫁全琮。

---

①譯注：若〈魯肅傳〉的記載為真，則魯肅率先勸說抗曹，使孫權暫時獲得安撫，接著又找來周瑜助言，這才堅定孫權的決心，因此或可視為英雄所見略同。正因為如此，魯肅才要趕往鄱陽面見周瑜，認為周瑜必然不會坐視主和論，希望他支持自己的論點，又或許肯定周瑜的分析能力與辯才，更能勝任愉快也不可知。根據《吳書‧呂蒙傳》的記載，孫權曾在呂蒙死後寫信給陸遜，信中提到魯肅率先反對曹操，勸孫權緊急召回周瑜，委以重任迎擊曹軍。由此可見兩人的見識必然一同，孫權深知此事經緯，又豈會認為周瑜獨攬全功？

　　孫權雖是吳國的開國皇帝，但論起吳國基礎的奠定者，必然是孫權之父孫堅無疑。孫堅勇猛善戰所向披靡，由於其奮戰，孫家才得以在江南一帶建立勢力。

　　陳壽在《吳書・孫堅傳》的開頭便指出孫堅疑似孫武的後人，做為美化孫堅生涯的起點。17歲時，曾單槍匹馬擊退海賊而為人所知，隨後被府衙徵召，暫時出任尉職。184年黃巾賊張角舉兵作亂，朝廷派遣車騎將軍皇甫嵩、中郎將朱儁領兵討賊，朱儁上表舉薦孫堅，任命為麾下佐軍司馬。孫堅募集精兵千餘人，所到之處望風披靡，大勝賊軍，因此功任命為別部司馬。後來中郎將董卓奉命平定涼州之亂，始終沒有建樹，車騎將軍張溫遂以孫堅為參軍，駐屯於長安，下達天子詔書召見董卓。董卓不但姍姍來遲，而且出言不遜，孫堅便力勸張溫說：「董卓言語輕率失禮犯上，進兵遲疑坐視寇亂，應召前來卻桀驁不馴，應以軍法明正典刑。」但張溫卻無法痛下決斷。

　　靈帝崩逝後，執掌朝中實權的董卓專橫一時。各州郡紛紛興兵起義，準備討伐董卓。當時孫堅也舉兵響應，擁兵數萬進軍南陽。經袁術表奏成為麾將，官拜破虜將軍，兼任豫州刺史，於是發兵進討董卓。移屯梁東時，曾遭到董卓大軍襲擊，孫堅將平時穿戴的紅頭巾，交給近將祖茂戴上，趁祖茂引誘敵軍追趕時，行經小路走脫。重整旗鼓後，與董卓部再次交兵於陽人，一舉斬獲董卓麾將華雄的首級。儘管《三國演義》將此事轉嫁為關羽的功勞，正史卻明載此功為孫堅所立。董卓有感於戰況不利，向孫堅求親議和，但被嚴詞拒絕，遂火燒洛陽遷都長安。孫堅進入化為廢墟的洛陽城中，修復了董卓盜掘的陵墓後，從此駐軍在洛陽南方的魯陽。根據《吳書》所述，孫堅在洛陽清掃漢室宗廟時，意外在井中發現刻有「受命于天，既壽永昌」數字的傳國玉璽。192年孫堅奉袁術之命，攻打荊州的劉表。孫堅擊退劉表派來抵禦的黃祖，追擊敗逃的軍隊渡過漢水，包圍了襄陽。卻在催馬追擊至城外峴山時落單，被黃祖的伏兵射殺。一說孫堅是被呂公的士兵以落石擊中頭部，當場殞命。至於死去的年分，也有191年、193年正月等各種不同的說法①。

---

①譯注：191年（初平二年）為《資治通鑑》的推論，193年（初平四年）正月則為《英雄記》的說法，孫堅死於落石之說，也出自《英雄記》。

生卒年	175～200年
字	伯符
本籍	吳郡富春縣

吳 **孫策**

　　孫堅死後，長子孫策繼承了家業，其驍勇善戰的特質，尤其神似孫堅。孫堅舉兵起義時，孫策帶著母親移居至舒縣。據說當時孫策才十餘歲，便已開始結交知名的人物，聲譽遂廣為人知。同年的周瑜一樣夙器早成，風聞孫策的名聲便來拜訪，兩人意氣相投結為好友，經周瑜勸說後，孫策舉家遷往舒縣。

　　194年孫策投效至袁術帳下。袁術見到繼孫堅之後前來效命的孫策後，感到十分驚奇，便將孫堅留下來的私兵還給孫策。當時袁術見孫策勇猛，還感嘆說：「我要是有孫郎這樣的兒子，就死而無憾了。」本來袁術答應孫策赴任九江太守一職，後來卻另行任命。攻打陸康時，又說：「若能攻下陸康，廬江就是你的。」結果又未能履約。孫策對袁術感到失望，開始思考脫離其掌握。於是聲稱要平定江東，向袁術請兵打算脫逃，袁術卻僅給予孫策士兵千餘人、戰馬數十匹。不過等到孫策抵達歷陽時，兵馬已大增至五六千人。據說孫策相貌英俊、喜歡談笑，生性豁達廣納人言，常能適才適用，所以無論士卒百姓，都願意推誠效命。渡江轉戰各地後，幾乎戰無不勝，無人能摧折其矛鋒。

　　袁術僭稱皇帝後，孫策去信一封加以責難，斷絕與袁術的關係。

　　200年曹操與袁紹交戰於官渡時，孫策本想襲擊許都奉迎漢獻帝，不料尚未付諸行動，就遭到前吳郡太守許貢的食客刺殺。以26歲的英年早逝。陳壽如此評論孫策：「英才橫溢果於決斷、生性勇猛銳氣蓋世，惜輕佻躁進而招致敗亡。」

吳 **黃蓋**

生卒年	？～215年
字	公覆
本籍	零陵郡泉陵縣

　　說起黃蓋，最讓人印象深刻的就是他在「赤壁之戰」的詐降演技，吳軍因此獲得大勝。他是赤壁之戰的最大功臣，在《三國演義》中也有教人喝采的劇幕。面對曹操大張旗鼓出動的二十萬餘兵馬，吳蜀的兵力還不足三萬。若說在這極為不利的劣勢中掌握勝利的契機，全有賴於黃蓋的機變，其實並不為過。《吳書・黃蓋傳》也明載火燒曹船一事，出自黃蓋之手。

　　黃蓋是曾任南陽太守的黃子廉後人，祖父那一世移居至零陵。年幼時失怙，從此飽嘗人生艱辛。雖然貧窮困苦，以砍柴拾薪為生，閒暇之餘卻常勤學自勵，習寫書信研讀兵法。起初擔任郡內衙吏，被舉薦為孝廉，受三公府署徵召。孫堅舉兵起義時，投效在其帳下。隨孫堅擊敗山越、破走董卓，因功拜領別部司馬。

　　當時若有縣城遭到賊寇侵擾，就動輒派遣黃蓋前往當地出任首長。歷任石城縣、春穀、尋陽等九縣的縣長（令），各縣治安都相當良好。日後遷升為丹陽郡都尉，任內壓制豪強扶助弱小，連山越都感懷親附。

　　赤壁之戰當時黃蓋配屬在周瑜帳下，建議發起火攻，自命請纓詐降，使曹操龐大的艦隊悉數化成火團，建立了彪炳戰功。激戰之際，黃蓋身中流箭而墜落水中，雖然被吳兵救起，卻無人識出其身分，被隨手拋置在船廁一旁。所幸韓當聽到其微弱的呼喚，黃蓋才得以更衣獲救，這段火攻的事蹟，也約略見載於《吳書・周瑜傳》。不論如何，黃蓋因赤壁之戰立下大功，晉升為武鋒中郎將。

　　武陵蠻夷作亂時，黃蓋奉命赴任武陵郡太守。當時郡內只有五百守兵，軍民都認為不可能抵擋亂軍。黃蓋臨危不亂，故意敞開城門放任亂軍入城。就在亂兵闖進半數之時，黃蓋縱兵強襲，一舉斬獲了數百首級。其餘殘兵多半逃回部落，黃蓋並未問罪，僅誅殺首謀的渠帥，巴水、醴水（澧水）、由[1]、誕水（古澹水）等流域的部落酋長因此誠服黃蓋，轉而效忠東吳。由這段佳話便可窺知黃蓋的素性為人。後來又平定山越之亂有功，加授偏將軍一職。215年病逝於任內。

---

①譯注：故地在今日四川、湖北、湖南交界處。

吳 **魯肅**

生卒年	172～217年
字	子敬
本籍	臨淮郡東城縣

　　魯肅在《三國演義》中被描寫成以好脾氣見長的人物，於是常扮演宛如丑角的滑稽角色。然而綜觀正史《三國志》，便可知魯肅其實才能相當傑出。《吳書·魯肅傳》記載他家境富裕，對於慕名而來齊聚門下的年輕士人，常不吝惜接濟。周瑜擔任居巢長時，曾率領數百人前來拜訪魯肅，希望徵調米糧，魯肅當場指著兩座糧倉之一，悉數送給了周瑜。周瑜驚訝其寬宏大量，從此結為親交，由此可看出魯肅器度非凡。袁術風聞魯肅的名聲，任命他為東城縣長，魯肅見袁術難成大事，便率領少年數百人投靠周瑜。經由周瑜舉薦拜見了孫權，孫權向他求教，魯肅答說：「曹操不可能剷除於當下，唯今之計，只有請將軍（指孫權）鼎足於江東，靜觀天下大勢丕變的徵兆。趁曹操正值多事之秋，將軍可剿滅黃祖，進討劉表，占領長江全域，然後登基稱帝問鼎天下。」張昭責備魯肅僭言輕傲，而且年輕歷淺，勸諫孫權不可擢用，但孫權毫不介意，依然重用魯肅。

　　劉表死後，魯肅以弔唁的名義出使，本想會見當時投靠劉表的劉備，說服他共同抵抗曹操。抵達南郡時，才得知劉表之子劉琮已經降曹，劉備也整軍南下。輾轉奔逐才在當陽追上劉備，傳達孫權同盟的旨意後，劉備大為欣喜，派諸葛亮謁見了孫權。不過根據《蜀書·諸葛亮傳》所述，孫劉結盟一事，是諸葛亮出使東吳後，向孫權建言的方略。

　　此外天下三分大計一向被視為出自諸葛亮的擘劃，事實上魯肅也倡言此論，多次向孫權進言。又說服孫權出借荊州給劉備，拓展其勢力，使曹操數面受敵，做為上上之策。然而劉備攻下益州後，卻無視東吳歸還荊州的要求，孫權遂命令呂蒙出兵，與關羽爭奪荊州。魯肅也抵達益陽，要求與關羽會面，雙方兵馬相距百步，將領各自單刀赴會。當時魯肅責怪關羽說：「聽說貪婪而拋棄義理的人，必然會招來災禍。」關羽聞言後無話可說。經過此一事件，劉備遂以湘水為界，將湘水以東的土地讓給東吳。後來魯肅於217年，以46歲的壯年辭世。

吳 **甘寧**

生卒年	不詳
字	興霸
本籍	巴郡臨江縣

　　甘寧年輕時品行不端，性喜交遊不務正業。曾因仗義殺人窩藏罪犯，而聞名於郡內，素有幫派老大之風。與人相遇時，若對方盛情款待，便盡情同樂；若非如此，便縱容幫眾劫掠財物。居住的縣城若有人犯法，甘寧便置地方官於不顧，逕自揭發罪行私下制裁，行徑旁若無人。如此浪蕩二十年後，帶領八百餘人投奔劉表。後來見劉表不足以成大事，本欲前往東吳，途中受阻於據守夏口的黃祖，無法率眾通過，無奈只好投效黃祖。

　　經過三年，黃祖始終不加禮遇。蘇飛心知甘寧的志向，認為只要遠離黃祖的地盤，甘寧便可自由來去，於是向黃祖推薦甘寧出任邾縣長。甘寧召來門客隨從數百人後，佯裝前往邾縣赴任，一離開南陽，便直接前往吳郡歸順孫權。加以周瑜、呂蒙共同舉薦，孫權於是破格禮遇，厚待甘寧宛如宿將。

　　曾經跟隨魯肅鎮守益陽，當時關羽率三萬兵馬來攻，甘寧只有三百兵，他向魯肅建言：「請再給我五百兵，關羽必不敢涉水來犯。」魯肅遂精選千人為甘寧增兵，甘寧連夜挺進，關羽無法渡河，只好停留原地紮營。甘寧遂因功拜領西陵太守。

　　曹操自領步騎四十萬進犯濡須時，孫權親率七萬兵抵禦。身為前部督的甘寧領有三千士兵，在孫權發動夜襲的密令下，從帳下挑選死士百餘人，突襲曹軍。甘寧部拆除鹿角翻越高壘，繼而侵入敵營，斬獲數十首級後平安歸來。曹操全軍驚動戰志受挫，眼看戰無勝算，最後引兵退去。據說當時孫權曾自豪地說道：「孟德（曹操）有張遼，我也有興霸（甘寧）。」根據正史《三國志》所述，甘寧的生卒年均不詳。只記載孫權得知他死去時，為之痛哭惋惜。然而反觀甘寧一生並未封侯，卻也讓人感到不解。按《三國演義》的說法，甘寧是在「夷陵之戰」中，被加入蜀軍的沙摩柯一箭射中而傷重不治的。

吳 **呂蒙**

生卒年	178～219年
字	子明
本籍	汝南郡富陂縣

對於東吳而言，呂蒙為一傑出將領，但對於《三國演義》的讀者而言，大概多半對這用計俘虜關羽的吳將無甚好感。根據《吳書・呂蒙傳》的記載，呂蒙的姊夫鄧當在孫策帳下效力，數次討伐山越，當時呂蒙才十五六歲，卻瞞著姊夫隨征。鄧當知情後大驚，喝叱呂蒙返家，但他始終不為所動。呂蒙的母親知道此事後，本欲處罰呂蒙，他卻說：「人不能自限在貧困的生活中，一旦在戰場立功，就能獲得富貴。常言說不入虎穴、焉得虎子不是嗎？」後來孫策覺得呂蒙言行奇特，便留他在身邊，數年後拜領別部司馬。

除了智擒關羽一事外，呂蒙還有一段知名的軼事。魯肅繼任周瑜職務，前往陸口的途中，經過呂蒙的營屯。原本視呂蒙為一介武夫的魯肅，聽到他針對關羽規劃五大方略（《江表傳》記為三策）後，對其見識才能大為驚訝。原來呂蒙自發憤為學後，竟從目不識丁的文盲，變成飽讀經書、連儒士也為之汗顏的謀將。魯肅不禁讚嘆他「已非吳下阿蒙」（有別於吳郡時期不學無術的呂蒙），呂蒙還回答說：「士別三日，即更刮目相待。」（有為者分別三日後，便讓人另眼相看）。

魯肅去世後，其舊部兵馬萬餘人也歸屬呂蒙，此後駐屯於陸口，轄區與關羽接壤。呂蒙暗中圖謀關羽已久，便以治療宿疾為由，佯稱回到吳郡治病，令關羽鬆弛戒備，轉而將守兵投入戰場攻擊襄樊。關羽攻打樊城期間，擄獲許多曹兵，苦於兵員大增糧食不繼，於是擅自奪取東吳貯存在湘關的米糧，讓帳下兵分食。孫權得知此報後，即刻命令呂蒙為先鋒，喬裝為客商暗中出兵，一舉攻占關羽的根據地南郡。關羽及士卒的家眷悉數被俘後，呂蒙善加保護，蜀營將士得知家屬平安，受到良好的對待，卻因此戰意全消。關羽愈發孤立無援，只好出亡荆州，一路逃往麥城。最終在西奔漳鄉的途中，與其子關平同時被俘。於是荆州被東吳平定，呂蒙也因功晉升為南郡太守。然而尚未進爵封侯，呂蒙便發病死去。享年42歲。據說為了悼念呂蒙的死，孫權一度減樂損饍（減少廷樂的演奏與用膳的質量）。

第7章 三國志人物傳

251

吳 **陸遜**

生卒年	183～245年
字	伯言
本籍	吳郡吳縣

劉備為了替關羽復仇並奪回荊州，起兵發動「夷陵之戰」，東吳大都督陸遜沉著應戰，最終獲得大勝。日後晉升丞相之位，成為支撐吳國棟梁的最大功臣。

陸遜本名陸議，出身江東世族。父親陸駿曾任九江都尉，於陸遜幼年死去，陸遜遂投靠叔公陸康①。由於陸康與袁術即將交戰，陸遜便又跟隨親戚返回吳郡避難。孫權被冊封為將軍（討虜）時，陸遜年僅21歲，初入將軍府中，便歷任東曹、西曹令史。孫權還將兄長孫策的女兒許配給陸遜為妻，聽任他規劃謀略遂行方策。呂蒙稱病離開駐地，讓關羽鬆懈大意後，陸遜又乘機用計智取關羽。當時被任命為偏將軍右部督的陸遜前來接任呂蒙，抵達陸口後，隨即去信一封，恭順自謙地讚許盛名遠播的關羽，讓關羽撤除心防。隨後趁其不備，逐一擊破收服蜀將，並擄獲計誘蜀兵歸順，總數多達數萬。陸遜遂因功躋身上將（右護軍、鎮西將軍）之列。

222年劉備率大軍深入吳境，孫權任命陸遜為大都督，指揮五萬兵馬抵禦。劉備從巫峽到夷陵屯兵數十營，讓各部隊駐紮，數次向陸遜挑戰，陸遜始終相應不理，打算持久抗戰，等待蜀軍戰力疲弊。直到對峙七八月之後，陸遜認為良機已到，下令攻擊一處營地做為試探，從而發現擊破敵營的策略，下令全面反攻。他讓士兵人手各持一束茅草，對蜀營展開火攻。四十餘處營地遭到擊破，蜀軍戰死者更達數萬之譜。劉備後來逃入白帝城，然而蜀軍船艦及糧秣早已付之一炬，劉備恥於受辱，最終沒能回到成都，就此病逝。

244年遷升為丞相，續演吳國砥柱的角色，卻在此時捲入了孫和、孫霸爭奪嗣位的政爭。由於陸遜的外甥顧譚、顧承被視為孫和的黨羽，偏愛孫霸的孫權遂命人前來責問，陸遜竟因此憤死。時年63歲。據說死時家中並未遺留財物。

①譯注：正史記載陸康為陸遜的「從祖」，按理陸康與陸遜的祖父陸紆應為兄弟。陸紆字叔盤，陸康字季寧，由伯仲叔季的兄弟排行，可知陸康為陸紆之弟，亦即陸遜的叔公。

篤守信義、未曾見棄孫策的猛將

吳 太史慈

生卒年	166～206年
字	子義
本籍	東萊郡黃縣

　　東吳猛將太史慈遵守承諾並未失信於孫策，從而博得「義將」的美譽。正史《三國志》中所見到的太史慈形象，總是充滿著信守義理的言行，《三國演義》的描述更是自不待言。北海相孔融平日常關照太史慈的母親，後來孔融遭到黃巾餘黨的圍攻陷入困境，太史慈趁入夜後潛入城內拜見孔融，又用奇計欺敵，僅以輕騎二人突破包圍，向劉備求來援軍，孔融遂平安解圍。太史慈的故主劉繇死去時，留在豫章的一萬兵馬無處投身，孫策知情後，派遣太史慈前去招撫。孫策的隨臣都勸阻，認為太史慈此次北行恐怕一去不回，孫策卻斷言太史慈不會見棄於他。後來太史慈果然如孫策所言，在約定的六十天期限前如期歸來。

孔明胞兄歸孫權、不曾棄吳一忠臣

吳 諸葛瑾

生卒年	174～241年
字	子瑜
本籍	琅邪郡陽都縣

　　相對於諸葛亮位臻蜀漢丞相，其兄諸葛瑾也不遑多讓拜領吳國大將軍之位。劉備於隆中迎來諸葛亮時，諸葛瑾已早一步出仕孫權。根據《吳書·諸葛瑾傳》的記載，孫權的姊夫弘咨見過諸葛瑾後，驚訝於他的才學，便向孫權推薦。傳記中提到諸葛瑾思慮深遠，與孫權斟酌論議時，常語氣懇切善用比喻，徵詢孫權的同意。諸葛亮曾出使謁見孫權，當時孫權問諸葛瑾為何不勸弟弟留在東吳。諸葛瑾回答說：「做為臣子一旦委身效忠，結下君臣之義，便無心懷貳志之理。我的胞弟不會留在東吳，就如同我不會入蜀是一樣的道理。」孫權登基稱帝後，深受孫權信任的諸葛瑾被任命為大將軍、左都護，乃至拜領豫州牧。241年諸葛瑾去世，時年68歲，次子諸葛融繼承爵位。順道一提，出仕魏國的族弟（親緣較遠的堂弟）諸葛誕，也聲名顯赫一時。

吳	凌統		
		生卒年	189～？年①
		字	公績
		本籍	吳郡餘杭縣

父親凌操曾在孫策帳下效命，由永平縣長遷升為破賊校尉，後來跟隨孫權征討江夏。凌操攻入夏口，身中流箭戰死。當時凌統才15歲。孫權認為凌操是為了國事捐軀，就任命凌統為別部司馬，代行破賊都尉，繼續統領凌操舊部。後來凌統討伐山越，即將發動總攻，行前的酒席間，軍督陳勤辱罵凌統的亡父，凌統難以忍受，遂砍傷陳勤致死。為了以死謝罪，凌統在翌日作戰中，冒著箭雨捨身奮戰，頃刻便擊破敵軍。孫權對其果決剛毅大為稱許，並未加以問罪。孫權出兵合肥屢攻不下撤兵時，於逍遙津北遭到魏將張遼襲擊。凌統帶領三百名親近士兵抵禦，拚死奮戰保護孫權逃走。孫權走脫後，凌統才披甲潛水歸來。

吳	諸葛恪		
		生卒年	203～253年
		字	元遜
		本籍	琅邪郡陽都縣

諸葛恪是諸葛瑾的長子，諸葛亮的侄兒。年輕時才氣洋溢，善於應對舌辯。父親因臉長似驢，孫權便曾經在驢子額頭貼上寫有「諸葛子瑜（諸葛瑾的字）」數字的長條簽。諸葛恪在長簽下方又寫上「之驢」二字，使父親免於受到揶揄，驢子也賜給了諸葛恪。日後深獲孫權賞識，20歲時官拜騎都尉，擔任太子孫登講學的職務。然而諸葛瑾嫌棄自己的兒子內斂不足，唯恐他將來身家性命不保。孫權逝世後，年幼的孫亮即位，由諸葛恪攝政輔國。魏軍趁東吳服喪期間來犯，諸葛恪領兵擊退，聲譽更勝以往，因此得意忘形，乘勢發兵征討魏國，不但勞師動眾毫無戰果，更因疫情流行死者甚眾，但諸葛恪依然不肯退兵。由於國人怨聲載道，統領禁軍的孫峻深怕諸葛恪危及東吳，遂與吳主孫亮合謀，於酒席間殺害諸葛恪。昔日父親諸葛瑾的憂慮，果真化成了事實。

①譯注：按〈凌統傳〉所述，其父凌操死於203年，當時凌統15歲。而正史又記載凌統死於49歲，依此推算當病逝於237年。然而根據《吳書·駱統傳》的記載，凌統死後，駱統接管其舊部，於222年參加了夷陵之戰，顯然正史對於凌統的壽數記載有誤。由於凌統自215年逍遙津一戰後，便無其他顯著的事蹟，從死時留下兩個才數歲的兒子一事看來，凌統死時應當相當年輕，孫權才會在得知其死訊時，驚訝地從床上坐起，遂有一說認為49歲當為29歲的誤植，推估凌統死於公元217年。

以滿身瘡痍刻畫畢生事蹟的吳國第一勇將

生卒年	不詳
字	幼平
本籍	九江郡下蔡縣

吳 周泰

　　周泰是孫權麾下事蹟特別卓越的名將之一。孫權前往宣城征討時，遭到不服外來政權的數千山越襲擊，士兵恐慌不能鎮定，唯獨周泰奮起殺敵，始終守護在孫權身邊，身中十二處創傷，等到敵人退走後，周泰也昏厥倒地。孫策為了感謝他，任命他為春穀縣長。又曾經在征討黃祖、赤壁之戰中立下軍功，後來奉命督守濡須，拜領平虜將軍之位。由於出身卑微，麾下部將不願服從其領導，孫權為此感到憂心，因此心生一計，於前往濡須塢堡巡視時舉行盛宴。席間孫權親自巡行為將士斟酒，來到周泰面前時，讓他脫去外衣，當著眾將面前，逐一細數他身上的傷疤，要他回憶傷痕的由來。翌日、孫權還將自己的御用車蓋賜給周泰，從此部將才服從其指揮。

殘暴不仁導致吳國滅亡的末代皇帝

生卒年	242～284年
字	元宗
本籍	吳郡富春縣

吳 孫晧

　　孫晧是孫權之孫，前太子孫和之子。吳帝三世孫休崩逝後，本為烏程侯的孫晧被迎立為新帝。23歲的孫晧即位後，隨即大赦天下，開倉賑糧拯濟貧困，又讓過剩的宮女恢復自由，許配給未娶妻的男子，一時人人稱為明君。然而沒多久就原形畢露，言行粗暴驕橫自滿，從此耽溺於酒色之間，朝野無不失望。又常召開宴席逼醉臣下，暗中觀察其言行，若有舉措失當者，動輒處以嚴刑重法。根據《吳書·孫晧傳》的記載，後宮有數千宮女，如果有人讓孫晧感到不悅，就會遭到殺害拋入宮中闢建的一道急流沖走。殘殺的名目繁多，或剝其面皮、或挖剟雙眼。如此倒行逆施，最終無人願意為他效命。以致於280年晉國大軍來犯時，將士毫無戰志隨即投降。

漢 呂布

生卒年	？～198年
字	奉先
本籍	五原郡九原縣

　　如果人們問起三國的武將中誰的武力最高，大多數人肯定會回答呂布。據想這樣的結果可能來自人們對《三國演義》第五回描述劉關張三人聯手圍攻呂布卻不能擊敗對手的刻板印象。不過正史《三國志》對於此事並無記載，只提到呂布箭技騎術嫻熟、力氣非凡（便弓馬、膂力過人），號稱「飛將」。同時嚴厲批判呂布輕狂狡詐，侍奉君主反覆無常且唯利是圖。曾因董卓教唆而殺害故主丁原，後來竟又誅殺自己誓奉為父的董卓，所作所為看來已經沒有辯解的餘地。從呂布唯恐董卓察覺自己與其侍女私通一事，亦可看出他性好女色的一面。後來呂布與王允共掌朝政，都城長安遭到李傕等董卓舊部攻擊，呂布不敵敗走，帶領騎兵數百人想要投靠袁術。不過袁術厭惡呂布變節弒主行事顛倒，拒絕了他的請求。

　　呂布遂改投袁紹，與袁紹聯手擊破張燕立下戰功，從而要求增加兵馬，袁紹頗為忌憚。根據引用自《英雄記》的注解所述，袁紹本想暗殺呂布，被呂布想方設法逃走。後來呂布又投奔張邈，被推舉為兗州牧，與曹操交兵落敗，再次東逃投靠劉備。但就在劉備攻打袁術之際，呂布乘機奪取守備薄弱的下邳，反客為主收服劉備，自稱徐州刺史，讓劉備駐屯在小沛。袁術命令將軍紀靈領三萬兵馬攻擊劉備時，呂布邀請劉備與紀靈二人共宴，出面斡旋講和。

　　198年呂布與曹操再次交戰，兵敗被俘。被牢牢捆住的呂布求情說：「繩子太緊，可否放鬆一些？」曹操說：「綁虎自然不能不緊。」曹操本來還有意釋放呂布，一旁的劉備卻說道：「您忘了丁原與董卓如何下場嗎？」這才改變心意，下令絞死呂布。

漢 **董卓**

生卒年	?～192年
字	仲穎
本籍	隴西郡臨洮縣

　　董卓以身為三國史上最殘暴的君主而為人所知。其父董君雅曾任潁川郡綸氏縣尉。起初董卓被徵召為郡吏，負責取締盜賊。涼州刺史成就又任命他為從事，指揮騎兵擊破胡人，斬獲首級千人。膂力少有人及，更且武藝過人，能策馬急馳左右開弓。從日後猛將呂布無法獨力殺死董卓一事看來，便可推知其能耐。累遷廣武縣令、蜀郡北部都尉、西域戊己校尉後，官拜并州刺史、河東太守，並遷升中郎將，奉命討伐黃巾賊，因戰敗而被免官。後來韓遂於涼州起兵作亂，又再度被任命為中郎將，起初與韓遂相持不下，後來遭到數萬羌人圍攻敗走。靈帝駕崩後，少帝即位，奉大將軍何進徵召前往洛陽勤王，其間何進遭到殺害，少帝出奔流離宮外。董卓於北芒坡下適逢少帝，便恭迎新主返回洛陽。不久董卓唆使呂布殺害執金吾丁原，併吞其軍隊，一手掌握都城洛陽的兵權。一旦遷升太尉，獲授符節斧鉞後，便罷廢少帝為弘農王，將他殺害，另立靈帝幼子陳留王為漢獻帝，自任相國而威震天下。董卓殘暴的程度史無前例，常以嚴刑峻法威嚇臣民，略有嫌隙也會挾怨報復。陽城百姓於二月祭祀社神時，董卓部隊正好前來，竟將祭神的男子悉數斬首，首級掛在牛車轅軸上帶回洛陽，聲稱是擊破賊軍斬獲的戰果。董卓將劫掠來的婦女賞給士兵，自己甚至對宮女公主施暴。

　　氣憤填膺的諸侯豪傑見董卓凌遲法紀，遂於山東一帶群起舉兵，董卓畏懼其勢力，於是焚燒洛陽遷都至長安，甚至發掘洛陽的陵墓盜挖寶物。遷都長安後，於郿縣興建一座城牆與長安同高的塢堡，貯存的穀物可食用三十年。當時董卓的暴行愈發殘酷，曾在宴會中召來數百名投降的俘虜，砍斷他們的舌頭手足，或鑿穿其雙眼、或下鍋烹煮，強迫滿座賓客觀看，自己卻若無其事，依然飲酒作樂。192年呂布被司徒王允的巧言簧舌說動，設計謀刺董卓。以慶賀天子初癒為由，召見董卓入宮，就在董卓行經掖門入城時，被帶領親兵十餘人的呂布親手誅殺。死後被曝屍於市集，油脂流滿一地。〈董卓傳〉甚至還記載看守屍體的衙吏將粗燈芯插入肚臍點燃後，燈焰歷經數日不熄。

對於曹操而言，袁紹是他最初面對的最大勁敵。袁紹出身望族世家，高祖父袁安曾任司徒，此後四代都曾位臻三公。根據華嶠編著的《漢書》①所述，袁紹為袁逢之子，與袁術為同父異母的兄弟。然而《英雄記》卻記載袁紹的父親是袁成，深受兩位叔父袁隗、袁逢的疼愛，不知何者敘述為真。〈袁紹傳〉還提到他有名家風範，形容他「有姿貌威容，能折節下士，士多附之（儀表堂皇而有威嚴，能夠謙和禮賢，許多士人都來歸附）」，與曹操口中「智小膽薄而少威」的形象大相逕庭。20歲時出任濮陽縣長，以清廉知名。《英雄記》提到他為父母服喪，住在墓地旁的廬舍中守孝六年，裴松之認為「袁紹若真是過繼的孩子，沒道理還需要為親生父親（袁成）守喪」，對袁紹之父為袁成的說法有所質疑。引注還提到袁紹隱居洛陽，若非天下知名人士，無法與他見上一面，愛惜羽毛的做法反而博得高度的聲望。

靈帝駕崩後，何進陰謀誅殺宦官。袁紹指揮部隊殺入宮中，將宦官屠殺殆盡。董卓接受何進徵召入京進而掌握實權後，袁紹亡命冀州組成了討董盟軍，被推舉為盟主，與董卓軍對抗。倉促成軍的這支武力終究是烏合之眾，無法凝聚戰力而冰消瓦解。日後逐步與擁立天子聲勢大振的曹操形成對決的局面，卻在可稱為前哨戰的「白馬之戰」痛失顏良、文醜二將，接著在「官渡之戰」中又無視沮授「派遣蔣奇分兵於外、提防曹操抄劫」的獻策，導致運往烏巢的輜重糧秣被曹軍悉數焚燬，遭到致命的一擊。坐擁大軍的袁紹，因多疑寡斷而取禍，從而錯失良機。袁紹軍因此土崩離析，最後帶著袁譚渡過黃河逃往了北方，失意之餘身染重疾，於202年病逝。

袁紹生前很寵愛子息中風采最為出眾的袁尚，本想立為繼承人，但尚未公布之前便死去。袁紹死後，長子袁譚與么兒袁尚終日爭權不休，後來由獲勝的袁尚繼承袁紹的大業。然而此時袁家勢力已大不如前，205年袁譚被曹操所殺，207年袁尚也被公孫康捕獲處死，袁紹一門因此絕後。

---

①譯注：《漢書》之名見於《三國志·袁紹傳》引注，應作《漢後書》，南朝宋人范曄編寫《後漢書》時，曾經大量取材此書。魏晉時期有多人撰述東漢歷史，除范曄、華嶠之外，尚有袁松山的《後漢書》、司馬彪的《續漢書》，謝承、謝沈同名別著的《後漢書》、薛瑩的《後漢紀》、以及張瑩的《後漢南紀》，後世總稱為「八家後漢書」。

　　華佗深諳養生之術，精通藥性處方，據說只要服下數種藥材煎煮成的湯藥，聽從其節制保健之道，病患便可痊癒。針灸不過扎一兩處，同樣可以治癒病人。若需要切開外部，便讓患者先飲下名為麻沸散的麻醉藥劑，使其宛如沉醉一般，切割患部後再縫合，並敷上膏藥加以按摩，經四五日後不再疼痛，一個月便能夠康復。

　　曹操得知華佗的聲名後召他前來，讓他隨侍左右。曹操常為頭痛所苦，每次發作便頭暈目眩。正史記載華佗在曹操的膈俞穴（橫膈膜）扎針，疼痛立刻消除。後來曹操病情加重，找來華佗專門診視，華佗認為病情難以根治，勸曹操持之以恆地治療，才能延年益壽。

　　華佗原本以士人自詡，不想卻以醫術見長而受人敬重，心中常存悔咎之意，於是起了歸鄉的念頭，以拿取方策為由，向曹操告假返家。後來數次以妻子生病為藉口，請求延後歸期，不願回到曹操的身邊。曹操屢次去信徵召，又派遣郡縣的差人欲強行將他帶回，華佗始終拒絕。曹操於是起了疑心，派官差前去調查，結果發現果華佗謊稱妻子罹病的事實，一怒之下命人押解華佗至許都，將他下獄拷打。華佗臨死前本想將一卷書策交給獄卒，但獄卒唯恐犯法，不敢私下收受。華佗出於無奈，只好燒毀書卷。

　　荀彧惋惜華佗的醫術，曾向曹操求情，曹操卻說：「難道天底下還怕找不到像他這樣的大夫嗎？」隨後處死華佗，又大放厥詞地批判道：「他是故意不治好我的病，想要藉此抬高身價。」但等到最疼愛的兒子曹沖病危時，曹操才悔恨地說道：「都怪我殺了華佗，如今只能眼看著孩子死去。」

　　以上便是記載於《三國志‧方技傳》的華佗生平，《三國演義》則描寫華佗建言「砍開腦袋，取出風涎」，結果曹操一怒之下將他殺死。至於華佗本該燒毀的醫方《青囊書》，則被獄卒收下，不料其妻不知此書珍貴，竟將它當作用來生火的柴薪一把燒掉。

漢 獻帝

生卒年	181～234年
字	伯和
本籍沛	洛陽

　　獻帝是東漢王朝的末代皇帝，本名劉協，是漢靈帝劉宏與王美人所生。靈帝與何皇后原本生有皇子劉辯，王美人生下劉協後，就被何皇后毒死。189年靈帝崩殂，外戚何進擁立皇子劉辯即位，是為少帝，後來董卓掌握實權廢除了少帝，改立當時的陳留王劉協為皇，視若傀儡恣意操縱。董卓死後，政權相繼為李傕、郭汜、曹操等權臣竊占，最終被魏王曹丕逼迫退位，稱山陽公，於14年後死去，得年54歲。雖然貴為皇帝，實權卻始終落入執政者之手，不但母親被害，就連髮妻伏皇后與其族人也被曹操逼死或誅夷，度過多舛跌宕、盡是遺恨的一生。

漢 王允

生卒年	136～192年
字	子師
本籍	太原祁縣

　　曾獲得名士郭泰稱許為王佐之才，而被徵召為郡守屬吏。董卓遷都長安時，被任命為司徒。何太后、弘農王劉辯被殺後，王允無法忍受董卓的暴行，便暗中謀劃刺殺董卓，將目光投向同為并州出身的呂布。根據《三國演義》所述，呂布透露與董卓的侍妾私通，唯恐董卓得知此事。王允認為呂布有殺害義父丁原的前例，只要以情理說動，便能唆使他殺害董卓，於是向呂布揭露誅殺董卓的計畫。正史則記載呂布自陳曾經險遭董卓投擲手戟所殺，頓生危機意識而決定參與此事[1]。192年董卓入宮慶賀獻帝龍體初癒，遂遭呂布誅殺。王允雖然大功告成，隨後卻遭到李傕、郭汜攻打長安，不過十日，與妻兒親族十餘人一同被殺。

---

①譯注：關於呂布參與密謀一事，原文將《三國演義》與正史的原委混淆，因此改寫分述。

僭稱皇帝耽於荒淫、最終走上悲慘的末路

漢 袁術

生卒年	？～199年
字	公路
本籍	汝南郡汝陽縣

　　父親為司空袁逢，為袁紹的堂弟。曾舉薦為孝廉，徵召出任郎中。董卓掌握實權後，逃離洛陽前往南陽避難。適逢孫堅殺害南陽太守張咨，袁術順水推舟，進占南陽為據點。由於和袁紹、劉表交惡，於是和北方的公孫瓚結盟。袁術攻打陳留時，袁紹與曹操聯手合擊袁術，袁術兵敗後逃往九江，殺害揚州刺史陳溫，因此領有揚州。197年祭祀天地僭越登基，從此愈發淫逸奢侈。

　　不但有數百宮女穿著綾羅綢緞，且穀肉囤積有餘。袁術在宮中極盡奢靡之能事，士卒卻飽受飢寒之苦，百姓甚至相食度日。後來根據地被曹操擊破，又被部下捨棄，最後流離失所病發身亡。

生性疑忌不敢任用劉備而最終病死

漢 劉表

生卒年	142～208年
字	景升
本籍	山陽郡高平縣

　　年輕時就與當時知名的士人並稱八俊，同時又是「八顧」、「八友」之一，可稱為青年才俊。身長八尺餘（約190公分），相貌挺拔魁偉。曾在何進帳下擔任北軍中侯，後來出任荊州刺史。李傕、郭汜攻陷長安奪得實權後，劉表受封為鎮南將軍，任命為荊州牧。

　　曹操與袁紹於官渡交戰時，袁紹曾經請援，劉表雖然承諾出兵，卻始終並未派兵相助，同時也不打算援助曹操，只是靜觀其變。從事中郎韓嵩與別駕劉先都勸諫劉表不該謹守中立，劉表疑忌難安，始終無法決斷。反而懷疑建議從曹的韓嵩抱有貳心，一度想要將他殺害。後來劉備前來投靠，劉表雖然厚待劉備，但並未加以重用。208年曹操派遣大軍南下攻打荊州，劉表病發身亡。趕走兄長劉琦繼位的劉琮，一見曹軍攻抵襄陽，隨即舉州獻降。

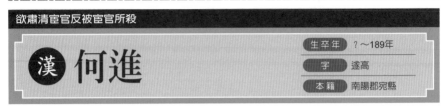

漢 何進

生卒年	?～189年
字	遂高
本籍	南陽郡宛縣

父親何真以屠宰為業。父親死後何進賄賂宦官郭勝，讓胞妹獲選入宮。何氏生太子劉辯而貴為皇后，何進遂以外戚的身分坐擁大權。由郎中、虎賁中郎將、潁川太守一路躍升，拜領侍中、將作大匠、河南尹之位。「黃巾之亂」爆發後，被任命為大將軍鎮守洛陽，致力於平定亂事。由於和宦官之首蹇碩間的鬥爭浮上檯面，何進於是飛書走檄至各地，徵召豪傑前來，打算一舉剷除宦官的勢力。宦官得知此事後，何進反而中計，先被宦官下手殺害。何進在世時，袁紹、袁術便受召前來洛陽，於是乘亂殺入宮中，悉數屠殺宦官。由於宦官無鬚，許多無鬚或少鬚者，一律遭到殺害。據說死者上達兩千人。

漢 馬騰

生卒年	?～212年
字	壽成
本籍	扶風郡茂陵縣

馬騰是東漢名將馬援的後人。根據《蜀書‧馬超傳》的記載，父親（馬子碩）曾任天水郡蘭干縣尉，因故免官而娶羌人為妻，從此定居隴西。馬騰早年生活貧困，為了生計而上山打柴。身長八尺餘（190公分），體型魁梧五官突出，為人明理厚義，最初被任命為州郡的軍司馬。後來應董卓的徵召前往長安，抵達時董卓已經死去，李傕、郭汜遂任命他為征西將軍，駐紮在長安附近的郿縣。但由於李傕等人殘暴不仁，馬騰遂與其交惡，終於起意叛亂，不料舉事前便被發覺，只好逃往涼州。後來又被曹操召回長安，入朝出任衛尉，負責禁衛守護天子。由於其子馬超與韓遂再次興兵作亂，最終被曹操滿門誅夷。此外《三國演義》將馬騰設定為討董盟軍的一員，純屬作者的虛構，正史《三國志》並無此一記載。

漢 司馬徽

生卒年	？～208年
字	德操
本籍	潁川郡陽翟縣

　　司馬徽擅長以客觀的眼光評論人才，而有水鏡先生的美譽，不過正史並沒有他的傳記。根據《世說新語》引自《司馬徽別傳》的注解所述，他是潁川陽翟人。以善於鑑識人才而聞名，知道荊州牧劉表忌害名士，因此謹言慎行，不太發表評論。《蜀書・龐統傳》引自《襄陽記》的注解也約略談到其素行。〈別傳〉還提到他長相醜陋，貌似魯鈍以掩飾睿智，不太受到世人的重視。因此儘管住在劉表治理的襄陽，劉表卻不能洞察其才能，只是將他當作一般的書生看待。

　　曹操畢竟有識人之明，本想大為重用，不想司馬徽卻在曹操徵召之前病逝，曹操遂無法一償心願。

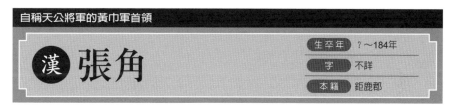

漢 張角

生卒年	？～184年
字	不詳
本籍	鉅鹿郡

　　鉅鹿人張角尊崇「黃老之道」，拓建了名為「太平道」的新興宗教。而所謂「黃老」係指傳說的五帝之首、被譽為中華醫祖的黃帝，以及道教的思想家老子（老聃）。張角在結合上古傳承與老子思想的「黃老信仰」此一基礎上，加入從道士于吉獲得的《太平清領道》與道教的《太平經》等典籍領會得來的意旨後，創造出「太平道」。由於于吉曾經以符水治癒病人，張角也以此延攬信徒。信眾大多是流民與不滿現狀者，隨著信徒暴增與教會組織的擴大，逐漸轉變為革命集團。於是揭示「蒼天已死，黃天當立」的口號起義，欲顛覆漢朝自取天下。信眾分為三十六方（方的規模大約六千至一萬人），成為足可編組軍團的強大勢力，於全國各地發難。張角自封天公將軍，胞弟二人分稱地公、人公將軍，同時舉兵。朝廷派遣北中郎將盧植、左中郎將皇甫嵩、右中郎將朱儁前往豫州平亂。其間董卓也曾經取代盧植參與討伐，最終張角於交兵之際病發身亡。

生卒年	154～195年
字	正禮
本籍	東萊郡牟平縣

漢 劉繇

　　劉繇出身世家，是齊孝王的子孫，伯父劉寵曾出任東漢太尉。劉寵早年曾被舉薦為孝廉，任職東平陵縣令。數年後因母親病重，欲辭官返回故里，途中卻被百姓與士人阻擋挽留，不讓他回到家鄉，足見極受眾人的仰慕。終生曾四度躋身三公之位，家無恆產儉樸自持。劉繇的父親劉興曾任山陽太守，其兄劉岱則歷任侍中、兗州刺史，族人經歷都相當輝煌。

　　劉繇本人也以才俊知名，獲舉為孝廉，曾出任下邑縣長。後來遷升揚州牧、拜領鎮武將軍之位，一度擁兵數萬，豈料因部將笮融謀反，為此數度陷入苦戰，最後雖擊破反賊，卻也因此病逝。死時正值42歲的壯年。相較於族人的豐功偉業，其事蹟不可不謂相當平凡。

生卒年	？～193年
字	伯安
本籍	東海郡郯城縣

漢 劉虞

　　劉虞是東海恭王劉彊的五世孫，被譽為宗室中最有德望的人物。靈帝時出任幽州牧，竭心盡力於平定邊亂，安定民生，據說曾有來自中原的百萬流民前來，請求劉虞收留治化。

　　191年袁紹唯恐董卓勢力擴大，本想擁立劉虞為帝，以此做為傀儡，對抗董卓的獻帝政權。劉虞不願淪為漢室逆臣，斷然拒絕此議。相對於公孫瓚對異族烏丸、鮮卑採取攻伐的強硬態度，劉虞代之以和睦政策，兩人於是嚴重對立，相互上表指陳對方的不是。後來劉虞討伐公孫瓚失敗，被擊破生擒，以僭稱皇帝的罪名遭到處死。由於性情溫厚甚得民心，人們得知劉虞的死訊後，都相當地哀傷。日後劉虞的從事鮮于輔、騎都尉鮮于銀屢次攻打公孫瓚，袁紹也從旁夾擊，最終逼死公孫瓚，一報故主被殺之仇。

漢 郭圖

生卒年	？～205年
字	公則
本籍	潁川郡

郭圖是袁紹的謀臣，根據《後漢書》（謝承著）所述，潁川太守陰脩曾經任用郭圖為計吏，不過並未詳述其時點。《魏書・袁紹傳》則記載他曾向袁紹建言奉迎獻帝，但是不為袁紹採納。不過引注的《獻帝傳》卻指出這是沮授的提議，至今仍不知何者所述為真。袁紹欲起兵攻打許都，沮授與田豐表態反對，郭圖則贊同此議。曹操襲擊烏巢時，張郃力勸袁紹火速馳援，郭圖又主張攻擊官渡的曹營。袁紹採納郭圖建議的結果，卻是軍糧全付之一炬，全軍大敗。當時郭圖還向袁紹進讒，誣陷張郃。張郃憂懼自身的安危，於是倒戈投降曹操。袁紹死後，袁尚與袁譚兄弟相爭，當時郭圖跟隨了袁譚，袁譚於鄴城戰敗後，郭圖建議袁譚向曹操求援。後來郭圖被曹軍追擊逃往南皮，最終被曹軍捕獲，與袁譚一同處死。

漢 審配

生卒年	？～204年
字	正南
本籍	魏郡

秉性忠義勇烈，年輕時便血氣方剛。起初投效冀州牧韓馥，韓馥領地被袁紹巧取後，審配遂改仕袁紹。於袁紹死後輔佐袁尚，捲入繼承人之爭。曹操攻打袁尚時，曾經激烈抵抗，讓曹軍吃足苦頭。但最終不敵城破，審配也被曹操所俘。據《先賢行狀》所述，當時曹操曾含恨地問他：「當初我圍城時，何來如此多的弩箭？」審配毫不畏縮，更理直氣壯地回應：「只恨少射了些。」曹操得知審配對袁氏父子極為忠心，本想饒他一命。但由於麾下辛毗的家人都被審配殺害，向曹操哭訴請求處決審配，曹操出於無奈，只好下令處死。臨刑之際，審配對行刑的士兵怒喊：「我君在北！」使其得以面朝北方慷慨赴義。

漢 劉璋

生卒年	?～219年
字	季玉
本籍	江夏郡竟陵縣

　　劉璋繼劉焉死後就任了荊州牧，但由於才能平庸，無法有效治理國家。新興宗教五斗米道的教祖張魯開始擴展勢力後，劉璋即殺害張魯的母親與胞弟，以儆效尤，兩人於是結下冤仇。臣下張松與法正感嘆其無能，暗中策劃迎接劉備入主益州。劉璋被瞞在鼓裡，還和氣地來到涪縣會見劉備，給予劉備三萬兵馬，以及大批的糧秣。約莫一年後，孫權來告急求援，劉備又向劉璋請求增兵一萬。劉璋起了疑心，只承諾給予半數兵力，劉備一怒之下，開始攻打劉璋。起初劉璋頗有堅守的決心，後來卻表示無數軍民因自己而死，即便當時成都還有三萬守兵，與足供一年食用的米糧，甚至臣民也願意效命，劉璋還是不顧大臣反對堅決出降。

漢 韓遂

生卒年	?～219年
字	文約
本籍	金城郡

　　韓遂之名首見於史書，在「黃巾之亂」爆發不久後的184年。《魏書·武帝紀》提到金城人邊章與韓遂叛亂，是他最初的事蹟。當時涼州羌人欲興兵作亂，韓遂為其出謀劃策。由於正史並未立傳，無法得知早年的行事為人。只是片段地提到與曹操同時獲舉為孝廉，於金城擔任下級官吏。不過對於韓遂此後成為亂軍首謀，於西陲涼州為禍32年的經過，卻有著詳盡的記載。

　　如此亂臣賊子，最終仍於219年死去，至於因病身亡或被殺，至今仍不明。根據《魏書·武帝紀》所述，占領西平、金城的將領麴演、蔣石斬殺韓遂後，將首級呈送曹操，但《後漢書》的記載卻是病死，究竟死於老病或被部下所殺，至今尚無定論。①

───────────────────

①譯注：一說韓遂本名韓約，根據《魏略》加以考察推測，便有韓遂受西平郡功曹郭憲保護，病逝後才被人斬首，首級上繳魏國邀功的說法。

第 **8** 章

附錄

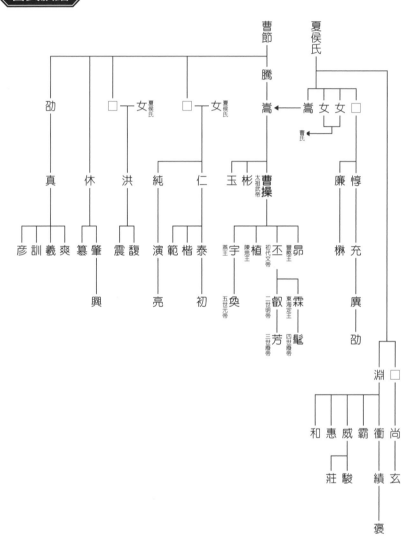

曹氏族譜

劉氏族譜

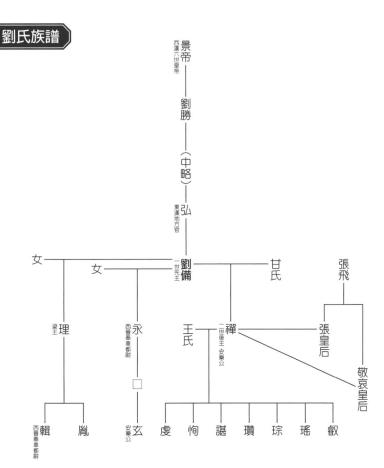

漢末王室族譜

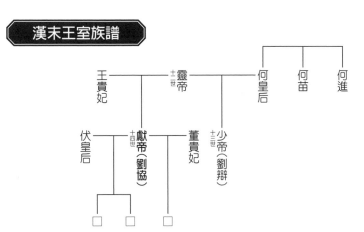

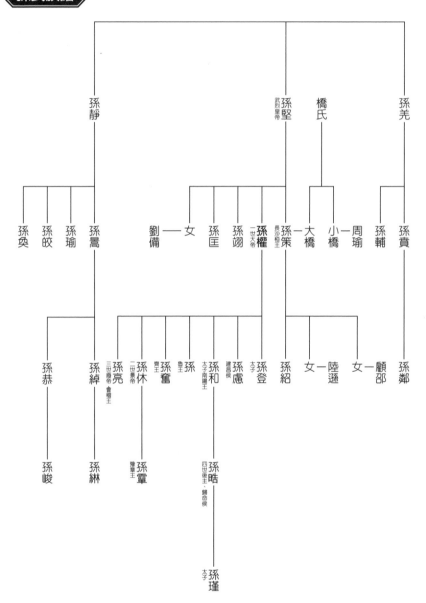

諸葛氏族譜

諸葛豐　司隸校尉

玤　泰山郡丞

玄　豫章太守

瑾　大將軍

恪　大將軍

綽　騎都尉

竦　長水校尉

建　步兵校尉

喬　　融

緒　駙馬都尉

攀　　顯　西晉

攀　行護軍翊武將軍

誕　征東大將軍

靚　右將軍

恢　東曾尚書令

均

諸葛亮　丞相

瞻　行都護衛將軍

京　西晉江州刺史

尚

歸宗

魏　　蜀　　吳

周氏族譜

周榮　尚書令

周興　尚書郎

周景　太尉

周崇　甘陵相

周忠　太尉

周暉　洛陽令

周尚　丹陽太守

周異　洛陽令

橋公

大橋　　小橋

孫策　　孫氏女

周胤　興業都尉

孫權女（魯班）

周循　騎都尉

周瑜　偏將軍

孫登　太子

女

周峻　偏將軍

周護　偏將軍

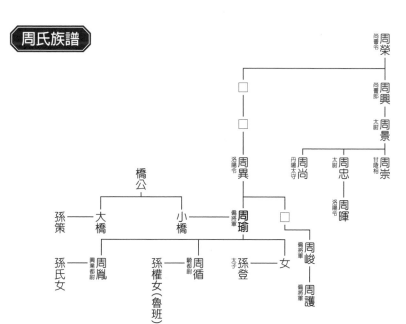

司馬氏族譜

司馬防 京兆尹

├ 司馬懿 晉宣帝
├ 朗 兗州刺史

司馬懿
├ 昭 晉文帝
├ 師 晉景帝

昭
├ 炎 一世武帝

炎
├ 熾 三世懷帝
├ 衷 二世惠帝

袁氏族譜

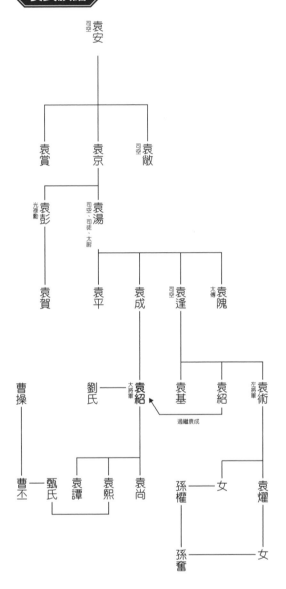

袁安 司空

├ 袁賞
├ 袁京
├ 袁敞 司空

袁賞
└ 袁彭 光祿勳

袁京
└ 袁湯 司空、司徒、太尉

袁彭
└ 袁賀

袁湯
├ 袁平
├ 袁成
├ 袁逢 司空
├ 袁隗 太傅

袁賀
└ 曹操

袁平
└ 劉氏

袁成
└ 袁紹 大將軍　過繼袁成

袁逢
├ 袁基
├ 袁紹

袁隗
└ 袁術 左將軍

曹操
└ 曹丕 ─ 甄氏

劉氏
├ 袁譚
├ 袁熙
├ 袁尚

袁術
├ 孫權 ─ 女
├ 袁燿

孫權
└ 孫奮 ─ 女

272

三國時代的官職

※俸祿以石數表示，但數字與實際差距頗大，例如標明二千石，其實只有一百二十石。附帶說
　明，一石約合今日二十公升。
※（　）內表示職位的定額、品秩、俸祿。

上公

東漢時期以太尉、司徒、司空三公為最高職位，三
國時又設置上公，位在三公之上。

相國府

・**相國**（丞相。一人、一品、上公）
　輔佐天子治理政務。
　太傅府

・**太傅**（一人、一品、上公）
　教育天子的職務。榮譽職。位在三公之上。

・**左右長史**（二人、六品、千石）
　總管各官署部門事務。

・**司馬**（一人、六品、千石）
　統率軍隊。

・**主簿**（一人、七品）
　掌管文書的紀錄調閱、處理眾務。

太保府

・**太保**（一人、一品、上公）
　教育天子的職務。榮譽職。位在三公之上。

大司馬府

・**大司馬**（一人、一品、上公）
　最高軍事職位。位在三公之上。非常設。

大將軍府

・**大將軍**（一人、一品、上公）
　負責討平叛亂。位在三公的太尉之上。非
　常設。

三公

各部署常設的最高官職

太尉府

・**太尉**（一人、一品、公）
　最高軍事長官。

司徒府

・**司徒**（一人、一品、公）

負責統掌政務。

司空府

・**司空**（一人、一品、公）
　執掌監察司法，糾舉不法官員[1]。

九卿

各官署最高實務官員

太常府

・**太常**（一人、三品、中二千石）
　掌管宗廟祭祀、禮儀。

・**太學博士**（十九人、五品、比六百石）
　以儒教的教義五經教育官員子弟。

光祿勳府

・**光祿勳**（一人、三品、中二千石）
　守衛宮殿各門戶，統領侍從戍衛軍（隨行
　護衛皇帝后妃）。

衛尉府

・**衛尉**（一人、三品、中二千石）
　統領戍守宮門的宿衛軍，負責巡邏宮殿。

太僕府

・**太僕**（一人、三品、中二千石）
　管理天子車馬、天子出行的準備事宜。

・**典虞都尉**（一人六品）
　掌管田獵的事宜。

廷尉府

・**廷尉**（一人、三品、中二千石）
　執掌天下刑獄[2]。

大鴻臚府

・**大鴻臚**（一人、三品、中二千石）
　掌管地方諸侯、歸順異族各項事務。

宗正府

・**宗正**（一人、三品、中二千石）
　管理皇室親族，制訂皇子繼承順位。由皇
　族負責相關事務。

---

①譯注：霹靂新潮社代理之《三國志人物事典》指司空掌管土木工程，係春秋戰國以來承襲周制
　的執掌，至漢時內容已經更易。
②譯注：下設屬官廷尉正一人、六品、六百石，負責審決疑案；廷尉監一人、六品、一千石，負
　責緝捕。

大司農府

- **大司農**（一人、三品、中二千石）
  掌管貨幣鑄造、國家財政收支。

少府府

- **少府**（一人、三品、中二千石）
  管理宮中皇室用品、衣物、寶貨等雜務。③
- **大醫令**（一人、七品、六百石）
  管理（太常、少府）諸醫。
- **太官令**（一人、七品、六百石）
  執掌皇帝飲食宴會。
- **御府令**（一人、七品、六百石）
  掌管宮中衣物裁修浣洗事務。

執金吾府

- **執金吾**（一人、三品、中二千石）
  掌管京師警衛④。

將作大匠府

- **將作大匠**（一人、三品、二千石）
  主管修建宗廟（祭祀天子祖先的建物）宮室等土木事務。

皇后府

- **大長秋**（一人、三品、二千石）
  執掌皇后旨意的書記與宣達，與外戚相關事務。

皇太子府

- **太子太傅**（一人、三品、中二千石）
  負責教育太子。

侍中府

- **侍中**（四人、三品、比二千石）
  侍從皇帝的近臣，待命備詢。若皇命有所疏漏，得拾遺補闕，因此具有超過官位的實權。
- **中常侍**（不定、三品、比二千石）
  隨侍天子左右，處理諸般雜務。
- **給事黃門侍郎**（四人、五品、六百石）⑤
  負責在天子起居的內宮傳達詔命。

尚書臺

- **尚書令**（一人、三品、千石）
  負責擬定天子詔命的尚書臺長官，執掌宮中文令的發佈。
- **尚書僕射**（二人、三品、六百石）
  管理檔案文書、國庫倉廩（錢糧）、人事選舉⑥。
- **尚書**（五人、三品、六百石）⑦
  執掌軍事政治相關決策，並付諸執行。

中書臺

- **中書令**（一人、三品、千石）
  負責擬定詔書、傳遞奏章的祕書官員，為樞密機要職務。

祕書省

- **祕書監**（一人、三品、六百石）
  管理宮中的書籍圖冊。

禁軍

- **中領軍**（一人、三品）
  統率禁軍。
- **屯騎校尉**（一人、四品、比二千石）
  統帥七百騎兵，司職衛戍。

城門守衛

- **城門校尉**（一人、四品、比二千石）
  守備京城洛陽的十二處城門。

御史臺

- **御史中丞**（一人、四品、千石）
  監察官員有無非法的行為。

都水臺

- **都水使者**（一人、四品）
  執掌治水，檢修各地池沼、灌溉設施、運河等。

符節臺

- **符節令**（一人、五品、六百石）
  掌管皇帝賜予的印璽、授節、銅虎符、竹使符。

殿內侍衛

- **殿中將軍**（一人、六品）
  相當於宮中的侍衛官。

---

③譯注：下設中左右尚方令三人，七品、六百石，執掌御用物品的供應與製作。

④譯注：尚須消弭宮外水火災事、皇帝出行的儀仗前導與護衛

⑤譯注：根據《後漢書·獻帝紀》所述，漢獻帝時，侍中、給事黃門侍郎初設為六人。魏晉以降改置四人。

⑥譯注：尚書僕射為尚書令的副手，國庫倉廩等器物的管理，由協助尚書僕射的尚書右丞執掌；人事選拔舉任則是尚書吏部曹的職權。

⑦譯注：尚書令、尚書左右僕射、尚書五人稱八座。

- **驃騎將軍**（一人、二品）
  也稱為都督，意為三軍統帥。位階次於三公，執掌討逆平亂。位在車騎將軍、衛將軍之上。
- **車騎將軍**（一人、二品）
  也稱為都督，意為三軍統帥。位階次於三公，執掌討逆平亂。
- **衛將軍**（一人、二品）
  也稱都督，意為三軍統帥。位階次於三公，執掌討逆平亂。官位緊接車騎將軍之後。
- **中軍大將軍**（一人、二品）
  僅見於魏國。黃初以降，非常設。
- **上軍大將軍**（一人、二品）
  僅見於魏國。黃初以降，非常設。
- **鎮軍大將軍**（一人、二品）
- **撫軍大將軍**（一人、二品）
- **南中大將軍**（一人、二品）
  僅見於魏國。賜予吳國降將的軍職。
- **輔國大將軍**（一人、二品）
  僅見於魏國。非常設。
- **征東將軍**（一人、二品）
  僅見於魏國。位階次於三公。駐屯於壽春，統領青、兗、徐、揚四州刺史。
- **征南將軍**（一人、二品）
  位階次於三公。駐屯於新野，統領荊、豫二州刺史。
- **征西將軍**（一人、二品）
  位階次於三公。駐屯於長安，統領雍、并二州刺史。
- **征北將軍**（一人、二品）
  位階次於三公。駐屯於薊，統領幽、冀、并三州刺史。
- **鎮南將軍**（一人、二品）
  位階次於四征將軍。統兵作戰於南線。
- **鎮西將軍**（一人、二品）
  位階次於四征將軍。統兵作戰於西線。
- **鎮北將軍**（一人、二品）
  位階次於四征將軍。統兵作戰於北線。
- **鎮東將軍**（一人、二品）
  位階次於四征將軍。統兵作戰於東線。
- **安南將軍**（一人、三品）
  輔佐四征、四鎮將軍。
- **安西將軍**（一人、三品）
  僅見於魏國。輔佐四征、四鎮將軍。
- **安北將軍**（一人、三品）
  僅見於魏吳。輔佐四征、四鎮將軍。
- **安東將軍**（一人、三品）
  僅見於魏吳。輔佐四征、四鎮將軍。
- **平東將軍**（一人、三品）
  僅見於魏國。扮演協助征討的角色。
- **平南將軍**（一人、三品）
  僅見於魏吳。扮演協助征討的角色。
- **平西將軍**（一人、三品）
  扮演協助征討的角色。
- **平北將軍**（一人、三品）
  扮演協助征討的角色。
- **前將軍**（一人、三品）
  統兵指揮作戰。
- **後將軍**（一人、三品）
  統兵指揮作戰。
- **左將軍**（一人、三品）
  負責防衛京城。
- **右將軍**（一人、三品）
  負責防衛京城。

- **司隸校尉**（一人、三品、比二千石）
  維護都城與近郊的治安，取締官吏之不法。
- **州刺史**（五品、六百石）
  負責監察地方行政。後來也治理郡內民政。
- **河南尹**（一人、三品、二千石）
  治理京城的政務。一如日本的都知事。
- **郡太守**（各一人、五品、二千石）
  負責治理各郡、舉任官員、取締不法犯罪。
- **郡都尉**（各一人、五品、比二千石）
  負責維護各郡治安。
- **縣令**（各一人、大縣六品、千石；中縣七品、六百石）
  設置於中大規模的各縣治理政務。大縣的縣令類似今日的市長。
- **縣長**（各一人、八品、三百石）
  設置於小縣治理政務。
- **王國相**（各一人、五品、二千石）
  王爵封領的相。職務與郡太守相當。
- **公國相**（各一人、五品、二千石）
  公爵封領的相。職務與郡太守相當。
- **侯國相**（各一人、八品、三百石）
  侯爵封領的相。職務與縣令相當。

三國時代的兵器與戰具

從春秋戰國到秦代以前,主要以青銅製的劍為代表性武器,漢代以降,以銳利的鐵製刀劍取而代之。

刀

漢代以後,刀取代劍成為常用兵器,但只有單刃。有別於日本刀之處,在於刀背沒有弧度,刀尖的刃幅寬闊,任意揮刀就能產生相當的殺傷力。

劍

公元前中國一般使用兩刃劍為武器。但由於漢代以後,以單刃刀為主,劍多主要用於儀式意味的場合。

盾

古代的中國一般以盾防身,抵禦來自敵人兵器的攻擊。有時會在木盾的表面鑲入鑌鐵加以強化。

戟

整體由突刺的「矛」、揮砍的「戈」,以及可倒鉤的卜字形橫支(胡)構成。戈的外觀有各種變形,使其具有類似「叉」的效用。騎兵使用的戟,大多比身長略長一些。

槍(矛)

長柄武器中使用最為普遍的就是槍。但大多逐漸被戟所取代。《三國演義》中的趙雲便是使槍的能手。

弓

弓是中國古代使用最為普遍的遠距兵器。三國時代還發明了以竹、軟木、牛角、膠製成的複合弓,精準度更高的弓遂從此問世。《三國演義》述及的黃忠、呂布都是以善射知名。

鎧

先秦時的鎧甲以皮製為主,鐵製兵器流行後,才開始鑄造更堅固的鐵製甲冑做為對策。當時以使用輕薄短小的鐵片縫製成魚鱗般的魚鱗甲為主。諸葛亮加以改良,發明了能夠包覆士兵全身的筒袖鎧。

弩

呈機械構造、以扣動扳機擊發的弩,擁有較弓更精確、更遠的準度與射程。三國時代以此做為遠距兵器的主力。射程可達150至300公尺。

連弩

弩最大的缺點,在於裝填箭支相當耗時。於是諸葛亮發明了可以連發的連弩:元戎。最多可以十箭齊發。

巢車

受阻於城池的高牆,攻城的一方無法窺知城內動靜。於是發想出巢車來,將名為望樓的瞭望板屋拉升至高處,以此俯瞰敵陣。

發石車

發石車是為了將沉重的大石拋向遠處,而利用槓桿原理及離心力設計而成的攻城器械。史載最重可以拋投五十公斤的石頭。《三國演義》中最為人所知的,就是曹操用來摧毀袁軍高樓的霹靂車。

雲梯

用於翻越高牆的攻城器械。設有棚屋使士兵免於受到箭襲,易於抵達城牆為其最大優點。《三國演義》描寫陳倉之戰時,提到諸葛亮曾經出動百臺雲梯。因遭到火攻而多數焚燬。

衝車

衝車被製造來擊破緊閉的堅固城門。利用前端削尖的巨木有如撞鐘般撞擊,以便將城門擊破。士兵受棚板保護,雖無中箭之虞,但遇火攻時不堪一擊。

木牛、流馬

兩軍交戰時,不僅要設法保護士兵性命,也必須保障運補物資的人員。若說戰事得以朝有利的方向發展,其重大關鍵就在於如何有效率地運輸軍需,其實一點也不為過。即便是諸葛亮,也為了如何在受阻於秦嶺山脈的險路上運輸,而絞盡腦汁一時。因此發明

了名為木牛、流馬的運輸車。木牛為單輪的手推車，把手以曲木製成，使搬運者易於使力，因形狀似牛而得名。流馬則是裝有貨棚的四輪車。

《三國演義》述及的兵器

《三國演義》中關羽的青龍偃月刀與張飛的丈八蛇矛被描寫得光彩炫目，卻是出自羅貫中的杜撰，史實並未記載三國當時存在此等兵器。即便重達18公斤的偃月刀與長達6公尺的蛇矛具有超凡的殺傷力，但很難想像能夠盡情揮舞而不疲憊。因此一般認為二人持有的兵器，其實是傳統的刀槍。

青龍偃月刀

偃月刀為一刀頭形如龍首而得名的長兵器，重82斤，約18公斤。想到關羽可以在馬上單手舞動此刀，就足以讓人張口結舌。

蛇矛

張飛於桃園結義後讓人打造的長兵器，終生矛不離身，其特徵在於矛身彎曲似蛇。長達一丈八，換算後竟有6公尺長。但若能將「丈八」一詞，視為美化長度的修飾語，或許來得自然一些。畢竟非人類可比的猛將，也很難俐落地掄動4公尺長的矛。

方天畫戟

若問起三國史上最強的武將是誰，眾人幾乎都會回答呂布。猛將呂布立馬揮舞的就是方天畫戟。特徵在於形狀獨特，槍刃的一側有月牙刃。

大斧

長柄前端裝上闊斧的奇特兵器。曹操麾將徐晃擅長此道，曾持斧與關羽單騎交鋒，不分上下。

象鼻刀

蜀漢老將黃忠善使的長兵器，特徵在於刀首如象鼻捲曲。日後黃忠一刀兩斷斬殺了魏將夏侯淵。

槊

公孫瓚使用的兵器，形狀有如長柄前端裝了箭鏃。長度可達4公尺，主要做為騎兵突刺敵人之用。

三尖刀

袁術麾將紀靈以善使三尖刀而為人所知。特徵在於長柄的刀尖又分出三叉，具有格擋敵人刀刃的作用。這是實際用於明代的武器，據說還是為了對抗倭寇的武士刀，才研發出來的。

飛刀

專門設計來用於投射的短刀，孟獲之妻祝融夫人便是以飛刀射手知名。《三國演義》述及她的能耐時，還以百發百中形容。

流星鎚

長索的兩端繫上鐵錘的武器，事實上相傳是宋朝時由西域傳來的。《三國演義》中曹操的部將卞喜、王雙使用的都是這種兵器。

飛叉

長索的一端繫上鐵叉的遠距攻擊兵器，原本做為狩獵之用。桂陽太守趙範的部將陳應以此做為武器。

三國時代的戰船

一如「南船北馬」這句諺語所述，中原以北的人善於騎馬，南方長江流域的人則善於水戰。因此三國中船艦最發達的就是吳國，既能往來大江，也能夠建造大型船隻。

樓船

建有樓閣的大型船艦，其中體積龐大者，甚至能夠搭載千人的乘員。

除了做為水上指揮艦之用以外，還具有運送大批士兵的功能。

鬥艦

甲板上覆蓋有堅固戰棚的主力戰艦。大多是可搭乘100至120人的大型船隻。不僅運輸兵員，也用於輸送軍需物資。

艨衝

可搭載約莫數十兵員的小型船隻，特徵在於機動性高、船速快。前端建造得特別堅硬，有時也用於衝撞大型船艦、突破船腹的強攻作戰。

走舸

水上使用的最小船隻，約可乘坐1至10人。屬於划槳類型，做為船隻間相互聯繫、偵察敵情之用。

《三國演義》所見計謀一覽

連環計（美人計）

董卓趁洛陽局勢混亂掌握實權，逐步建立獨裁體制，違抗不從者盡皆遭到毫不留情的殘殺。司徒王允無法坐視董卓的暴行，於是心生此計。先後承諾將府中人稱絕代佳人的歌伎貂蟬送給董卓與其侍衛呂布，二人隨後為了爭奪貂蟬反目，呂布遂親手殺死董卓。從正史提到呂布深怕染指董卓侍妾的祕密曝光一事看來，呂布因捲入女色糾紛，乃至下手殺害董卓的說法，似無疑義。

驅虎吞狼之計

荀彧構思此計，為的是讓劉備落入圈套。首先散布劉備將攻打袁術的不實謠言，使袁術信以為真，袁術若受此激怒攻打劉備，則下詔與劉備令其征討袁術，使二人反目相鬥。荀彧認為屆時呂布必然會趁兩人交兵之時襲擊劉備。不料呂布識破其意圖並未中計，還介入戰事為兩方斡旋。

十面埋伏之計

袁紹自官渡之戰被曹軍大敗後，返回冀州重整旗鼓，再次率領三十萬大軍前來挑戰，與曹操交兵於倉亭，袁紹三子袁尚力戰拔得頭籌。程昱遂獻此計，以期逆轉形勢。首先佯裝敗走，引誘敵軍進入早已部署十支伏兵的路線。待誘使敵軍來到伏兵處時，再後軍作前軍，反過頭來與伏兵發動合擊。如此再三中計，袁紹雖兵勢盛大，最終仍因死傷慘重，兵敗如山倒。

草船借箭之計

赤壁之戰前夕周瑜刻意刁難諸葛孔明，要讓他在十日內取得十萬支箭。諸葛亮不但當下應允，還誇口說僅需三天便可。果然到了第三天的深夜，孔明便坐上請魯肅預先準備好的20艘滿載蒿草束的船，在厚重瀰漫的濃霧中，駛向了曹營附近。一接近對岸，就命人擊鼓齊聲吶喊，曹軍守兵遂以箭雨伺候。又看準時機將船隻首尾對調，左右兩側因此插滿密密麻麻的箭枝，安然無事地巧取了十萬支箭歸來。

孔明與魯肅安坐船中，巧施草船借箭之計

連環計

「赤壁之戰」前夕，有鳳雛美譽的名士龐統來到曹營拜謁，曹操很是歡喜，親迎龐統參觀營寨，希望能就兵法布置指點一二。龐統見營內士兵苦於暈船，便提議以鐵環連鎖各船艦。曹操即刻付諸行動，自此不再有人受暈船之害。卻不知這正是周瑜為了便於火攻，派遣龐統前來布局的計謀。

寒冰築城之計

赤壁之戰三年後，西涼馬超為報父讎，率軍來犯討擊曹軍。曹操命人在渭水兩岸立寨、搭設浮橋，卻被馬超一陣火攻盡皆燒毀。適逢晚秋天寒，士兵苦無營寨輾轉難眠。奈何鄰近並無木石可供建城。以沙土堆砌成的土壘轉眼傾倒，全然不堪使用。就在曹操正為此事煩惱時，終南山的隱者夢梅居士前來獻策，指稱「以土為基，澆以寒水，一夜便可築成。」正是一語驚醒夢中人，曹操即刻命人依計行事，這才建起一座堅固的冰城。

空城計

孔明因馬謖失策丟了要地街亭，只得緊急撤軍。不料魏將司馬懿領十五萬大軍，隨即蜂擁而來。當時孔明已經分撥大半軍隊返回，身邊只剩下含士兵文官等兩千五百人。無論如何調遣一戰，勢必全軍覆沒。孔明登時領會，命人大開四處城門，各門安排二十名軍士，俱作百姓打扮，於門前灑掃街道。嚴令若見魏兵殺到，不可妄動。自己則披上鶴氅，在城牆上的敵樓前焚香操琴。抵達城前的司馬懿見到此景，疑心必有埋伏，於是引軍退回漢中。

孔明知名的空城計一幕

八陣圖

劉備在「夷陵之戰」中了陸遜火燒連營之計，大敗逃往白帝城。陸遜隨後緊追而來，抵達魚腹浦後，陷入巨石亂布的奇陣之中。頃刻間竄起陣陣殺氣，一時狂風席捲、飛沙走石，無法向前一步，四下又尋不著出路，中了諸葛孔明足以抵禦十萬兵馬的八陣圖之法。危急之際所幸得救，卻不想施救者竟是孔明的丈人黃承彥。或因不願坐視陸遜受難，即便是敵將仍出手相救。陸遜這才得以脫險，對孔明高深莫測的兵法自嘆弗如。

魚水之交

用於表示關係的親密。劉備用這句話來表達他與命中註定相遇的諸葛亮之間密不可分的關係。由於二人日漸親密，讓結義兄弟關張二人甚表不滿。面對兩人的抱怨，劉備說：「孤之有孔明，猶魚之有水也。」意思是說我和諸葛亮就像魚和水一樣，魚失去水，便不能相活。既然劉備如此言明，兩人只好默然接受。

濟大事必以人爲本

曹操率大軍南下攻打荊州後，劉備倉皇整兵逃往江陵。然而當地十萬百姓卻仰慕劉備跟隨前來。數千車輛荷重隨行，一日只能行走十餘里（約5公里），進展十分緩慢。就在劉備命關羽徵調數百艘船隻，讓百姓渡河避難時，有人提議拋下延宕行程的民眾，先走一步。當時劉備便是如此回答：「夫濟大事必以人為本，今人歸吾，吾何忍棄去！」要成就偉業、必須善以待人的這句劉備的名言，日後也成為善待員工的企業主使用的話語。

已非吳下阿蒙

表示一個人不再像從前那樣資質平庸。孫權曾經對倚仗自身武勇的呂蒙勸諭為學的重要性。此後呂蒙發憤向學、智慧大開，連儒士也為之嘆服。有一回魯肅在赴任的途中，行經呂蒙的營寨，他的印象還停留在吳郡時期的呂蒙，但對方卻已成為見識淵博的儒將，讓魯肅大開眼界，這句話遂脫口而出。意指「你已經不是我在吳郡認識的那個阿蒙了（阿蒙是親暱的稱呼）」。

刮目相待

表示應以不同觀點重新看待事物。當魯肅發出「已非吳下阿蒙」的驚嘆時，呂蒙如此回答：「士別三日，即更刮目相待。」意思是說呂蒙引以為豪地表示，身為士者，即便只是分別三天，他的進步就足以讓人另眼相看。

白眉

意指智力優秀的人。話說荊州馬家有五兄弟，個個以才俊知名。由於五人都以「常」為字，因此人稱「馬氏五常」。其中又以馬良最為傑出，因為眉毛中摻有白毛，而有「馬氏五常，白眉最良」的稱譽。從此以後，白眉成了英才賢士的代名詞。

兵貴神速

用於應當迅速採取行動之際。曹操追擊亡命遼西的袁紹三子袁尚時，軍師郭嘉曾如此建言。郭嘉指出如今敵人毫無防備，而用兵的可貴之處就在迅捷如神，應當急起直追，曹操於是出動輕騎追討，不久追上敵軍，轉眼將之擊破。

危急存亡之秋

意指如今正是危機迫近之際。諸葛亮決心北伐，曾上奏劉禪寫下名留千古的「前出師表」，「危急存亡之秋」是其中的一句名言，欲藉此曉諭劉禪當時的蜀漢已面臨存亡的危機。「秋」字主要用來更加強調危機正逼近收成的重要時期。

揮淚斬馬謖

馬謖本是諸葛亮最鍾愛的部將，卻因為違背節度自作主張，造成失去街亭的後果，諸葛亮遂明正典刑將馬謖斬首。據說當時諸葛亮因為親手處死這堪稱弟子的優秀部將，內心感到悲苦，又恥於自己無識人之明，違背劉備的忠告，而淚灑當場。現在也用於縱非出自本意，卻不得不忍痛處分的場合。

位於碑林的無數名人墨跡

勢如破竹

表示氣勢強盛無可抵擋。典故出自西晉將領杜預攻打吳國的時候。當時眾將議論紛紛，指稱雨季將至，應當休兵再作打算。杜預說：「如今我軍氣勢盛大，就像劈開竹子一樣，只要節節進逼，後勢就會順著刀刃自行破解。」是一句引用劈開竹子的驚人氣勢做為比喻的名言。

髀肉之嘆

曹操於「官渡之戰」擊破袁紹後，親自領軍南下討伐劉備。劉備為了避難，逃往劉表的轄下尋求庇護。根據《九州春秋》所述，在此安身七年後的某一天，劉備卻在入廁時，發現自己的大腿長出贅肉，不僅流下淚來。感嘆「自己早年戎馬疆場，不曾長出髀肉」。如今年過四十還寄籬人下，未能擁有一塊立錐之地，頓覺自己時運不濟而潸然淚下。

用語解說

行政單位

上自州、郡（國），下有縣、鄉、亭，乃至最小單位的里。亭有亭長，鄉有三老，縣有令或長，郡為太守，州為刺史或牧，各自分層治理。

謚號

追贈死者的名號。避諱直呼死者的本名，是中國自古以來的慣例。

字

本名以外的別稱，大多在成人禮時冠上字號。平常不直呼其名而以字稱謂，被視為一種禮儀。

尉

相當於縣警察局長的職務，大縣設兩人，小縣只設一人。

外戚

指母方的親戚。皇后的親族尤其擁有莫大權勢，多半會干預政事。

宦官

服侍宮中的去勢男性。東漢、唐、明等朝代，宦官的勢力特別強大。也大多與外戚形成對立。

黨錮

指東漢末年的清流黨人攻訐朝廷而遭到宦官打壓，被迫終身禁錮一事。

清流

意指反對宦官的士大夫階級（官僚知識分子），泛指官員士人，以及在太學就讀、未來要走上仕途的學子。由於儒家的價值觀中，宦官不被視為堂堂男子，因此稱宦官為濁流，而自稱清流。

濁流

此用語主要指宦官而言，有時也用來批判外戚或奸佞不法的官員。

太學

漢朝時設置於京城的國立大學，同時也是官員的教育機構。後世稱國子學。

孝廉

任用地方官員之際，多半舉用郡太守推薦的人員。有推選孝順廉正者之意，於是有了此一略稱。

茂才

指任用官吏時，州郡太守推薦的人員。意指秀才。

戰鼓

於戰場上擂動大鼓，做為軍隊進退的信號。

三公

指東漢至唐宋的太尉、司徒、司空等總稱，是最高的官位。曹魏時，賈詡曾任太尉，王朗、華歆為司徒，陳群等曾為司空。

遠交近攻

與遠處的國家親善、對鄰國採取攻勢的一種策略。是兵法三十六計中的第二十計。

傳國玉璽

自秦朝以來傳承的天子印璽，刻有秦宰相李斯書寫的「受命于天，既壽永昌」八字。《三國演義》指稱孫堅在洛陽的一口枯井中發現此物，至今未知真假。

庶子

指非正式婚生的子息，但其地位受到父親的承認。又指嫡子以外的親生子。妾生的孩子。

奸雄

意指長於奸計（狡詐）的梟雄。可以魏國的曹操為代表人物。《三國演義》中與信義篤厚的劉備極端相對。

兵卒

身分低微的士兵。僅穿著簡陋的頭盔胸甲，手中持有劍、盾或槍矛。

田獵

許多人由四面八方圍攏驅趕，直到射殺獵物，稱為田獵。也做為軍事訓練之用。

出降（舉國獻降）

君主出降時，慣例上必須面縛銜璧（口中含著自古獻給天子的璧玉），或者輿櫬自縛，穿著喪服自綁雙手於後，命人抬著棺木至戰勝者面前請降。

齊聲吶喊

指戰場上的眾多士兵同時叫喊。也具有提升士氣、威嚇對手的目的。

糧道

運送糧秣至陣營的路徑。今意一轉，亦可做為取得開門七件事的管道。

塞外（出塞）

在中國意指萬里長城以北之地。東漢三國時期，該地向來主要是鮮卑、匈奴的勢力。

不娶同姓之妻

儒家有所謂「同姓不婚」的規制，同姓相婚一度被視為禽獸不如的行為。

小徑

從原途、主要道路分出的歧路，或逃生暗道。

周文王

周朝的始祖（姬昌），係建立周朝的武王之父。即便坐擁天下三分之二的土地，仍自甘為殷商的命臣。其子武王即位後，追諡為文王。

瑞兆（符命）

祥瑞的徵象，意指吉兆。相傳下個朝代的天子將現於人世之前，必然有祥瑞之兆引為徵驗。曹丕便是以鳳凰來儀為瑞兆，接受獻帝的禪讓。

社稷

意指土神與穀神，素來天子與諸侯都必須加以祭祀。也做為國家的同義語之用。

駕崩（崩殂）

天子去世時的表現法。諸侯稱為「薨」，大夫為「卒」，士為「不祿」，庶民則以「死」表示。

禪讓

天子自行將帝位讓與有德者。中國自古相傳禪讓肇始於帝堯讓位于舜，日後舜又讓與大禹。

弒殺

意指弒害君父，身為臣子者殺害在上位者。

後顧之憂

身後仍有值得憂慮的情事。

奸計

歹毒、陰狠的計謀。謀劃陰險的計策稱為施行奸計。

輜重

包括士兵與戰馬作戰所需的糧秣、兵器、護具、衣物等。

嫡長相繼

古時中國人認為嫡長子才有權利繼承家業與地位。

毛氈

將獸毛纖維壓擠製成的毯子。鄧艾曾以此裹住身體，從山崖滾落直下。

後宮

皇后與貴人生活的宮殿，有時也僅指皇后與貴人本身。

倭人

中國古稱日本人的用語。班固、班昭等編纂的《漢書》中，便有「倭人」的記載。

里

東漢的一里約為414.72公尺，魏國為434.16公尺。然而這兩者都不適用於《魏書·倭人傳》，成為引發邪馬臺國所在爭議的原因之一。目前〈倭人傳〉係以周朝的一里（76至77公尺）計算里程的論說相當有力。至於現今日本的一里為3.92公里（千公尺），中國則作500公尺（一市里）。

丈

今日中國的一丈為3.33公尺，東漢時期為2.304公尺，魏國則為2.412公尺。至於日本的一丈，約合3.03公尺。

尺

十尺為一丈。東漢時約為23.04公分，魏國則為24.12公分。

寸

十寸為一尺。東漢時約為2.304公分，魏國則為2.412公分。

殉葬

君王死後入葬時，讓僕從、侍婢陪葬的習俗。春秋戰國以前（殷商、西周）一度盛行。

孝經

孔子的學生曾參將夫子講述的孝道整理而成的著作。述說上自天子、下至平民應有的孝行。

論語

記述孔子與弟子答問的言行錄。與「孟子」、「大學」、「中庸」合稱四書。

詩經

中國最古老的詩集，據說由孔子編訂而成。整部詩篇收錄殷商至春秋時期共311首詩歌。

遺詔

天子的遺言。也作遺敕。

詩賦

包含韻詩、辭賦等詩文。曹操、曹丕、曹植等都相當擅長。

出亡

擁有地位者逃亡以隱匿行蹤。被驅逐之意。

誅殺

指摘犯罪者、惡人的罪行，將之殺害。

誅夷三族

一人獲罪，父母、兄弟、妻兒等三族也一同連坐，受到處刑。

塢堡

防備敵人攻擊而建造的堡壘、要塞。

首級

指斬獲的敵兵頭顱，秦時士兵只要斬獲一具敵首，就可升爵一級，後世遂演變出這樣的詞彙來。

御蓋（御用車蓋）

王侯貴族做為儀仗之用的大型傘蓋。

絞殺

勒頸又者或吊頸處死。

節

奉皇帝旨意出使者所持有的符節信物。經授與符節者，可以逕自課以包括死刑的刑罰。有三個等級權限。使持節可殺二千石以下品秩的官員；持節可殺無官位者；假節則可刑殺干犯軍令者。

鉞

獲頒自皇帝的兵權信物。具有統率各軍的權限。

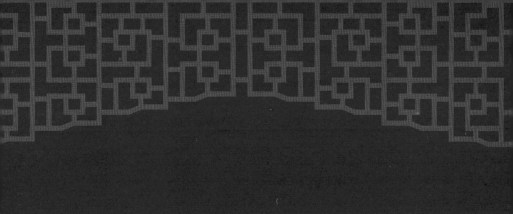

索引

索　引

287

十六劃以上

戰役

地名

十六劃以上

圖表

一～五劃

著作

計策

參考文獻一覽

【史籍】

正史《三国志》陳壽著，今鷹真等訳／筑摩書房
中国古典文学体系14《資治通鑑》／平凡社
世界古典文学全集《三国志Ⅰ～Ⅲ》今鷹真、小南一郎、井波律子訳／筑摩書房
《正史「三国志」完全版》岩堀利樹著／文芸社
《十八史略(3)梟雄的系譜》奥平卓、和田武司訳、《中国思想》刊行委員会編訳／徳間書店
《孫子》町田三郎訳／中央公論新社
《魏志倭人伝・後漢書倭伝・宋書倭国伝・隋書倭国伝》石原道博編訳／岩波書店
《世説新語》目加田誠著・長尾直茂編／明治書院
《史記》司馬遷著、市川宏等訳／徳間書店

【小說】

《三国志演義》羅貫中著・立間祥介訳／徳間書店
《興亡三国志》三好徹著／集英社
《祕本三国志》陳舜臣著／文藝春秋
《三国志・吉川英治全集26～28》吉川英治著／講談社
《呉・三国志》伴野朗著／集英社
《反三国志》周大荒著、渡辺精一訳／講談社
《新釈三国志》童門冬二著／日本経済新聞出版社
《三国志》北方謙三著／角川春樹事務所
《完訳三国志》村上知行訳／角川書店
《三国志外伝》三好徹著／光文社

【相關人物誌】

《正史三国志群雄銘銘伝》坂口和澄著／光人社
《三国志素顔の英雄たち》易中天著・鋤柄治郎訳／冨山房インターナショナル
《三国志ものしり人物事典》陳舜臣監修／文芸社
《三国志・歴史をつくった男たち》
《もう一度学びたい三国志》渡辺精一著／西東社
《呂蒙》芝豪著／ＰＨＰ研究所
《關羽》菊池道人著／ＰＨＰ研究所
《陸遜》太佐順著／ＰＨＰ研究所
《孫策》加野厚志著／ＰＨＰ研究所
《周瑜》菊池道人著／ＰＨＰ研究所
《龐統》立石優著／ＰＨＰ研究所
《馬超》風野真知雄著／ＰＨＰ研究所
《荀彧》風野真知雄著／ＰＨＰ研究所
《孔明死せず》伴野朗著／集英社
《三国志傑物伝》三好徹著／光文社
《三国志人物伝》坂口和澄著／平凡社
《諸葛孔明 三国志の英雄たち》立間祥介著／岩波書店
《「三国志」軍師34選》渡邊義浩著／ＰＨＰ研究所
《英傑たちの『三国志』》伴野朗著／日本放送出版協会

【相關書籍・辭典】

《三国志 正史と小説の狭間》滿田剛著 / 白帝社

《中国の歴史04三国志の世界》金文京著 / 講談社

新、歴史群像シリーズ《三国志英雄録》/ 学習研究社

歴史雑学BOOK《図解三国志ミステリー》/ 綜合図書

《大三国志》/ 世界文化社

《横山光輝三国志大百科永久保存版》潮出版社コッミク編集部編集 / 潮出版社

《図解三国志群雄勢力マップ》滿田剛監修 / インフォレスト

《市民の古代15『三国志』里程論・「九州」論》/ 新泉社

《もう一つの『三国志』》坂口和澄著 / 本の泉社

《面白いほどよくわかる三国志》阿部幸夫監修・神保龍太著 / 日本文芸社

《カラー版徹底図解三国志》榎本秋著 / 新星出版社

《ひと目でわかる！図解三国志》来村多加史監修・川浦治明著 / 学習研究社

《早わかり三国志》原遙平著 / 日本実業出版社

《読み忘れ三国志》荒俣宏著 / 小学館

《三国志おもしろ意外史》加来耕三著 / 二見書房

《新訳三国志》丹羽隼兵著 / ＰＨＰ研究所

《三国志 勝つ条件 敗れる理由》加来耕三著、横山光輝画 / 実業之日本社

《歴史地図で読み解く三国志》武光誠著 / 青春出版社

《三国志 将の名言 参謀の名言》守屋洋監修 / 青春出版社

《あらすじで読む三国志》別冊宝島編集部 / 宝島社

《読み切り三国志》井波律子著 / 筑摩書房

《「三国志」のツボがわかる本》村上孚著 / 日本文芸社

《「三国志」の迷宮》山口久和著 / 文藝春秋

《三国志と日本人》雑喉潤著 / 講談社

《真実の中国4000年史》杉山徹宗著 / 祥伝社

《絵解き三国志》歴史の謎研究会 / 青春出版社

《三国志曼荼羅》井波律子著 / 岩波書店

《三国志演義》井波律子著 / 岩波書店

《新版三国志新聞》三国志新聞編纂委員会編 / 日本文芸社

【旅札】

《三国志行》立間祥介著 / 潮出版社

旅のガイドムック38《中国三国志巡りの本》近畿日本ツーリスト

《三国古今之旅》石宝秀等著 / 広東旅遊出版社

《行游三国》京文著 / 中国青年出版社

《三国志を行く諸葛孔明篇》井波律子・山口直樹 / 新潮社

《世界歴史の旅 三国志の舞台》渡邉義浩・田中靖彦著 / 山川出版社

《三国志の風景》小松健一著 / 岩波書店

後記

　　原本只是一介喜好講述的三國迷，不想到頭來竟一頭栽入筆耕三國的世界。好像厚著臉皮美化了行為的正當性。想當時滿口答應接下差事，才發覺氣定神閒地看書和爬格子的工作間，有著天壤之別。當著堆積如山的史料面前，每天過的是苦哈哈的日子。

　　既然早先就設定本書陳述以史實為根據，資料的組成自然以正史《三國志》為主。起初還滿心以為可以見到精彩的戰史，不想《三國志》的文章脂粉未施，一派輕描淡寫，只是陳列事實，與英雄昂首闊步的《三國演義》截然不同。為了將集人物時序於大成的記事，改寫為完整的歷史事件，可說自比展開了一連串苦戰惡鬥。這才從中發覺《三國演義》中許多讓人躍然心動的場面，正史並無記載。舉凡「桃園結義」、「汜水關之戰」、「赤壁之戰」、「新野、樊城之戰」等等事蹟，正史若非全無記述，就是與《三國演義》的描寫大相逕庭。想要借助坊間解說正史的讀本，卻又發現它們多半以《三國演義》的觀點為基礎，混淆了小說與史實而真偽難辨，於是再一次地受到嚴重的打擊，只能無數次地硬吞死啃《三國志》。但也因此讓人對陳壽隱藏在《三國志》字裡行間的寓意，逐漸心領神會，這一點可謂意義重大。

　　即便如此，東漢時期一度多達5,648萬的人口，到了三國時期卻減少到只有767萬人，這個事實很難不令人側目。意謂著終日飽受戰亂、飢饉所苦的人們，只有總人口的15%得以在三國時代倖存下來。在世間罕見的恐怖政治壓迫下，生為人者卻過著痛苦煎熬的非人生活，這樣的體會誠然教人難以忘懷。

　　期望各位三國迷們也能洞察這隱而未見的一面，而非全然鍾情於英雄的豐功偉業。最後對於新紀元社的藤原健二先生能給予筆者如此寶貴的機會，再次陳謝不勝感激。

2010年11月

藤井勝彥

作者簡介

藤井勝彥

　　1955年生於大阪。畢業於東京寫真大學（今東京工藝大學）。自1979年首次往歐洲、中東攝影取材，此後三十年巡迴世界，足跡遍及百餘國，對於各國的民族、宗教、歷史、文化、生活風情，進行實地的報導，作品披露於各大雜誌。伴隨豐富的行旅經驗，帶來許多旅遊相關的工作機會。近年也常到中國取材，曾有兩年半以上的時間，毅然深入百座都市及地域捕捉寫材。也著有許多歷史相關著作，尤其對三國志興趣甚濃。滿懷熱情地踏遍身為三國舞臺的許多故址。目前是編集プロダクション・フリーポート企畫的社長。數年前移居至山梨縣八之岳南麓後，週末常埋首於田園享受種菜之樂。

攝於劉備老家附近的某間小學前

遺留在官渡古戰場的古井

一望無垠的許昌麥田

譯者簡介：

蘇竑嶂

　　躋身遊戲業達15年，大學時代著迷於「創世紀」系列，從此與遊戲產生不解之緣。曾任星際遊樂雜誌社日文主編、大宇資訊開發部經理、風雷時代CEO及自由作家。目前再次回歸遊戲本業，負責企畫製作端的創意規劃，以及專業知識的諮詢。相關作品如下：遊戲配樂：「軒轅劍Ⅰ，Ⅱ」、「軒轅劍外傳──楓之舞」、「天使帝國Ⅱ」、「魔道子」「春秋爭霸傳」、「破壞神傳說」。譯作與中文化：光榮公司策略遊戲攻略系列──「笑談三國志」、「銀河英雄傳說Ⅳ，Ⅴ，Ⅵ」等十餘部。

繪者簡介：

林紘立

　　從小就學當木匠的爸爸拿著鐵鎚敲敲打打，喜歡一個人在房間畫畫邊聽著音樂，或是慵懶的看書看到睡著。喜歡不切實際的東西，愛幻想，常常盯著天空發呆，相信有一天會在雲裡發現城堡，夢想是成為插畫家和搬到以色列。

封面繪圖介紹

　　三國是中國歷史裡最為人津津樂道的一段故事，而博望坡之戰是三國中以少勝多的一場經典戰役，也是三國演義裡，諸葛亮為劉備效力的首戰。
　　封面的場景乃是繪者詮釋蜀軍在山道中設伏、令曹軍陷入危急的情景，嘗試呈現此戰役最精采的畫面。

奇幻基地書籍目錄

http://www.ffoundation.com.tw/

BEST 嚴選

書　號	書　　　名	作　　者	定價
1HB004X	諸神之城：伊嵐翠	布蘭登・山德森	520
1HB009	最後理論	馬克・艾伯特	320
1HB013	刺客正傳 1：刺客學徒（經典紀念版）	羅蘋・荷布	299
1HB014	刺客正傳 2：皇家刺客（上）（經典紀念版）	羅蘋・荷布	320
1HB015	刺客正傳 2：皇家刺客（下）（經典紀念版）	羅蘋・荷布	320
1HB016	刺客正傳 3：刺客任務（上）（經典紀念版）	羅蘋・荷布	360
1HB017	刺客正傳 3：刺客任務（下）（經典紀念版）	羅蘋・荷布	360
1HB018	2012：失落的預言	麥利歐・瑞汀	320
1HB019	迷霧之子首部曲：最後帝國	布蘭登・山德森	380
1HB020	迷霧之子二部曲：昇華之井	布蘭登・山德森	399
1HB021	迷霧之子終部曲：永世英雄	布蘭登・山德森	399
1HB025	方舟浩劫	伯伊德・莫理森	320
1HB027	血色塔羅	尼克・史東	380
1HB028	最後理論 2：科學之子	馬克・艾伯特	320
1HB029	星期一・我不殺人	尚—巴提斯特・德斯特摩	320
1HB030	懸案密碼：籠裡的女人	猶希・阿德勒・歐爾森	320
1HB031	迷霧之子番外篇：執法鎔金	布蘭登・山德森	320
1HB032	2012：降世的預言	麥利歐・瑞汀	320
1HB033	彌達斯寶藏	伯伊德・莫理森	320
1HB034	颶光典籍首部曲：王者之路（上）	布蘭登・山德森	499
1HB035	颶光典籍首部曲：王者之路（下）	布蘭登・山德森	499
1HB036	懸案密碼 2：雉雞殺手	猶希・阿德勒・歐爾森	320
1HB037	末日之旅・上冊	加斯汀・柯羅寧	399
1HB038	末日之旅・下冊	加斯汀・柯羅寧	399
1HB039	懸案密碼 3：瓶中信	猶希・阿德勒・歐爾森	380

幻想藏書閣

書　號	書　　名	作　　者	定價
1HI001C	靈魂之戰 1：落日之巨龍	瑪格麗特‧魏絲等	480
1HI002C	靈魂之戰 2：隕星之巨龍	瑪格麗特‧魏絲等	480
1HI003X	靈魂之戰 3：逝月之巨龍（新版）	瑪格麗特‧魏絲等	480
1HI004	黑暗精靈 1：故土	Ｒ‧Ａ‧薩爾瓦多	380
1HI005	黑暗精靈 2：流亡	Ｒ‧Ａ‧薩爾瓦多	380
1HI006	黑暗精靈 3：旅居	Ｒ‧Ａ‧薩爾瓦多	380
1HI007	南方吸血鬼 1：夜訪良辰鎮	莎蓮‧哈里斯	280
1HI010	南方吸血鬼 2：達拉斯夜未眠	莎蓮‧哈里斯	280
1HI012	南方吸血鬼 3：亡者俱樂部	莎蓮‧哈里斯	280
1HI029	南方吸血鬼 4：意外的訪客	莎蓮‧哈里斯	280
1HI031	尼伯龍根之戒	沃夫崗‧霍爾班等	360
1HI032	南方吸血鬼 5：與狼人共舞	莎蓮‧哈里斯	280
1HI033	南方吸血鬼 6：惡夜追琪令	莎蓮‧哈里斯	280
1HI034	南方吸血鬼 7：找死高峰會	莎蓮‧哈里斯	280
1HI035	南方吸血鬼 8：攻琪不備	莎蓮‧哈里斯	280
1HI036	黑暗之途 1：無聲之刃	Ｒ‧Ａ‧薩爾瓦多	380
1HI037	南方吸血鬼 9：全面琪動	莎蓮‧哈里斯	280
1HI038	邪馬台國戰記 II：炎天的邪馬台國(完結篇)	桝田省治	399
1HI039	南方吸血鬼 10：噬血王子的背叛	莎蓮‧哈里斯	280
1HI040	黑暗之途 2：世界之脊	Ｒ‧Ａ‧薩爾瓦多	380
1HI041	黑暗之途 3：劍刃之海	Ｒ‧Ａ‧薩爾瓦多	380
1HI042	南方吸血鬼番外篇：我的德古拉之夜	莎蓮‧哈里斯	299
1HI043	獵人之刃 1：千獸人	Ｒ‧Ａ‧薩爾瓦多	399
1HI044	南方吸血鬼 11：精靈的聖物	莎蓮‧哈里斯	280
1HI045	獵人之刃 2：獨行者	Ｒ‧Ａ‧薩爾瓦多	399
1HI046	獵人之刃 3：雙劍	Ｒ‧Ａ‧薩爾瓦多	399
1HI047	地底王國 1：光明戰士	蘇珊‧柯林斯	250
1HI048	地底王國 2：災難預言	蘇珊‧柯林斯	250
1HI049	地底王國 3：熱血之禍	蘇珊‧柯林斯	250
1HI050	地底王國 4：神祕印記	蘇珊‧柯林斯	250
1HI051C	龍槍編年史 I：秋暮之巨龍	崔西‧西克曼&瑪格麗特‧魏絲	480
1HI052C	龍槍編年史 II：冬夜之巨龍	崔西‧西克曼&瑪格麗特‧魏絲	480
1HI053C	龍槍編年史 III：春曉之巨龍	崔西‧西克曼&瑪格麗特‧魏絲	480
1HI054C	龍槍傳奇 I：時空之卷	崔西‧西克曼&瑪格麗特‧魏絲	480
1HI055C	龍槍傳奇 II：烽火之卷	崔西‧西克曼&瑪格麗特‧魏絲	480
1HI056C	龍槍傳奇 III:試煉之卷	崔西‧西克曼&瑪格麗特‧魏絲	480
1HI057	靈視者哈珀康納莉 I：觸墓驚心	莎蓮‧哈里斯	280
1HI058	靈視者哈珀康納莉 II：移花接墓	莎蓮‧哈里斯	280
1HI059	靈視者哈珀康納莉 III：草墓皆冰	莎蓮‧哈里斯	280
1HI060	靈視者哈珀康納莉 IV：不堪入墓	莎蓮‧哈里斯	280
1HI061	地底王國 5：最終戰役	蘇珊‧柯林斯	250

魔幻之城

書　號	書　　　名	作　　　者	定價
1HF012	時光之輪 2：大狩獵（上）	羅伯特・喬丹	300
1HF013	時光之輪 2：大狩獵（下）	羅伯特・喬丹	320
1HF025	時光之輪 3：真龍轉生（上）	羅伯特・喬丹	320
1HF026	時光之輪 3：真龍轉生（下）	羅伯特・喬丹	320
1HF030	時光之輪 4：闇影漸起（上）	羅伯特・喬丹	320
1HF031	時光之輪 4：闇影漸起（中）	羅伯特・喬丹	320
1HF038	時光之輪 4：闇影漸起（下）	羅伯特・喬丹	320
1HF044	時光之輪 5：天空之火（上）	羅伯特・喬丹	320
1HF045	時光之輪 5：天空之火（中）	羅伯特・喬丹	320
1HF046	時光之輪 5：天空之火（下）	羅伯特・喬丹	320
1HF050	時光之輪 6：混沌之王（上）	羅伯特・喬丹	320
1HF051	時光之輪 6：混沌之王（中）	羅伯特・喬丹	320
1HF052	時光之輪 6：混沌之王（下）	羅伯特・喬丹	320
1HF068	時光之輪 7：劍之王冠（上）	羅伯特・喬丹	320
1HF069	時光之輪 7：劍之王冠（下）	羅伯特・喬丹	320
1HF080	時光之輪 1：世界之眼（上）	羅伯特・喬丹	360
1HF081	時光之輪 1：世界之眼（下）	羅伯特・喬丹	360
1HF085	時光之輪 8：匕之道　（上）	羅伯特・喬丹	380
1HF086	時光之輪 8：匕之道　（下）	羅伯特・喬丹	380
1HF087	時光之輪 9：寒冬之心（上）	羅伯特・喬丹	380
1HF088	時光之輪 9：寒冬之心（上）	羅伯特・喬丹	380
1HF089	時光之輪 10：光影歧路（上）	羅伯特・喬丹	400
1HF090	時光之輪 10：光影歧路（下）	羅伯特・喬丹	400
1HF091	時光之輪 11：迷夢之刃（上）	羅伯特・喬丹	480
1HF092	時光之輪 11：迷夢之刃（下）	羅伯特・喬丹	480

少年魔法城

書　號	書　名	作　者	定價
1HY006	奇幻小百科：勇者鬥怪物教戰手冊	周錫	180
1HY007	奇幻小百科：奇幻冒險夢幻隊伍	黃美文	180
1HY008	奇幻小百科：中世紀城主你來當	米爾汀	180
1HY020	傳說的勇者的傳說 1：午睡王國的野心	鏡貴也	200
1HY021	傳說的勇者的傳說 2：宿命的兩人三腳	鏡貴也	200
1HY022	傳說的勇者的傳說 3：無情的睡眠妨礙	鏡貴也	220
1HY023	傳說的勇者的傳說 4：肅清的宴會	鏡貴也	220
1HY024	傳說的勇者的傳說 5：一時衝動的善後處理	鏡貴也	220
1HY025	Slayers! 秀逗魔導士	神坂一	99
1HY026	Slayers! 秀逗魔導士 2：亞特拉斯的魔導士	神坂一	200
1HY027	傳說的勇者的傳說 6：暗殺西昂的計畫	鏡貴也	220
1HY028	傳說的勇者的傳說 7：失蹤的真相	鏡貴也	220
1HY029	Slayers! 秀逗魔導士 3：賽拉格的妖魔	神坂一	200
1HY030	Slayers! 秀逗魔導士 4：聖王都動亂	神坂一	200
1HY031	傳說的勇者的傳說 8：忘恩負義的失蹤者	鏡貴也	220
1HY032	Slayers! 秀逗魔導士 5：白銀的魔獸	神坂一	200
1HY033	Slayers! 秀逗魔導士 6：威森地的黑暗	神坂一	200
1HY034	傳說的勇者的傳說 9：完美無缺的國王	鏡貴也	220
1HY035	Slayers! 秀逗魔導士 7：魔龍王的挑戰	神坂一	220
1HY036	傳說的勇者的傳說 10：孤軍奮鬥的國王	鏡貴也	220
1HY037	Slayers! 秀逗魔導士 8：死靈都市之王	神坂一	220
1HY038	傳說的勇者的傳說 11：面目丕變的國王（完結篇）	鏡貴也	220
1HY039	Slayers! 秀逗魔導士 9：貝賽爾德的妖劍	神坂一	220
1HY040X	Slayers! 秀逗魔導士 10：索拉利亞的謀略	神坂一	220
1HY041	Slayers! 秀逗魔導士 11：克里姆佐的執迷	神坂一	220
1HY042	Slayers! 秀逗魔導士 12：霸軍的策動	神坂一	220
1HY043	Slayers! 秀逗魔導士 13：降魔征途的路標	神坂一	220
1HY044	總之就是傳說的勇者的傳說 1：脫力的英雄傳說	鏡貴也	240
1HY045	總之就是傳說的勇者的傳說 2：無力的交叉拳擊	鏡貴也	240
1HY046	Slayers! 秀逗魔導士 14：瑟倫狄亞的憎惡	神坂一	220
1HY047	總之就是傳說的勇者的傳說 3：充滿暴力的第一次接觸	鏡貴也	240
1HY048	總之就是傳說的勇者的傳說 4：魔力大拍賣	鏡貴也	240
1HY049X	Slayers! 秀逗魔導士 15：屠魔者（完結篇）	神坂一	220
1HY050	總之就是傳說的勇者的傳說 5：過熟的魅力	鏡貴也	240
1HY051	總之就是傳說的勇者的傳說 6：卯足全力的舞會	鏡貴也	240
1HY052	總之就是傳說的勇者的傳說 7：努力的時間限制	鏡貴也	240
1HY053	總之就是傳說的勇者的傳說 8：權力的樂園	鏡貴也	240
1HY054	總之就是傳說的勇者的傳說 9 全力脫離組織	鏡貴也	240
1HY055	總之就是傳說的勇者的傳說 10：能量下載	鏡貴也	240
1HY056	總之就是傳說的勇者的傳說 11：滯留的意識力量（完結篇）	鏡貴也	240

境外之城

書　號	書　　　名	作　　　者	定價
1HO003	天觀雙俠．卷一	鄭丰（陳宇慧）	250
1HO004	天觀雙俠．卷二	鄭丰（陳宇慧）	250
1HO005	天觀雙俠．卷三	鄭丰（陳宇慧）	250
1HO006	天觀雙俠．卷四（完）	鄭丰（陳宇慧）	250
1HO018	筆靈1：生事如轉蓬	馬伯庸	199
1HO019	筆靈2：萬事皆波瀾	馬伯庸	240
1HO020	靈劍．卷一	鄭丰（陳宇慧）	250
1HO021	靈劍．卷二	鄭丰（陳宇慧）	250
1HO022	靈劍．卷三（完）	鄭丰（陳宇慧）	250
1HO023	筆靈3：沉憂亂縱橫	馬伯庸	240
1HO024	筆靈4：蒼穹浩茫茫	馬伯庸	240
1HO025	神偷天下．卷一	鄭丰（陳宇慧）	250
1HO026	神偷天下．卷二	鄭丰（陳宇慧）	250
1HO027	神偷天下．卷三（完）	鄭丰（陳宇慧）	250
1HO028	五大賊王1：落馬青雲	張海帆（老夜）	280
1HO029	五大賊王2：火門三關	張海帆（老夜）	280
1HO030	五大賊王3：淨火修練	張海帆（老夜）	280
1HO031	五大賊王4：地宮盜鼎	張海帆（老夜）	280
1HO032	五大賊王5：身世謎圖	張海帆（老夜）	280
1HO033	五大賊王6：逆血羅剎	張海帆（老夜）	280
1HO034	五大賊王7（上）：五行合縱	張海帆（老夜）	280
1HO035	五大賊王7（下）（終）：五行合縱	張海帆（老夜）	280
1HO036	三國機密（上）：龍難日	馬伯庸	320
1HO037	三國機密（下）：潛龍在淵	馬伯庸	320

謎幻之城

書　號	書　　名	作　　者	定價
1HS005Y	基地（紀念書衣版）	以撒·艾西莫夫	280
1HS007Y	基地與帝國（紀念書衣版）	以撒·艾西莫夫	280
1HS010Y	第二基地（紀念書衣版）	以撒·艾西莫夫	280
1HS000U	基地三部曲（經典書盒版）	以撒·艾西莫夫	840
1HS011Y	基地前奏（紀念書衣版）	以撒·艾西莫夫	420
1HS012Y	基地締造者（紀念書衣版）	以撒·艾西莫夫	420
1HS000V	基地前傳（經典書盒版）	以撒·艾西莫夫	840
1HS013Y	基地邊緣（紀念書衣版）	以撒·艾西莫夫	420
1HS014Y	基地與地球（紀念書衣版）	以撒·艾西莫夫	450
1HS000W	基地後傳（經典書盒版）	以撒·艾西莫夫	870

日本名家

書　號	書　　名	作　　者	定價
1HA019	僕僕仙人：千歲少女	仁木英之	260
1HA021	禁忌的樂園	恩田陸	350
1HA022	弒魂詩	川田千秋	280
1HA023	昔年往事	三浦紫苑	260
1HA024	燃燒世界的女孩	恩田陸	300
1HA025	少年·坡的奇妙旅程	石井慎二	320
1HA026	艾比斯之夢	山本弘	380

F-Maps

書　號	書　　名	作　　者	定價
1HP001	圖解鍊金術	草野巧	300
1HP002	圖解近身武器	大波篤司	280
1HP004	圖解魔法知識	羽仁礼	300
1HP005	圖解克蘇魯神話	森瀨繚	320
1HP006	圖解吸血鬼	森瀨繚／靜川龍宗	300
1HP007	圖解陰陽師	高平鳴海	320
1HP008	圖解北歐神話	池上良太	330
1HP009	圖解天國與地獄	草野巧	330

聖典

書　號	書　　名	作　　者	定價
1HR009X	武器屋（全新封面）	Truth in Fantasy 編輯部	420
1HR014X	武器事典（全新封面）	市川定春	420
1HR026C	惡魔事典（精裝典藏版）	山北篤等	480
1HR028C	怪物大全（精裝）	健部伸明	特價 999
1HR031	幻獸事典（精裝）	草野巧	特價 499
1HR032	圖解稱霸世界的戰術——歷史上的 17 個天才戰術分析	中里融司	320
1HR033C	地獄事典（精裝）	草野巧	420
1HR034C	幻想地名事典（精裝）	山北篤	750
1HR035C	城堡事典（精裝）	池上正太	399

城邦文化奇幻基地出版社

Fantasy Foundation Publications
http://www.ffoundation.com.tw
TEL：02-25007008 FAX：02-25027676

國家圖書館出版品預行編目資料

三國志戰役事典：魏蜀吳最著名的74場戰役 / 藤井勝彥作；
　蘇竑嶂譯.– 初版.– 臺北市：奇幻基地出版：家庭傳媒城
　邦分公司發行；民102.01
　　面：　　公分.　--（聖典：036）
　譯自：三国志合戦事典：魏呉蜀74の戦い
　ISBN 978-986-5880-07-1（平裝）
　1. 三國史

622.3　　　　　　　　　　　　　　　　102000356

城邦讀書花園
www.cite.com.tw

聖典 036

三國志戰役事典──魏蜀吳最著名的74場戰役

原 著 書 名 / 三国志合戦事典　魏呉蜀74の戦い
作　　　者 / 藤井勝彥　　　　　企劃選書人 / 楊秀眞
譯　　　者 / 蘇竑嶂　　　　　　責 任 編 輯 / 周岑霓

版權行政暨數位業務專員 / 陳玉鈴
資深版權專員 / 許儀盈
行 銷 企 劃 / 陳姿億
行銷業務經理 / 李振東
總 編 輯 / 王雪莉
發 行 人 / 何飛鵬
法 律 顧 問 / 元禾法律事務所　王子文律師
出　　　版 / 奇幻基地出版
　　　　　　城邦文化事業股份有限公司
　　　　　　台北市104民生東路2段141號8樓
　　　　　　電話：(02)25007008　　傳眞：(02)25027676
　　　　　　網址：www.ffoundation.com.tw
　　　　　　e-mail：ffoundation@cite.com.tw
發　　　行 / 英屬蓋曼群島商家庭傳媒股份有限公司城邦分公司
　　　　　　聯絡地址：台北市104民生東路二段141號11樓
　　　　　　書虫客服服務專線：02-25007718‧02-25007719
　　　　　　24小時傳眞專線：02-25170999‧02-25001991
　　　　　　服務時間：週一至週五上午09:30-12:00；下午13:30-17:00
　　　　　　劃撥帳號：19863813；戶名：書虫股份有限公司
　　　　　　讀者服務信箱：service@readingclub.com.tw
　　　　　　歡迎光臨城邦讀書花園 網址：www.cite.com.tw
香港發行所 / 城邦（香港）出版集團有限公司
　　　　　　香港灣仔駱克道 193 號東超商業中心 1 樓
　　　　　　電話：(852) 2508-6231　　傳眞：(852) 2578-9337
　　　　　　e-mail：hkcite@biznetvigator.com
馬新發行所 / 城邦（馬新）出版集團 Cite (M) Sdn Bhd
　　　　　　41, Jalan Radin Anum, Bandar Baru Sri Petaling, 57000 Kuala Lumpur, Malaysia.
　　　　　　電話：(603)-90563833　　傳眞：(603)-90576622
　　　　　　email:services@cite.my

封面設計、繪圖 / 林紘立
排　　　版 / 浩瀚電腦排版股份有限公司
印　　　刷 / 鴻霖印刷傳媒股份有限公司

■2013年1月31日初版一刷　　　　　　　　　Printed in Taiwan.
■2023年3月25日初版五刷

售價 / 420元

104台北市民生東路二段141號11樓

英屬蓋曼群島商家庭傳媒股份有限公司城邦分公司 收

- -

請沿虛線對摺，謝謝

每個人都有一本奇幻文學的啟蒙書

網　　　　站：http://www.ffoundation.com.tw
奇幻基地部落格：http://ffoundation.pixnet.net/blog

書號：1HR036C　　書名：三國志戰役事典——魏蜀吳最著名的74場戰役

讀者回函卡

謝謝您購買我們出版的書籍！我們誠摯希望能分享您對本書的看法。請將您的書評寫於下方稿紙中（100字為限），寄回本社。本社保留刊登權利。一經使用（網站、文宣），將致贈您一份精美小禮。

姓名：＿＿＿＿＿＿＿＿＿＿＿＿＿＿＿＿＿＿＿＿＿＿＿＿＿＿　性別：□男　□女

生日：西元＿＿＿＿＿＿＿＿＿＿年＿＿＿＿＿＿＿＿月＿＿＿＿＿＿＿＿日

地址：＿＿＿＿＿＿＿＿＿＿＿＿＿＿＿＿＿＿＿＿＿＿＿＿＿＿＿＿＿＿＿＿＿

聯絡電話：＿＿＿＿＿＿＿＿＿＿＿＿＿＿　傳真：＿＿＿＿＿＿＿＿＿＿＿＿＿＿

E-mail：＿＿＿＿＿＿＿＿＿＿＿＿＿＿＿＿＿＿＿＿＿＿＿＿＿＿＿＿＿＿＿

您是否曾買過本作者的作品呢？□是　書名：＿＿＿＿＿＿＿＿＿＿＿＿＿＿＿＿□否

您是否為奇幻基地網站會員？□是　□否（歡迎至http://www.ffoundation.com.tw免費加入）